MACBOOK AIR M4 USER GUIDE 2025

Un manuel complet pour les nouveaux utilisateurs pour maîtriser la puce M4, macOS, des conseils de performance, la configuration, la personnalisation, le dépannage, etc.

STANLEY R.D TEACHINGS

Avis de droit d'auteur

Démenti

Les informations fournies dans ce guide d'utilisation du MacBook Air M4 sont fournies à titre éducatif uniquement. L'auteur et l'éditeur ont fait tout leur possible pour assurer l'exactitude du contenu, mais ne font aucune déclaration ni ne donnent aucune garantie quant à l'exhaustivité, l'exactitude ou la fiabilité des informations contenues dans le présent document. Ce guide est une publication indépendante et n'est en aucun cas affilié à Apple Inc. et n'est approuvé par elle. L'auteur n'est pas responsable des modifications apportées au logiciel MacBook ou macOS après la publication. Les utilisateurs sont encouragés à consulter le site officiel d'Apple ou le service client pour obtenir les informations les plus récentes concernant le MacBook Air M4.

Toutes les marques de commerce, marques de service et noms de produits mentionnés dans ce guide sont la propriété de leurs propriétaires respectifs. Apple Inc. et macOS sont des marques commerciales d'Apple Inc.

TABLE DES MATIÈRES

INTRODUCTION

Qu'est-ce qui rend le MacBook Air M4 spécial ?

Lorsque vous déballez le **MacBook Air M4 pour la première fois**, vous vous rendrez vite compte qu'il ne s'agit pas d'un simple ordinateur portable. C'est une révolution dans la façon dont nous pensons à l'informatique portable. Apple a pris tout ce qui a rendu le MacBook Air emblématique et l'a élevé vers de nouveaux sommets, en alliant une technologie de pointe à l'élégance et à la simplicité qui font la réputation d'Apple.

Un design épuré et raffiné

L'une des premières choses que vous remarquerez à propos du **MacBook Air M4** est son design. Il est incroyablement élégant et léger, conservant le profil mince caractéristique qui fait la réputation de la gamme MacBook Air, mais maintenant avec une touche de fraîcheur. Ce modèle est disponible dans une nouvelle **couleur bleu ciel** étonnante, qui ajoute une touche de personnalité et de dynamisme au design déjà élégant. Que vous travailliez sur un projet, regardiez un film ou naviguiez sur le Web, l'écran du MacBook Air M4 est magnifique et offre une excellente précision des couleurs, ce qui le rend idéal pour les professionnels de la création et les utilisateurs occasionnels.

Le corps entièrement en aluminium assure un cadre à la fois robuste et léger, parfait pour les utilisateurs qui ont besoin d'emporter leur ordinateur portable partout. Sa taille est compacte et s'intègre sans effort dans la plupart des sacs ou des sacs à dos, mais il ne sacrifie pas les performances à la portabilité. D'une épaisseur de seulement 0,63 pouce et d'un poids de seulement 2,7 livres, cet ordinateur portable est conçu pour tous ceux qui apprécient la commodité sans compromettre la puissance.

La puce M4 révolutionnaire : la puissance rencontre l'efficacité

Au cœur du **MacBook Air M4** se trouve la nouvelle **puce M4**, le silicium personnalisé le plus avancé d'Apple à ce jour. Si vous avez suivi la transition d'Apple des puces Intel à ses propres puces de la série M, vous savez déjà à quel point ce changement a été transformateur. Mais la **puce M4** va encore plus loin, offrant un équilibre inégalé entre **puissance et efficacité** qui le distingue des modèles précédents et de presque tous les autres ordinateurs portables du marché.

Cette puce est conçue dans un souci de performance, ce qui vous permet de gérer n'importe quoi, des tâches quotidiennes comme la vérification des e-mails et la navigation sur le Web aux activités plus exigeantes comme la retouche photo ou la vidéoconférence, le tout sans ralentir. Vous pouvez vous attendre à une **réactivité rapide**, à un multitâche fluide et à une commutation sans effort entre les applications. Que vous exécutiez plusieurs onglets de navigateur, que vous diffusiez des films en streaming ou que vous travailliez sur une feuille de calcul, le MacBook Air M4 gère tout cela avec facilité.

La **puce M4** est également conçue pour l 'efficacité énergétique', ce qui signifie que vous obtenez plus de puissance pour la même durée de vie de la batterie. Vous n'avez pas à vous soucier de vous brancher constamment. Le MacBook Air M4 vous donne la liberté de travailler, de jouer ou de créer pendant des heures sans avoir à chercher une prise de courant.

Autonomie impressionnante de la batterie : travaillez et jouez plus longtemps

En parlant d'autonomie de la batterie, le **MacBook Air M4** établit une nouvelle norme pour ce que vous pouvez attendre d'un ordinateur portable fin et léger. Grâce à l 'efficacité de la puce M4', Apple a été en mesure d'intégrer une **batterie longue durée** qui vous offre jusqu'à **18 heures d'utilisation** sur une seule charge. Il s'agit d'un énorme bond en avant par rapport aux modèles précédents, qui vous permet de travailler sur un projet, de profiter d'une journée complète de réunions ou de regarder en rafale votre série préférée sans vous soucier constamment de manquer de jus.

L'engagement d'Apple en matière d'autonomie de la batterie signifie que le **MacBook Air M4** est conçu pour les utilisateurs qui ont besoin d'un ordinateur portable fiable capable de répondre à leurs exigences quotidiennes. Que vous soyez un étudiant prenant des notes en classe, un professionnel assistant à des réunions ou simplement quelqu'un qui aime voyager, le MacBook Air M4 durera suffisamment longtemps pour vous permettre de passer toute la journée sans avoir besoin de le recharger. La **capacité de charge rapide** garantit que même si vous êtes à court de batterie, vous pouvez rapidement revenir à 50 % de charge en seulement **30 minutes**.

Gérer les tâches quotidiennes avec facilité

Le **MacBook Air M4** est conçu pour gérer les tâches quotidiennes sans effort. Il ne s'agit pas seulement de soulever des charges lourdes ou des charges de travail intensives ; Il s'agit d'offrir une expérience fluide et efficace à l'utilisateur, peu importe ce que vous faites. Pour la plupart des gens, cet ordinateur portable excelle dans les bases : navigation sur le Web, envoi d'e-mails, traitement de texte, appels vidéo et consommation de médias. Toutes ces tâches sont gérées rapidement, en douceur et sans accroc.

Mais ce qui distingue le **MacBook Air M4,** c'est la facilité avec laquelle il les manipule. Que vous jongliez avec un appel vidéo tout en tapant un essai ou que vous gériez plusieurs applications à la fois, le MacBook Air M4 offre un **multitâche transparent** qui rivalise avec les ordinateurs portables beaucoup plus grands et plus lourds. L'**architecture de mémoire unifiée de la puce M4** garantit que toutes les tâches, qu'elles soient simples ou complexes, se déroulent sans délai. C'est une machine qui ne se contente pas de faire le travail ; Cela rend chaque interaction sans effort et naturelle.

La webcam Center Stage de 12 Mpx **de l'ordinateur portable** est une autre caractéristique remarquable. Il est conçu pour vous garder au centre du cadre pendant les appels vidéo, même si vous vous déplacez un peu. Avec une qualité vidéo améliorée, cela fait une énorme différence lorsque vous travaillez à distance, assistez à des réunions virtuelles ou restez en contact avec vos amis et votre famille. Les **haut-parleurs de qualité studio** garantissent que le son pendant les appels vidéo, les soirées cinéma ou les sessions d'écoute de musique est clair et immersif.

Expérience conviviale

Ce qui rend vraiment le **MacBook Air M4** spécial, c'est sa capacité à combiner **performances puissantes et facilité d'utilisation**. macOS d'Apple est connu pour son interface propre et intuitive, et avec le **MacBook Air M4**, il est meilleur que jamais. Le système d'exploitation fonctionne de manière transparente avec le matériel, ce qui garantit que tout fonctionne. Qu'il s'agisse d'ouvrir des applications ou de passer d'une fenêtre à l'autre, tout semble **naturel** et facile à naviguer.

Le **MacBook Air M4** s'intègre également sans effort dans l'**écosystème Apple**, vous permettant de synchroniser et de partager des données entre votre MacBook, iPhone, iPad et Apple Watch. Qu'il s'agisse d'envoyer un fichier via **AirDrop**, de copier du contenu sur plusieurs appareils avec **le presse-papiers universel** ou de poursuivre une tâche sur un autre appareil Apple avec **Handoff**, le MacBook Air M4 s'assure que tout est connecté, ce qui facilite le passage d'une tâche à l'autre.

Même pour les utilisateurs qui ne sont peut-être pas férus de technologie, le design simple et l'interface utilisateur intuitive du MacBook Air M4 facilitent la prise en main dès la sortie de la boîte. Vous n'aurez pas besoin de fouiller dans des paramètres ou des manuels compliqués. L'écosystème d'Apple est conçu pour être accessible, vous aidant à tirer le meilleur parti de votre MacBook sans aucune complexité inutile.

Comment ce guide vous aidera

Bienvenue dans votre voyage avec le MacBook Air M4 ! Que vous ouvriez la boîte pour la première fois ou que vous mettiez à niveau un modèle plus ancien, ce guide est là pour vous assurer de tirer le meilleur parti de votre nouveau MacBook. Il est conçu pour être votre compagnon de confiance, vous guidant à travers chaque détail, de la configuration initiale aux astuces avancées, et veillant à ce qu'aucune question ne reste sans réponse. Le MacBook Air M4 n'est pas un simple ordinateur portable ; Il s'agit d'un outil puissant conçu pour améliorer votre productivité, votre créativité et votre divertissement d'une manière que les autres ordinateurs portables ne peuvent tout simplement pas. Voyons ce qui rend le MacBook Air M4 vraiment unique, et comment ce guide est structuré pour vous aider tout au long de votre expérience.

Comment ce guide est structuré

Ce guide est structuré pour vous faire passer d'un débutant complet à un utilisateur confiant en un rien de temps. Que vous n'ayez jamais utilisé de MacBook auparavant ou que vous passiez d'une version plus ancienne, chaque chapitre et section est conçu pour vous guider étape par étape à travers la configuration, les caractéristiques et les fonctions du MacBook Air M4. Vous y trouverez des instructions claires et sans jargon, des conseils pratiques faciles à comprendre, ainsi que de nombreux éléments visuels pour faciliter le suivi.

1. **Instructions étape par étape adaptées aux débutants** : Chaque chapitre commence par les bases et développe progressivement vos connaissances, en veillant à ce que vous soyez à l'aise avec votre MacBook Air M4. Nous vous guiderons tout au long du processus de déballage, de configuration de votre MacBook et de familiarisation avec macOS, le système d'exploitation d'Apple, afin que vous puissiez commencer à utiliser votre MacBook immédiatement.

2. **Fonctionnalités avancées pour les utilisateurs expérimentés** : à mesure que vous vous familiarisez avec votre MacBook, nous nous penchons sur des fonctionnalités plus avancées conçues pour améliorer votre productivité. Qu'il s'agisse d'utiliser la puissance de la puce M4 pour des tâches exigeantes ou d'intégrer parfaitement votre MacBook à d'autres appareils Apple, ce guide couvre tout. Vous apprendrez des trucs et astuces pour optimiser votre flux de travail et tirer le meilleur parti des capacités impressionnantes du MacBook Air M4.

3. **Solutions pratiques aux problèmes quotidiens** : Ce guide ne se concentre pas seulement sur l'utilisation de votre MacBook, il est également là pour vous aider à dépanner et à résoudre les problèmes en cours de route. Qu'il s'agisse d'un problème de Wi-Fi, d'une application lente ou d'une difficulté à connecter des appareils externes, nous avons ce qu'il vous faut. Nos sections de dépannage sont conçues pour vous aider à trouver rapidement des solutions afin

que vous puissiez reprendre l'utilisation de votre MacBook sans aucun stress.

4. **Des conseils complets pour tous les niveaux de compétence** : Que vous soyez un passionné de technologie ou que vous débutiez avec les Mac, ce guide est conçu pour répondre à vos besoins. Les débutants apprécieront les explications simples et faciles à comprendre, tandis que les utilisateurs plus expérimentés peuvent se plonger dans des sujets avancés, tels que l'optimisation des performances, la personnalisation des paramètres système et l'exploitation de tout le potentiel du MacBook Air M4.

Pourquoi ce guide est-il convivial et complet ?

Ce guide est plus qu'un simple manuel, c'est une ressource conçue pour évoluer avec vous à mesure que vous devenez plus confiant dans l'utilisation de votre MacBook Air M4. Il regorge de conseils et de raccourcis pour augmenter votre productivité, ainsi que de solutions aux défis courants. Nous comprenons que chaque utilisateur est différent, c'est pourquoi nous avons conçu ce guide pour qu'il soit flexible et intuitif. Vous trouverez tout, des bases aux fonctionnalités de niveau professionnel, le tout soigneusement organisé et facile à naviguer.

Vous remarquerez également que nous avons évité de vous submerger de jargon technique. Bien que nous expliquions les termes et les concepts si nécessaire, le ton du guide est amical et accessible, ce qui permet à tout le monde, des plus férus de technologie aux débutants complets, de suivre. Si vous avez besoin de réponses ou de solutions rapides, nos sections de dépannage et FAQ sont faciles d'accès et conçues pour vous faire gagner du temps.

Ce guide est conçu pour résoudre des problèmes, répondre à des questions et offrir des conseils pratiques. Il ne s'agit pas seulement de vous apprendre à utiliser votre MacBook Air M4 ; Il s'agit de vous donner les moyens de prendre le contrôle total de votre appareil, de l'optimiser pour vos besoins quotidiens et de découvrir toutes les choses incroyables que vous pouvez faire avec.

Que vous configuriez votre MacBook pour la première fois, que vous cherchiez à maîtriser des fonctionnalités avancées ou que vous espériez simplement résoudre un problème, ce guide est là pour vous aider à chaque étape du processus. Il s'agit d'une ressource tout-en-un qui vous permet de tirer le meilleur parti de votre expérience MacBook Air M4.

À la fin de ce guide, vous serez non seulement en mesure de naviguer sur votre MacBook Air M4 comme un pro, mais vous vous sentirez également en confiance pour résoudre les problèmes et personnaliser votre appareil en fonction de vos besoins uniques. Avec ce guide, vous transformerez le MacBook Air M4 en l'outil parfait pour votre vie personnelle et professionnelle.

Public cible : À qui s'adresse ce guide

Bienvenue dans le guide d'utilisation du **MacBook Air M4** ! Que vous teniez votre premier MacBook entre vos mains ou que vous soyez un utilisateur Apple chevronné qui passe d'un modèle plus ancien, ce guide est conçu pour vous expliquer tout ce que vous devez savoir pour tirer le meilleur parti de votre MacBook Air M4. Notre objectif est de vous aider, quel que soit votre niveau d'expérience, à vous sentir en confiance et à l'aise avec cet appareil puissant et convivial.

À qui s'adresse ce guide ?

Ce guide s'adresse à tous ceux qui souhaitent maximiser leur expérience avec le MacBook Air M4. Quel que soit votre parcours, nous sommes là pour vous guider à chaque étape du processus, qu'il s'agisse de la première fois que vous utilisez un MacBook ou que vous soyez un utilisateur chevronné qui passe au dernier modèle.

Utilisateurs novices de MacBook
S'il s'agit de votre premier MacBook, vous vous posez peut-être quelques questions sur ce que vous pouvez attendre de l'écosystème Apple. Ce n'est pas grave ! Nous allons y aller doucement, en commençant par les bases. Vous apprendrez à configurer votre MacBook, à naviguer dans le système d'exploitation macOS et à vous familiariser avec les applications intégrées. Avec ce guide, nous vous promettons de décomposer les choses d'une manière facile à comprendre, afin que vous ne vous demandiez jamais quoi faire ensuite. Si vous avez toujours utilisé Windows ou un autre système

d'exploitation, nous vous aiderons à vous familiariser avec l'environnement macOS et à faciliter votre transition.

Mise à niveau à partir d'un modèle plus ancien
Si vous effectuez une mise à niveau à partir d'un ancien MacBook Air ou d'un autre appareil Apple, vous remarquerez un certain nombre d'améliorations qui font du MacBook Air M4 une mise à niveau puissante. L'amélioration des performances de la puce M4, l'affichage éclatant et l'appareil photo amélioré ne sont que quelques exemples de la raison pour laquelle la version M4 se démarque. Dans ce guide, nous allons vous montrer les nouveautés et comment tirer parti des dernières fonctionnalités. Que vous cherchiez des moyens d'améliorer votre flux de travail, de profiter d'un multitâche plus efficace ou de tirer le meilleur parti du nouveau matériel, nous avons ce qu'il vous faut.

Pour

les professionnels, que vous travailliez dans des domaines créatifs tels que le graphisme, le montage vidéo ou la photographie, ou que vous gériez des projets, des feuilles de calcul et des e-mails dans un cadre professionnel, le MacBook Air M4 est conçu pour être performant à un niveau élevé. Ce guide vous montrera comment optimiser votre MacBook pour le travail, ce qui en fait un outil qui vous aide à faire votre travail plus efficacement. Qu'il s'agisse de gérer plusieurs applications et fenêtres ou de comprendre les fonctionnalités avancées de macOS, nous vous aiderons à faire de votre MacBook Air M4 une véritable centrale de productivité.

Rendre ce guide accessible à tous

Ce guide est soigneusement conçu pour répondre aux besoins de tous les utilisateurs, des débutants à ceux qui ont des connaissances plus avancées. Chaque section est remplie d'instructions claires et faciles à suivre, de sorte que vous ne vous sentirez pas dépassé, peu importe d'où vous partez. Si vous êtes quelqu'un d'un peu plus féru de technologie, vous apprécierez les plongées plus approfondies dans les performances, le dépannage et les astuces macOS. Mais ne vous inquiétez pas, il n'y a pas de termes compliqués ici, et nous vous expliquerons tout d'une manière que tout le monde peut comprendre.

Pour ceux qui ne sont pas à l'aise avec la technologie, nous avons gardé un langage simple et accessible. Nous ne sommes pas là pour vous embrouiller avec du jargon technique ou pour supposer que vous connaissez chaque petit détail. Au lieu de cela, nous sommes là pour vous guider étape par étape, afin que vous puissiez profiter de votre MacBook Air M4 sans vous sentir perdu.

Ce que vous pouvez attendre de ce guide

Dans ce guide, nous couvrirons tout, du **déballage** aux **fonctionnalités avancées**. Vous obtiendrez des explications claires sur la façon de :

- **Configurer votre MacBook Air M4** : préparez-le à l'emploi grâce à des instructions de configuration faciles à suivre.

- **Utiliser macOS** : apprenez à naviguer sur macOS comme un pro, même si vous ne l'avez jamais utilisé auparavant.

- **Optimisez les performances** : découvrez comment faire en sorte que votre MacBook Air M4 fonctionne correctement, que vous effectuiez des tâches de base ou que vous exécutiez des applications exigeantes.

- **Résoudre les problèmes courants** : nous vous aiderons à résoudre les problèmes que vous pourriez rencontrer et à vous remettre rapidement sur la bonne voie.

Ce guide est conçu pour rendre votre expérience avec le MacBook Air M4 aussi fluide et agréable que possible. Que vous utilisiez votre MacBook au travail, à l'école ou à des fins personnelles, vous trouverez les informations dont vous avez besoin pour en tirer le meilleur parti.

CHAPITRE 1 : DÉBALLAGE ET MISE EN ROUTE

Ouverture de la boîte : ce qu'il y a à l'intérieur

Dès que vous ouvrez la boîte élégante et bien conçue de votre MacBook Air M4, un sentiment d'excitation ne manquera pas de bouillonner. Après tout, vous êtes sur le point de faire l'expérience de l'un des appareils les plus célèbres d'Apple : compact, puissant et indéniablement beau. Mais que trouverez-vous exactement à l'intérieur de cet emballage soigneusement conçu ? Jetons un coup d'œil.

1. Le MacBook Air M4 lui-même

La star du spectacle, bien sûr, est le MacBook Air M4. Niché dans une couche protectrice de plastique, l'ordinateur portable est la première chose que vous remarquerez lorsque vous ouvrirez la boîte. Apple a toujours été connu pour son design élégant, et le MacBook Air M4 ne fait pas exception. Que vous ayez choisi la nouvelle couleur bleu ciel ou l'argent classique, cet appareil léger et mince ressemble à une œuvre d'art moderne.

Lorsque vous soulevez doucement le MacBook Air M4 pour le sortir de la boîte, vous remarquerez immédiatement son aspect élégant et léger. Le châssis entièrement en aluminium respire la qualité, et l'écran Retina brille de couleurs vives et de détails nets. En le tenant pour la première fois, vous comprendrez pourquoi il s'agit de plus qu'un simple ordinateur portable, c'est un outil conçu pour le confort, la productivité et le style.

Pour le nouvel utilisateur, l'appareil est prêt à impressionner. La puce M4 à l'intérieur promet une expérience puissante, mais économe en énergie, qui rendra tout, des tâches quotidiennes aux projets exigeants, fluide et sans effort. Si vous venez d'un modèle précédent de MacBook Air, la différence de performances sera perceptible dès le début.

Pourquoi c'est important : Il s'agit de votre porte d'entrée dans l'écosystème Apple, de votre outil de créativité, de productivité et de divertissement. Que vous soyez un étudiant, un professionnel ou quelqu'un qui aime simplement la technologie de qualité, c'est l'appareil qui s'adaptera à vos besoins et améliorera votre expérience quotidienne.

2. Le câble de charge USB-C

Ensuite, vous trouverez le câble de charge USB-C soigneusement rangé dans la boîte. Il ne s'agit pas de n'importe quel câble de charge standard, mais d'un câble robuste et durable qui offre des vitesses de charge rapides à votre MacBook Air M4. Une extrémité est conçue pour se brancher sur la brique de charge, tandis que l'autre se connecte à l'ordinateur portable lui-même.

Ce câble est conçu pour plus de commodité. Le connecteur USB-C réversible signifie que vous pouvez le brancher sans vous soucier de l'orientation, et le câble est suffisamment long pour permettre une certaine flexibilité dans l'endroit où vous chargez votre MacBook. Que vous vous branchiez à votre bureau ou que vous rechargez en déplacement, ce câble fera le travail sans effort.

Pourquoi c'est important : Pour un utilisateur novice, le câble marque le début du cycle de vie de votre MacBook. C'est la première chose que vous connecterez après avoir allumé l'ordinateur portable, ce qui en fait une partie intégrante de votre première expérience. De plus, sa compatibilité universelle USB-C signifie que vous pouvez l'utiliser avec d'autres appareils, ce qui en fait un ajout polyvalent à votre collection de technologies.

3. L'adaptateur secteur

En plus du câble de charge, vous trouverez également l'adaptateur secteur élégant et compact. Pour le MacBook Air M4, Apple a conçu un adaptateur secteur efficace, léger et puissant. Selon la région dans laquelle vous achetez le MacBook, vous pouvez le trouver dans un chargeur USB-C de 30 W, qui fournit une charge rapide au MacBook tout en maintenant l'efficacité énergétique.

L'adaptateur secteur est mince, il ne prendra donc pas beaucoup de place dans votre sac ou votre tiroir de bureau, et il dispose également de broches pliables pour un rangement et une portabilité faciles. C'est l'équilibre parfait entre puissance et commodité, conçu pour garder votre appareil prêt à l'emploi sans être encombrant ou encombrant.

Pourquoi c'est important : Pour un nouvel utilisateur, cet adaptateur rappelle qu'Apple ne fait aucun compromis sur la qualité, même dans les moindres détails. Sa portabilité et son efficacité vous aideront à accomplir vos tâches avec un minimum d'interruption. Disposer d'un chargeur fiable est crucial pour votre expérience avec le MacBook Air, et cet adaptateur sera votre compagnon constant lorsque vous utiliserez votre appareil quotidiennement.

4. Documentation et manuels

Niché au fond de la boîte, vous trouverez un petit ensemble de documents qui peuvent sembler simples, mais qui sont incroyablement utiles pour les nouveaux utilisateurs. Apple inclut quelques manuels essentiels et des guides de démarrage rapide, qui couvrent les bases de la configuration de votre MacBook Air M4, les consignes de sécurité et les informations de garantie. Les manuels d'Apple sont généralement conçus pour être simples, souvent à l'aide d'illustrations faciles à suivre et d'étapes simples pour vous guider tout au long de votre configuration initiale.

Il y a aussi une feuille qui vous présente l'écosystème Apple, mettant en évidence la puissance d'iCloud, de macOS et d'autres services interconnectés. Il est probable que de nombreux nouveaux utilisateurs apprécieront cette fiche, car elle explique comment démarrer avec les services Apple et synchroniser vos appareils.

Pourquoi c'est important : Pour le nouvel utilisateur, la documentation est une assurance que de l'aide est à portée de main. Le guide de démarrage rapide d'Apple est un excellent outil pour ceux qui configurent leur premier MacBook. Cela vous aide à vous sentir en confiance pour commencer le processus de configuration et naviguer sur votre nouvel appareil.

5. Autocollants Apple

Oui, les autocollants emblématiques d'Apple sont de retour. Caché dans l'enveloppe manuelle, vous trouverez quelques autocollants brillants du logo Apple. Que vous choisissiez de les coller sur votre ordinateur portable, votre bouteille d'eau ou votre cahier préféré, ces autocollants sont devenus un élément amusant et symbolique de l'expérience Apple.

Pourquoi c'est important : Bien qu'ils semblent petits et ludiques, ces autocollants représentent le sentiment d'appartenance à la communauté Apple. Pour beaucoup, ils servent de touche personnelle, donnant à l'expérience de déballage un élément supplémentaire de plaisir et d'individualité.

6. L'emballage recyclable

Enfin, le MacBook Air M4 est livré dans un emballage écologique. Apple s'est engagé à réduire son impact environnemental, et son emballage reflète cet effort. La boîte est fabriquée à partir de fibre de bois 100 % recyclée, et les plastiques utilisés sont minimisés autant que possible.

Pourquoi c'est important : Pour le nouvel utilisateur soucieux de l'environnement, il s'agit d'une étape importante. Savoir qu'Apple a fait des progrès pour réduire les déchets et utiliser des matériaux durables peut rendre l'expérience encore meilleure. Il s'agit d'un bonus supplémentaire qui s'aligne sur l'engagement d'Apple en matière de responsabilité environnementale.

L'expérience Unboxing : un sentiment d'anticipation et d'excitation

Lorsque vous sortez chaque article de la boîte, il y a un sentiment d'anticipation indubitable. Le processus de déballage de votre nouveau MacBook Air M4 ne consiste pas seulement à obtenir une nouvelle technologie, c'est une expérience qui donne le ton à votre utilisation de l'appareil. Tout, de l'emballage à l'attention portée aux détails dans les accessoires, renforce le sentiment que vous obtenez quelque chose de spécial.

Pourquoi c'est important : L'expérience de déballage est le premier chapitre de votre voyage avec le MacBook Air M4. C'est un moment passionnant qui vous rapproche de la découverte de toutes les possibilités que votre nouvel appareil offre. Chaque élément a été soigneusement inclus pour vous assurer non seulement d'obtenir un appareil qui fonctionne bien, mais aussi de profiter d'une transition transparente dans l'écosystème Apple.

Avec tout devant vous, il est temps de commencer à vous installer. Mais avant de vous plonger dans le processus de configuration, prenez un moment pour apprécier l'expérience, car ce n'est que le début de ce qui sera probablement une relation longue et fructueuse avec votre MacBook Air M4.

Configurer votre MacBook Air M4 pour la première fois

Félicitations pour le déballage de votre tout nouveau MacBook Air M4 ! C'est le moment que vous attendiez. Que vous effectuiez une mise à niveau à partir d'un MacBook précédent ou que vous rejoigniez la famille Apple pour la première fois, la mise en service de votre MacBook Air M4 est un jeu d'enfant. Je vous guiderai étape par étape tout au long du processus de configuration, afin que vous puissiez commencer à profiter de votre nouvel appareil immédiatement.

1. Allumer votre MacBook Air M4

La première étape est simple : allumez votre MacBook Air M4. Pour ce faire, il suffit d'appuyer sur le bouton d'alimentation situé dans le coin supérieur droit du clavier. Il s'agit d'un petit bouton circulaire qui sert également de capteur Touch ID. Dès que vous appuyez dessus, vous verrez le logo Apple apparaître sur votre écran et votre MacBook démarrera. Cela ne devrait prendre que quelques secondes, et vous entendrez un léger carillon vous indiquant que tout fonctionne correctement.

Lorsque vous allumez le MacBook pour la première fois, il vous guidera tout au long du processus de configuration à l'aide d'invites à l'écran. Un message de bienvenue, tel que « Bonjour », s'affiche dans différentes langues, ce qui signifie que votre Mac est prêt à commencer.

2. Sélection de votre langue et de votre région

Une fois votre MacBook allumé, vous serez invité à sélectionner votre langue et votre région. Voici comment vous pouvez procéder :

- **Langue** : La première invite vous demandera de choisir une langue. Les options disponibles dépendent de l'endroit où vous vous trouvez dans le monde. Si vous vous trouvez dans un pays anglophone, l'anglais sera l'option par défaut, mais si vous vous trouvez dans un autre pays ou une autre région, d'autres langues apparaîtront également. Il suffit de cliquer sur la langue de votre choix et de cliquer sur « Continuer ».

- **Région** : Ensuite, vous devez sélectionner votre région ou votre pays. Cela permet à macOS de personnaliser votre expérience, notamment en formatant votre heure, vos dates et votre devise. C'est également important pour le contenu et les services régionaux. Sélectionnez le pays ou la région où vous vivez, puis cliquez sur « Continuer ».

Ne vous inquiétez pas si vous sélectionnez accidentellement la mauvaise langue ou la mauvaise région à ce stade ; vous pouvez le modifier ultérieurement dans les Préférences Système.

3. Connexion au Wi-Fi

Il est maintenant temps de se connecter au Wi-Fi. Votre MacBook Air M4 a besoin d'une connexion Internet pour terminer le processus de configuration et télécharger les dernières mises à jour. Voici comment procéder :

- Sur l'écran suivant, vous verrez une liste des réseaux Wi-Fi disponibles. Il suffit de cliquer sur votre réseau domestique dans la liste.

- Si votre réseau est protégé par un mot de passe (et c'est probablement le cas), une invite de mot de passe apparaîtra. Saisissez soigneusement votre mot de passe Wi-Fi. Si vous ne vous souvenez pas de votre mot de passe, vous devrez peut-être vérifier votre routeur ou demander à quelqu'un qui le connaît.

- Une fois que vous avez correctement saisi votre mot de passe, cliquez sur « Rejoindre » ou « Connecter », et votre MacBook établira une connexion.

Si vous n'avez pas de Wi-Fi disponible ou si vous préférez vous connecter à l'aide d'un câble Ethernet, il existe généralement un adaptateur (vendu séparément) que vous pouvez utiliser pour établir la connexion. Cependant, le Wi-Fi est l'option la plus simple et la plus pratique.

Si vous n'êtes pas sûr du réseau Wi-Fi à sélectionner, vérifiez auprès de quelqu'un de votre entourage ou consultez les paramètres de votre routeur pour vous assurer que vous vous connectez au bon.

4. Se connecter avec votre identifiant Apple

C'est dans cette partie que l'on vous présentera l'une des meilleures fonctionnalités de l'écosystème Apple : votre identifiant Apple. Si vous disposez déjà d'un identifiant Apple (provenant de votre iPhone, iPad ou ancien Mac), il est facile de vous connecter. Si ce n'est pas le cas, ne vous inquiétez pas, il est rapide d'en créer un nouveau.

- **Pour vous connecter à l'aide d'un identifiant Apple existant** : Si vous en avez déjà un, saisissez votre adresse e-mail et votre mot de passe. Si vous avez configuré l'identification à deux facteurs, vous pouvez recevoir une invite vous invitant à vérifier votre identité via un autre appareil Apple ou votre numéro de téléphone.

- **Créez un nouvel identifiant Apple** : Si vous êtes nouveau chez Apple ou si vous avez simplement besoin d'un nouvel identifiant, cliquez sur « Créer un identifiant Apple gratuit » et suivez les instructions pour en configurer un. Vous devrez fournir des informations personnelles telles que votre nom, votre date de naissance et une adresse e-mail valide. Il vous sera également demandé de créer un mot de passe. Assurez-vous que votre mot de passe est sécurisé et assurez-vous de le noter dans un endroit sûr.

Une fois que vous vous êtes connecté ou que vous avez créé votre identifiant Apple, votre MacBook commence automatiquement à synchroniser vos services Apple, tels qu'iCloud, Apple Music, les achats sur l'App Store, etc. Si vous utilisez déjà iCloud sur vos autres appareils Apple, vos photos, contacts et documents seront synchronisés avec votre MacBook de manière transparente.

5. Configuration de Touch ID

Le MacBook Air M4 est doté de la technologie Touch ID, qui vous permet de déverrouiller votre MacBook et d'effectuer des achats avec votre simple empreinte digitale. La configuration est simple et rapide :

- Après vous être connecté avec votre identifiant Apple, l'invite suivante vous demandera de configurer Touch ID. Placez votre doigt sur le bouton d'alimentation (situé en haut à droite de votre clavier), et le MacBook vous demandera de lever et de reposer votre doigt plusieurs fois pour capturer votre empreinte digitale.

- Suivez les instructions à l'écran et, une fois le processus terminé, vous pourrez utiliser Touch ID pour diverses tâches, telles que vous connecter, effectuer des achats dans l'App Store ou autoriser des modifications du système.

Cette étape ajoute une couche supplémentaire de commodité et de sécurité à votre MacBook, et c'est l'une des caractéristiques les plus remarquables du modèle M4.

6. Acceptation des conditions générales

Ensuite, il vous sera demandé de lire et d'accepter les conditions générales d'Apple. Bien que ce ne soit pas la partie la plus excitante de la configuration, il est important que vous passiez par cette étape. Il suffit de cliquer sur « Accepter » après avoir lu les conditions. Si vous ne souhaitez pas lire le texte intégral, vous pouvez faire défiler vers le bas et accepter les conditions. Vous pouvez également consulter ce contrat ultérieurement dans Préférences Système > Identifiant Apple.

7. Configuration d'iCloud et des services Apple

Une fois votre identifiant Apple vérifié, votre MacBook Air M4 vous demandera d'activer iCloud et d'autres services Apple. Voici un bref aperçu de ce que font ces services :

- **iCloud** : synchronise vos photos, documents, calendrier, contacts et autres données sur tous vos appareils Apple. Cela vous permet de ne jamais perdre de données importantes et d'avoir toujours accès aux informations les plus récentes.

- **Localiser mon Mac** : cette fonctionnalité est utile en cas de perte ou de vol de votre MacBook. L'activation de « Localiser » vous permet de suivre l'emplacement de votre appareil et de le verrouiller ou de l'effacer à distance si nécessaire.

- **iCloud Drive** : si vous choisissez d'activer cette option, vos documents et fichiers seront automatiquement sauvegardés sur iCloud, ce qui les rendra accessibles depuis n'importe quel appareil connecté à votre identifiant Apple.

8. Choisir les paramètres de confidentialité

Apple est connu pour ses solides protections de la vie privée, et cette étape de configuration vous permet de contrôler la façon dont vos données sont utilisées. Vous aurez la possibilité d'activer les services de localisation (pour les applications qui en ont besoin, comme Maps), l'analytique (ce qui aide Apple à améliorer ses services), etc. Choisissez les paramètres qui correspondent le mieux à vos préférences, mais ne vous inquiétez pas, Apple accordera toujours la priorité à votre vie privée.

9. Finalisation de la configuration

Une fois que vous avez terminé toutes les étapes ci-dessus, votre MacBook Air M4 prendra quelques minutes pour finaliser vos paramètres et appliquer tout ce que vous avez sélectionné. Il se peut que vous voyiez une barre de progression lorsque le système prépare tout.

Une fois la configuration terminée, vous serez redirigé vers le bureau macOS. Félicitations, vous êtes prêt à utiliser votre nouveau MacBook !

10. Il est temps d'explorer !

Maintenant que votre MacBook Air M4 est configuré, vous pouvez commencer à explorer l'interface MacOS, télécharger des applications depuis le Mac App Store et personnaliser davantage vos réglages. Vous constaterez que le MacBook est non seulement beau, mais aussi incroyablement facile à utiliser, que vous l'utilisiez pour le travail, l'école ou le divertissement.

N'hésitez pas à revenir en arrière et à modifier vos paramètres ou à explorer de nouvelles fonctionnalités à tout moment. L'écosystème macOS est intuitif, et il y a tout un monde de fonctionnalités qui n'attendent que d'être découvertes !

Premières impressions : qualité de fabrication, design et affichage

Dès que vous posez les yeux sur le MacBook Air M4, il est clair qu'Apple a une fois de plus placé la barre très haut en matière de conception d'ordinateurs portables. La première impression du MacBook Air M4 est tout simplement époustouflante. Lorsque vous le sortez de la boîte, son profil mince et élégant est instantanément élégant et haut de gamme, ce qui témoigne de l'engagement continu d'Apple à créer des appareils magnifiquement conçus. Vous ne pouvez pas vous empêcher de passer vos doigts le long de la surface lisse et froide de l'aluminium, en appréciant la finition de haute qualité. On a l'impression de tenir quelque chose de vraiment spécial, quelque chose qui a été méticuleusement conçu.

La **qualité de fabrication** est irréprochable, comme on peut s'y attendre de la part d'Apple. Le corps en aluminium, qui est une signature de la gamme d'ordinateurs portables d'Apple depuis des années, est robuste mais étonnamment léger. À seulement 2,7 livres (1,24 kg), ce MacBook Air M4 est incroyablement portable, ce qui vous permet de le transporter facilement dans un sac à dos ou un sac fourre-tout. C'est le genre d'appareil que vous n'avez pas peur de trimballer toute la journée, que vous vous rendiez au bureau, dans un café ou sur le canapé pour naviguer tranquillement. Le choix de l'aluminium d'Apple n'est pas seulement une question d'esthétique ; C'est une question de durabilité. Ce MacBook Air est solide, rassurant et prêt à résister à l'usure quotidienne sans compromettre son look sophistiqué.

Parlons maintenant de la **conception**. L'une des caractéristiques les plus frappantes du MacBook Air M4 est la **nouvelle option de couleur Sky Blue**. La couleur est subtile mais vibrante, et lorsque vous la voyez en personne, vous remarquerez immédiatement à quel point elle dégage une ambiance raffinée et calme. Ce n'est pas trop flashy, mais ça se démarque vraiment. L'équipe de conception d'Apple a travaillé dur pour s'assurer que cette couleur n'est pas seulement un choix à la mode, c'est un ajout intemporel à la gamme MacBook, offrant quelque chose de frais tout en restant fidèle aux racines élégantes du MacBook.

Même si le design du M4 partage de nombreuses similitudes avec les MacBook Air précédents, comme le même profil mince et des lignes minimalistes, le M4 ressemble à un raffinement. Apple a réduit l'épaisseur de quelques millimètres, ce qui rend le MacBook Air M4 encore plus compact et portable sans sacrifier les performances. La forme cunéiforme, qui se rétrécit de l'arrière vers l'avant, est moderne sans effort, donnant à l'appareil un air sophistiqué sans être trop encombrant ou lourd. Les bords sont soigneusement arrondis, offrant une prise en main confortable lorsque vous tenez l'appareil dans vos mains, et le clavier et le trackpad affleurent le reste du corps, contribuant à son aspect élégant et sans couture.

En parlant de clavier, Apple a amélioré l'expérience de frappe dans ce modèle. Le mécanisme d'interrupteur à ciseaux sous chaque touche offre une sensation de frappe réactive et confortable. Les touches sont à la fois solides et douces, ce qui rend la frappe pendant de longues périodes agréable. Que vous rédigiez des e-mails, que vous travailliez sur un rapport ou que vous discutiez simplement avec des amis, vous constaterez que le clavier du M4 est plus qu'à la hauteur de la tâche. Le rétroéclairage, que vous remarquerez dès que vous ouvrirez le couvercle, ajoute à l'expérience, offrant une douce lueur à la fois fonctionnelle et esthétique.

Plongeons maintenant dans l' **affichage**, sans doute la mise à niveau la plus importante en termes d'expérience visuelle. Le MacBook Air M4 est doté d'un superbe **écran Liquid Retina de 13,6 pouces** doté de la technologie True Tone. La première fois que vous l'allumez, l'écran s'anime presque. Les couleurs sont riches et vibrantes, avec des noirs profonds et des blancs éclatants, ce qui rend tout, du streaming de vidéos au travail sur des projets créatifs, un régal visuel. Que vous regardiez un film, retouchiez des photos ou naviguiez simplement sur le Web, l'écran offre une clarté et une netteté qui donnent l'impression de vous entraîner dans tout ce que vous faites. La **large gamme de couleurs P3** garantit que les images semblent fidèles à la réalité, avec une large gamme de couleurs précises et visuellement attrayantes.

La **luminosité** est une autre caractéristique remarquable. Avec une résolution de 400 nits, l'écran du MacBook Air M4 est suffisamment lumineux pour être utilisé confortablement dans diverses conditions d'éclairage, que vous soyez dans une pièce faiblement éclairée ou assis près de la fenêtre avec la lumière du soleil. C'est une bonne idée, surtout pour ceux qui travaillent souvent à l'extérieur ou dans des environnements lumineux. La **technologie True Tone**, qui ajuste la température de couleur de l'écran en fonction de la lumière ambiante qui vous entoure, garantit que l'affichage est naturel à vos yeux, où que vous soyez.

Une caractéristique qui attirera immédiatement votre attention est la réduction des **cadres**. Apple a réussi à réduire les bords autour de l'écran, donnant au M4 un look plus moderne. Cela rend l'affichage plus immersif, comme si l'écran occupait plus d'espace et que vous vous retrouviez avec moins d'interruption du cadre de l'appareil. Regarder des films ou travailler sur des tâches créatives semble être une expérience plus attrayante car l'écran semble plus vaste, mais le facteur de forme global de l'appareil reste incroyablement compact.

En termes de **performances** – oui, nous y reviendrons plus en détail plus tard – mais d'un point de vue visuel, la puce M4 offre des performances fluides et rapides à l'écran. Que vous fassiez défiler des pages Web, que vous retouchiez des photos dans Lightroom ou que vous passiez d'une application à l'autre, tout est fluide et réactif. L'écran n'est pas seulement esthétique, il est optimisé pour les besoins exigeants des utilisateurs, ce qui garantit que les tâches hautes performances comme le montage vidéo ou les jeux sont confortables.

Dans l'ensemble, les premières impressions du MacBook Air M4, de sa sensation luxueuse dans vos mains à la clarté époustouflante de son écran, vous laisseront bouche bée. Il s'agit d'un appareil qui allie beauté et fonctionnalité, vous permettant de profiter d'une expérience visuellement riche tout en offrant la puissance dont vous avez besoin pour accomplir vos tâches. Que vous soyez un professionnel, un étudiant ou quelqu'un qui aime simplement les technologies de pointe, le MacBook Air M4 n'est pas seulement beau, il *ressemble* à un pas vers l'avenir des ordinateurs portables.

CHAPITRE 2 : COMPRENDRE LE MATÉRIEL

Un regard plus attentif sur le design du MacBook Air M4

Le **MacBook Air M4** est plus qu'un simple appareil fonctionnel - c'est un mélange d'élégance, de technologie de pointe et de design centré sur l'utilisateur qui se démarque dans le monde encombré des ultrabooks. Apple a toujours été connu pour créer des produits magnifiquement conçus, mais avec l'introduction de la puce M4, le MacBook Air porte le design à un nouveau niveau. Dans cette section, nous examinerons en profondeur la conception physique du MacBook Air M4, en nous concentrant sur la couleur, la taille de l'écran, le poids et l'épaisseur, et le comparerons à ses prédécesseurs pour vous aider à comprendre pourquoi ce modèle change la donne pour Apple.

Une nouvelle couleur fraîche : Sky Blue

L'une des premières choses que vous remarquerez lors du déballage du MacBook Air M4 est sa nouvelle **couleur bleu ciel**. C'est une teinte rafraîchissante et vibrante qui est à la fois moderne et professionnelle. Apple est allé au-delà des options standard d'argent et de gris sidéral, en proposant ce nouveau ton élégant qui est à la fois visuellement attrayant et apaisant. Cette couleur est subtile mais distincte, pas écrasante, mais toujours suffisamment différente pour distinguer le MacBook Air M4 des modèles précédents.

Contrairement aux finitions métalliques traditionnelles que l'on trouvait dans les modèles de MacBook précédents, la **version Sky Blue** offre une finition plus lisse et plus satinée. Il capte la lumière juste comme il faut, ajoutant une couche supplémentaire d'élégance à l'appareil. Que vous le teniez dans vos mains ou que vous le posiez sur un bureau, la nature réfléchissante du corps en aluminium attire l'attention, mais d'une manière sophistiquée et discrète. Il est parfait pour tous ceux qui recherchent un ordinateur portable qui se sent frais sans être trop flashy.

Taille de l'écran : Grand écran dans un cadre compact

Le MacBook Air M4 est doté d'un **écran Retina de 13,6 pouces**, ce qui en fait un excellent choix pour les utilisateurs qui ont besoin d'un ordinateur portable qui équilibre l'espace d'écran avec la portabilité. La **technologie d'affichage Liquid Retina d'Apple** améliore l'expérience visuelle en offrant des couleurs nettes et éclatantes et une clarté impressionnante. Cette taille d'écran offre suffisamment d'espace pour le multitâche, l'affichage d'images, l'édition de documents ou le visionnage de vidéos, mais elle ne submerge pas l'utilisateur, ce qui est une grande amélioration par rapport aux anciens modèles qui avaient un écran légèrement plus petit.

Les bords de l'écran ont été encore plus amincis par rapport aux générations précédentes, ce qui donne l'impression que l'écran est encore plus grand qu'il

MACBOOK AIR M4 USER GUIDE

ne l'est en réalité. La **technologie True Tone** ajuste la balance des blancs en fonction de la lumière environnante, ce qui garantit que vos yeux ne se fatiguent pas, que vous travailliez dans un bureau très éclairé ou dans une pièce sombre. L'écran dispose également d'une **impressionnante large gamme de couleurs P3**, offrant des couleurs plus réalistes, ce qui est particulièrement intéressant pour ceux qui travaillent avec des applications créatives comme le montage photo et vidéo.

En comparaison, les anciens modèles de MacBook Air avaient un écran de 13,3 pouces avec des bords plus épais. Bien que la différence puisse sembler minime sur le papier, le nouveau design offre une expérience visuelle immersive qu'il est difficile de manquer lorsque vous posez les yeux pour la première fois sur le MacBook Air M4.

Poids : Léger comme l'air

L'une des caractéristiques de la série MacBook Air a toujours été son design léger comme une plume. Le **MacBook Air M4** perpétue cette tradition, ne pesant que **1,24 kg (2,7 livres)**. Cela le rend incroyablement facile à transporter, que vous vous rendiez au travail, que vous vous déplaciez entre les salles de classe ou que vous vous déplaciez simplement d'une pièce à l'autre de votre maison. La portabilité est l'une des principales raisons pour lesquelles de nombreux utilisateurs, en particulier les étudiants et les professionnels, optent pour le MacBook Air.

Même si elle est incroyablement légère, cette version ne fait aucun compromis sur la durabilité. La **construction monocoque en aluminium d'Apple** garantit qu'il est solide et robuste malgré sa nature légère. Lorsque vous le tenez, vous ne ressentirez aucune flexion ou souplesse, ce qui est un problème courant avec d'autres ordinateurs portables légers. C'est l'équilibre parfait entre portabilité et robustesse, ce qui le rend idéal pour une utilisation en déplacement.

À titre de comparaison, les modèles précédents du MacBook Air étaient légèrement plus légers, mais la différence est négligeable si l'on considère la **puissance** et les **performances** offertes par le M4. Le poids réduit est obtenu sans sacrifier l'intégrité structurelle typique des conceptions d'Apple.

Épaisseur : Ultra-mince mais puissant

Le MacBook Air M4 est **plus fin que jamais**, ne mesurant que **1,13 cm (0,44 pouce)** à son point le plus épais. Cela en fait l'un des ordinateurs portables les plus fins du marché, ce qui lui permet de se glisser facilement dans un sac à dos ou une mallette sans prendre beaucoup de place. Le profil mince est une caractéristique de la famille MacBook Air, et il reste l'une des caractéristiques les plus remarquables pour les utilisateurs qui privilégient la portabilité.

Par rapport aux anciens modèles de MacBook Air, le M4 est encore plus mince, avec un design en forme de coin qui se rétrécit de l'arrière vers l'avant étant plus raffiné. Le corps plus mince le rend plus facile à transporter, mais il parvient à intégrer une **batterie plus grande** qui offre une alimentation longue durée. Apple s'est clairement concentré sur l'amélioration de l'efficacité de ses composants internes, permettant un profil ultra-mince sans sacrifier l'autonomie de la batterie ou les performances.

Cette finesse a également des implications pratiques pour les utilisateurs qui doivent travailler à partir de différents endroits ou transporter fréquemment leur appareil. Le profil mince permet une flexibilité maximale lorsque vous travaillez dans des espaces restreints, comme sur un siège d'avion exigu ou à une petite table de café.

Ce que l'on ressent lorsqu'on le tient : confortable et sûr

Tenir le MacBook Air M4 dans vos mains est remarquablement confortable. Les **coins arrondis** et la **finition lisse d'Apple** permettent à l'ordinateur portable de reposer naturellement dans vos paumes, que vous le portiez ou que vous tapiez dessus. L'appareil est bien équilibré, ce qui signifie que même s'il est léger, il ne semble pas fragile ou sujet au renversement lorsqu'il est placé sur une surface.

Le matériau lui-même est un plaisir au toucher. La **finition en aluminium** offre une sensation haut de gamme qui le distingue des concurrents à carrosserie en plastique. La **surface mate** est lisse mais pas glissante, de sorte que les utilisateurs peuvent la saisir confortablement sans craindre qu'elle ne glisse de leurs mains. La **conception bord à bord** garantit également qu'il n'y a pas d'angles vifs qui s'enfoncent dans vos poignets pendant la frappe, ce qui rend les longues sessions de travail ou de jeu beaucoup plus confortables.

Lorsque vous comparez la sensation du MacBook Air M4 à celle des modèles plus anciens, vous remarquerez que cette nouvelle version semble plus **solide** et **haut de gamme**. Les bords raffinés et la finition de surface lisse le rendent confortable à tenir ou à utiliser sur vos genoux sans se sentir inconfortable, ce qui pourrait être un problème avec les générations précédentes de MacBook Air.

Avantages pour un usage quotidien : un mélange parfait de style et de fonctionnalité

Le design du MacBook Air M4 n'est pas seulement une question d'esthétique, il s'agit d'améliorer l'expérience utilisateur. La **couleur bleu ciel** et le profil mince en font un appareil visuellement agréable qui se démarque, tandis que son facteur de forme léger et ultra-mince le rend parfait pour les utilisateurs qui sont constamment en déplacement. Que vous assistiez à des réunions, que vous travailliez dans un café ou que vous le transportiez dans votre sac à dos, la conception du MacBook Air M4 garantit qu'il ne vous alourdira pas.

Grâce à sa taille compacte et à sa nature ultra-portable, vous pouvez l'emporter partout. L'écran plus grand et les cadres plus fins offrent un affichage plus immersif sans compromettre la portabilité. Vous pouvez facilement le sortir dans un café bondé, dans un avion ou dans une salle de réunion et être sûr de transporter un appareil qui reflète à la fois style et performance.

La combinaison de la **puce M4**, d'**une qualité de construction supérieure** et d'**une autonomie de batterie améliorée** signifie également que cet ordinateur portable n'est pas seulement un joli visage, c'est une centrale de productivité. Que vous travailliez sur des présentations, que vous retouchiez des photos ou que vous naviguiez simplement sur le Web, le MacBook Air M4 est conçu pour donner le meilleur de lui-même tout en vous permettant de rester à l'aise et productif.

MACBOOK AIR M4 USER GUIDE

La puce M4 : puissance, efficacité et performances

La **puce M4** est le cœur battant du nouveau MacBook Air M4, et elle est là pour révolutionner la façon dont vous utilisez votre appareil. Il ne s'agit pas seulement d'un nouveau processeur ; il s'agit de la prochaine génération de silicium personnalisé d'Apple, conçu pour offrir des performances exceptionnelles tout en conservant l'efficacité énergétique qui est devenue synonyme du MacBook Air. Voyons ce qui rend la puce M4 si spéciale et comment elle améliore votre expérience avec le MacBook Air M4.

Qu'est-ce que la puce M4 ?

Au cœur du MacBook Air M4 se trouve la **puce M4 d'Apple**, un puissant système sur puce (SoC) qui intègre plusieurs fonctions (CPU, GPU, moteur neuronal, etc.) dans un seul morceau de silicium. Cette puce est conçue non seulement pour gérer vos tâches quotidiennes, mais aussi pour offrir des performances exceptionnelles pour les applications exigeantes, tout en gérant efficacement l'alimentation.

Pensez-y comme au moteur d'une voiture haute performance. Tout comme le moteur d'une voiture détermine sa vitesse et son efficacité énergétique, la puce M4 dicte la vitesse de fonctionnement de votre MacBook Air, la qualité de ses tâches et la durée de vie de sa batterie.

Le rôle de la puce M4 dans les performances

La puce M4 est dotée d'une technologie qui fait du MacBook Air M4 un concentré de puissance pour les **utilisateurs quotidiens** et ceux qui exigent plus de leurs machines. Voici un aperçu de la façon dont la puce M4 améliore les performances :

1. Un nouveau niveau de vitesse avec le processeur

L' **unité centrale de traitement (CPU)** est le cerveau du MacBook Air, responsable de l'exécution de la plupart des tâches que vous lui demandez d'effectuer. Avec la puce M4, Apple a fait passer les performances du processeur au niveau supérieur. Le M4 dispose d'un **processeur à 8 cœurs**, qui se compose de cœurs hautes performances et de cœurs à haut rendement.

- **Cœurs hautes performances** : ils sont conçus pour gérer des tâches exigeantes, comme le montage vidéo, les jeux ou l'exécution simultanée de plusieurs applications. Ils sont rapides et puissants, ce qui garantit le bon fonctionnement des logiciels les plus exigeants.

- **Cœurs à haut rendement** : Ces cœurs sont conçus pour des tâches plus légères, comme la navigation sur le Web, le traitement de texte ou le visionnage de vidéos. Ils consomment moins d'énergie, ce qui permet de prolonger la durée de vie de la batterie sans sacrifier les performances pour les tâches quotidiennes.

Cette combinaison de performances et d'efficacité fait de la puce M4 un ajustement parfait pour le MacBook Air, qui est connu pour être un ordinateur portable léger. Que vous consultiez simplement vos e-mails ou que vous exécutiez un projet de retouche photo complexe, la puce M4 vous garantit des performances rapides et transparentes.

2. Puissance graphique avec le GPU

Alors que le processeur est responsable du traitement général, l' **unité de traitement graphique (GPU)** gère les tâches qui nécessitent un rendu visuel, comme les jeux, la modélisation 3D et le montage vidéo. La puce M4 est livrée avec un **GPU intégré** qui est de loin supérieur aux précédents MacBook Air à processeur Intel, offrant **jusqu'à 10 cœurs de puissance GPU**.

Pour **les utilisateurs occasionnels**, le GPU gérera des tâches telles que regarder des films HD ou naviguer sur les réseaux sociaux de manière fluide, avec des graphiques riches et une lecture vidéo de haute qualité. Mais pour **les professionnels de la création**, tels que les monteurs vidéo, les graphistes ou toute personne travaillant avec des tâches visuellement intensives, le GPU de la M4 offre des performances améliorées. L'édition de vidéos 4K ou le rendu de modèles 3D complexes sur le MacBook Air M4 devient un jeu d'enfant, sans avoir besoin d'un GPU externe.

3. Neural Engine pour des fonctionnalités intelligentes

Le Neural Engine **d'Apple** est un autre élément clé de la puce M4, et il est conçu pour traiter les tâches d'apprentissage automatique. Qu'il s'agisse de reconnaître des visages sur vos photos, d'améliorer vos recommandations d'applications ou d'améliorer les performances d'applications intelligentes telles que Siri ou la dictée vocale, le Neural Engine rend tout cela possible de manière transparente.

- **Pour les utilisateurs occasionnels**, cela signifie des fonctionnalités plus intelligentes telles qu'une meilleure reconnaissance faciale dans FaceTime, des suggestions plus précises de Siri et des capacités de conversion de la voix en texte plus rapides.

- **Pour les utilisateurs expérimentés** qui travaillent avec des applications basées sur l'IA ou des modèles d'apprentissage automatique, le Neural Engine offre des améliorations de vitesse et d'efficacité qui peuvent rendre les tâches complexes beaucoup plus rapides et plus réactives.

4. L'efficacité énergétique : la clé de la longue durée de vie de la batterie

L'un des aspects les plus impressionnants de la puce M4 est son **efficacité énergétique**. Contrairement aux puces Intel traditionnelles, le M4 est optimisé pour **une faible consommation d'énergie**, grâce à son architecture ARM. Cela permet au MacBook Air M4 d'offrir des performances élevées sans sacrifier l'autonomie de la batterie.

En fait, la puce M4 est conçue pour consommer beaucoup moins d'énergie que les anciens processeurs Intel, ce qui se traduit par une durée de vie de la batterie plus longue. Apple promet jusqu'à **18 heures** de lecture vidéo et jusqu'à **15 heures de navigation sur le Web** sur une seule charge, ce que les utilisateurs des modèles précédents de MacBook Air n'auraient jamais imaginé possible.

Que vous travailliez en déplacement, que vous regardiez des films ou que vous utilisiez simplement votre MacBook Air pour des tâches légères, la puce M4 garantit que la batterie durera plus longtemps, ce qui vous permettra de rester productif sans avoir à la recharger fréquemment.

Avantages pour les utilisateurs occasionnels

Pour ceux qui utilisent leur MacBook Air pour des tâches quotidiennes (navigation sur le Web, consultation d'e-mails, visionnage de vidéos ou utilisation d'applications bureautiques), la puce M4 rend ces activités plus rapides et plus fluides. Avec ses **cœurs à haut rendement**, la puce garantit que ces tâches sont effectuées avec une consommation d'énergie minimale, c'est pourquoi les utilisateurs peuvent s'attendre à un ordinateur portable qui dure plus longtemps entre les charges.

De plus, macOS est optimisé pour tirer pleinement parti des capacités de la puce M4, de sorte que même les tâches les plus basiques semblent plus rapides et plus réactives. Les pages se chargent plus rapidement dans Safari, les applications se lancent presque instantanément et même le multitâche est un jeu d'enfant. La puce M4 offre une expérience fluide et sans effort, peu importe ce que vous faites.

Avantages pour les tâches exigeantes

Pour les **utilisateurs expérimentés** ou ceux qui poussent leur MacBook Air M4 à la limite avec des tâches lourdes comme **l'édition de photos**, **l'édition vidéo**, le **codage** ou le **travail de conception**, la puce M4 excelle.

- **La retouche photo** dans des applications telles qu'Adobe Photoshop ou Lightroom sera rapide comme l'éclair, avec des temps de rendu plus rapides et une gestion fluide des images haute résolution.

- **Le montage vidéo** dans Final Cut Pro ou Adobe Premiere Pro sera beaucoup plus réactif, vous permettant de parcourir les séquences, d'ajouter des effets et de rendre des vidéos en une fraction du temps par rapport aux anciens modèles de MacBook Air.

- **Les performances de jeu** sont également sensiblement améliorées, car le puissant GPU de la M4 garantit des graphismes plus fluides et des fréquences d'images plus rapides pour les jeux occasionnels ou les titres encore plus gourmands en graphismes.

La combinaison du **processeur et du processeur graphique de la puce M4** signifie que, quelle que soit l'exigence de la tâche, votre MacBook Air sera à la hauteur de la situation, sans transpirer.

Un changement de jeu pour le multitâche

Grâce à la combinaison de cœurs hautes performances, de cœurs économes en énergie et d'un processeur graphique intégré de la puce M4, le MacBook Air M4 gère le multitâche comme jamais auparavant. Vous pouvez exécuter plusieurs applications, garder plusieurs onglets de navigateur ouverts et passer des appels vidéo en même temps, sans subir de décalage ou de ralentissement.

Que vous éditiez un document, répondiez à des e-mails et diffusiez une vidéo en même temps, la puce M4 vous permet de jongler avec plusieurs tâches sans compromis. Cela change la donne pour les utilisateurs qui doivent rester productifs tout en gérant plusieurs projets simultanément.

Autonomie de la batterie et conseils de gestion de l'alimentation

L'une des caractéristiques les plus remarquables du MacBook Air M4 est sa remarquable autonomie de batterie. Grâce à l'efficacité de la nouvelle puce M4, vous pouvez vous attendre à ce que votre appareil gère de longues heures d'utilisation sans avoir besoin d'être rechargé, ce qui est parfait pour les étudiants, les professionnels ou toute personne en déplacement. Mais même avec des performances de batterie aussi impressionnantes, il existe toujours des moyens de prolonger la longévité de la batterie de votre MacBook Air M4, en veillant à ce qu'elle reste en parfait état pour les années à venir.

Voici quelques conseils pratiques pour maximiser l'autonomie de la batterie et la gestion de l'alimentation de votre MacBook Air M4.

1. Activer le mode basse consommation

Le mode économie d'énergie est une fonctionnalité intégrée à macOS qui permet de prolonger l'autonomie de votre batterie lorsque vous êtes à court d'énergie. En réduisant les performances du système, en assombrissant l'écran et en réduisant la consommation d'énergie en arrière-plan, votre MacBook Air M4 peut durer beaucoup plus longtemps sans avoir besoin d'être rechargé.

Pour activer le **mode économie d'énergie** :

1. **Cliquez sur le logo Apple** dans le coin supérieur gauche de votre écran.

2. Sélectionnez **Préférences Système**.

3. Allez dans **Batterie**.

4. Cochez la case à côté de **Mode basse consommation**.

Lorsque vous voyagez ou travaillez loin d'un chargeur, le mode basse consommation est un excellent moyen d'étirer encore plus votre batterie. Gardez à l'esprit, cependant, que même s'il améliore la durée de vie de la batterie, il peut réduire la puissance de traitement du MacBook, il est donc préférable de l'utiliser pour des tâches de base comme la lecture, la navigation ou l'écriture.

2. Optimisation de la batterie avec les fonctionnalités de macOS

La fonctionnalité **de gestion de l'état de la batterie** de macOS est conçue pour améliorer la santé à long terme de la batterie de votre MacBook en réduisant la vitesse à laquelle elle vieillit chimiquement. Cette fonction limite la charge maximale lorsqu'elle détecte qu'une charge complète n'est pas nécessaire pour vos habitudes d'utilisation actuelles, ce qui peut aider à prévenir l'usure de la batterie au fil du temps.

Pour activer la **gestion de l'état de la batterie** :

1. Ouvrez **les Préférences Système**.

2. Sélectionnez **Batterie**.

3. Choisissez **État de la batterie** et assurez-vous que la case Gestion de l' **état de la batterie** est cochée.

La gestion de l'état de la batterie vous aide à maintenir votre batterie en parfait état, et vous constaterez probablement moins de détérioration de sa capacité à tenir la charge au fil des ans, ce qui prolongera la durée de vie globale de votre appareil.

3. Réglage de la luminosité de l'écran

L'une des plus grandes consommations de la batterie de votre MacBook est la luminosité de l' **écran**. Plus votre écran est lumineux, plus il consomme d'énergie, donc si vous essayez de préserver la durée de vie de la batterie, envisagez de régler la luminosité à un niveau inférieur.

Voici comment régler la luminosité de l'écran :

- Utilisez les **touches F1** et **F2** pour diminuer et augmenter la luminosité, respectivement.

- Vous pouvez également accéder aux **Préférences Système** > **Affichages** et régler le curseur de luminosité.

La luminosité automatique est une autre fonctionnalité intéressante qui vous aide à économiser de l'énergie. Grâce à la luminosité automatique, votre MacBook ajuste automatiquement la luminosité de l'écran en fonction des conditions d'éclairage environnantes, ce qui vous permet de ne pas consommer plus d'énergie que nécessaire.

Pour activer la luminosité automatique :

1. Accédez à **Préférences Système** > **Affichages**.

2. Cochez l'option Ajuster automatiquement la **luminosité**.

4. Fermez les applications inutiles et les processus d'arrière-plan

Chaque app ou processus exécuté sur votre MacBook consomme de la batterie, même si vous ne l'utilisez pas activement. Pour maximiser l'autonomie de la batterie, faites attention aux programmes que vous laissez fonctionner en arrière-plan.

Pour fermer des applications et des processus :

1. Ouvrez **le Moniteur d'activité** (vous pouvez le trouver en recherchant Spotlight).

2. Recherchez les processus utilisant trop de processeur ou d'énergie et quittez-les s'ils ne sont pas nécessaires.

De plus, n'oubliez pas de **quitter les applications** que vous n'utilisez pas activement. Vous pouvez soit les fermer à partir du **Dock,** soit utiliser **Cmd + Q** pour les quitter complètement.

5. Désactiver le Wi-Fi et le Bluetooth lorsqu'ils ne sont pas utilisés

Le Wi-Fi et le Bluetooth sont parfaits pour se connecter à Internet, à vos appareils sans fil et à des accessoires externes, mais lorsque vous ne les utilisez pas, ils peuvent vider votre batterie en recherchant constamment des réseaux et des appareils.

Pour économiser de l'énergie :

- **Désactivez le Wi-Fi** lorsque vous ne l'utilisez pas en cliquant sur l'icône Wi-Fi dans le coin supérieur droit et en sélectionnant Désactiver le **Wi-Fi**.

- De même, **désactivez le Bluetooth** en cliquant sur l'icône Bluetooth et en sélectionnant **Désactiver le Bluetooth** si vous n'avez pas besoin de vous connecter à des appareils Bluetooth.

6. Gérez vos paramètres énergétiques

macOS fournit des réglages d'économie d'énergie qui peuvent vous aider à gérer le moment et la manière dont votre MacBook Air M4 consomme de l'énergie. Pour vous assurer que votre MacBook n'utilise pas d'énergie inutile lorsqu'il est inactif, ajustez ces réglages.

Voici comment ajuster les préférences énergétiques :

1. Ouvrez **les Préférences Système**.

2. Allez dans **Batterie**.

3. Choisissez les paramètres **Économiseur d'énergie** et vous pouvez sélectionner des options telles que la désactivation de la mise en veille du disque dur, la réduction de la luminosité de l'écran lorsqu'il est inactif et l'autorisation de mettre votre MacBook en veille lorsqu'il est inactif pendant une durée définie.

Configurer votre Mac pour qu'il se mette automatiquement en veille après une période d'inactivité est particulièrement utile si vous avez tendance à laisser votre MacBook allumé pendant de longues périodes. Cela garantira qu'il ne consomme pas d'énergie pendant votre absence.

7. Désactiver les effets visuels inutilisés

macOS inclut des effets visuels soignés, mais ces effets peuvent également consommer plus d'énergie de la batterie, en particulier lorsque vous travaillez sur des tâches exigeantes. Bien qu'ils rendent votre MacBook beau, ils ne sont pas toujours nécessaires.

Pour minimiser ces effets :

1. Accédez à **Préférences Système** > **Accessibilité**.

2. Dans la section **Affichage**, cochez les cases **Réduire le mouvement** et **Réduire la transparence**.

Ces petits ajustements peuvent réduire la charge graphique de votre MacBook, ce qui vous permet de prolonger l'autonomie de la batterie sans trop sacrifier l'expérience utilisateur.

8. Évitez les températures extrêmes

Les batteries MacBook, comme toutes les batteries lithium-ion, ne fonctionnent pas bien à des températures extrêmes. L'utilisation de votre MacBook dans des environnements trop chauds ou trop froids peut réduire l'autonomie de la batterie et sa durée de vie globale.

Pour préserver la santé de la batterie :

- Conservez votre MacBook Air M4 dans un environnement à température ambiante (entre 50 °F et 95 °F ou 10 °C et 35 °C).

- Évitez de laisser votre MacBook à la lumière directe du soleil ou dans une voiture par une journée chaude.

De plus, **la charge dans un environnement frais** est meilleure pour la santé de la batterie, alors assurez-vous de ne pas charger votre MacBook sur une surface molle comme un lit ou un oreiller, qui peut emprisonner la chaleur.

9. Mettez à jour macOS régulièrement

Parfois, Apple publie des mises à jour qui incluent des améliorations et des optimisations de performances, y compris des correctifs qui aident à prolonger la durée de vie de la batterie. Assurez-vous de vérifier régulièrement les mises à jour de macOS pour profiter des optimisations effectuées par Apple.

Pour vérifier les mises à jour :

1. Cliquez sur le **logo Apple** dans le coin supérieur gauche.

2. Sélectionnez **Préférences Système** > **Mise à jour logicielle**.

3. Si une mise à jour est disponible, cliquez sur Mettre **à jour maintenant**.

En gardant votre MacBook à jour, vous vous assurez qu'il fonctionne aussi efficacement que possible, ce qui peut contribuer à améliorer les performances de la batterie.

10. Surveillez l'utilisation de la batterie

macOS vous fournit des informations détaillées sur l'utilisation de votre batterie, afin que vous puissiez mieux comprendre quelles applications et quels processus épuisent votre batterie.

Pour vérifier l'utilisation de votre batterie :

1. Cliquez sur l'icône de **la batterie** dans le coin supérieur droit.

2. Dans la liste déroulante, vous verrez Utilisation de la **batterie** et quelles applications consomment le plus d'énergie.

En étant conscient de l'utilisation de votre batterie et en effectuant des ajustements en fonction de ces informations, vous pouvez hiérarchiser ce qui est le plus important et économiser de l'énergie pour les tâches les plus importantes.

Performances de la webcam et de l'audio

Lorsqu'il s'agit de rester en contact avec des amis, de la famille, des collègues ou des camarades de classe, les appels vidéo sont devenus la pierre angulaire de la communication moderne. Que vous travailliez à distance, que vous assistiez à des cours virtuels ou que vous retrouviez vos proches, la qualité de votre webcam et de votre audio est cruciale. Le **MacBook Air M4** fait passer ces expériences au niveau supérieur grâce à sa nouvelle **webcam**

Center Stage de 12 Mpx et à ses **capacités audio** avancées, garantissant que chaque appel vidéo et expérience multimédia est d'une clarté et d'une immersion exceptionnelles. Voyons comment ces fonctionnalités améliorent vos interactions numériques quotidiennes et pourquoi elles se démarquent sur le marché encombré des ordinateurs portables.

La webcam Center Stage de 12 Mpx : une révolution pour les appels vidéo

Dans les modèles précédents de MacBook Air, la webcam était une caméra 720p relativement basique qui faisait son travail mais laissait beaucoup à désirer lorsqu'il s'agissait d'appels vidéo de haute qualité. C'est là qu'entre en jeu la **webcam Center Stage de 12 Mpx** du MacBook Air M4, un bond en avant significatif en termes de résolution et de fonctionnalités. Cet appareil photo ne se contente pas d'obtenir des images nettes et haute définition ; Il s'agit de créer une expérience qui semble naturelle, engageante et professionnelle.

Résolution de haute qualité et images plus claires

Tout d'abord, la **résolution de 12MP** offre un niveau de clarté incroyable, rendant chaque détail net et éclatant. Que vous assistiez à une réunion Zoom, à un FaceTiming avec votre famille ou que vous enregistriez un vlog, la **webcam du MacBook Air M4 vous permet d'être** à votre meilleur. La mise à niveau par rapport à l'appareil photo 720p précédent est perceptible, avec des couleurs plus douces et plus vives, vous offrant une qualité d'image qui correspond aux attentes modernes.

Ce qui rend cette webcam encore plus impressionnante, c'est sa **fonction Center Stage**. Cette technologie innovante utilise la puissance des capacités de traitement de la puce M4 pour vous garder dans le cadre pendant un appel vidéo, même si vous vous déplacez. Contrairement aux webcams traditionnelles qui restent statiques, **Center Stage** ajuste automatiquement le cadrage de la caméra pour vous suivre, ce qui la rend idéale pour les situations où vous vous déplacez, comme faire une présentation, vous promener pendant une réunion ou même essayer de jongler avec plusieurs tâches à l'écran.

Center Stage : un suivi intelligent pour une interaction fluide

La fonction **Center Stage** s'appuie sur l'apprentissage automatique et le large champ de vision de la caméra pour ajuster dynamiquement le cadrage. Il peut reconnaître vos mouvements et, si d'autres personnes se trouvent dans le cadre, effectuer automatiquement un zoom avant et arrière pour que tout le monde reste correctement centré. Par exemple, lors d'un appel vidéo de groupe, si quelqu'un d'autre entre dans le cadre ou si vous vous penchez pour une vue plus rapprochée, la caméra s'ajuste pour s'assurer que tout le monde est vu clairement. Ce niveau de réglage intelligent garantit que la mise au point est toujours là où elle doit être, sans qu'il soit nécessaire d'intervenir manuellement. Cela change la donne pour les réunions personnelles et professionnelles, car il rend vos appels vidéo beaucoup plus interactifs et naturels.

Performances en basse lumière

La webcam Center Stage 12MP est également conçue pour fonctionner exceptionnellement bien dans des conditions de faible luminosité. Grâce au capteur amélioré et au traitement d'image avancé d'Apple, vous n'aurez pas à vous soucier d'avoir l'air délavé ou trop sombre dans les pièces faiblement éclairées. La caméra améliore automatiquement l'éclairage, en s'assurant que votre visage est bien éclairé même si vous vous trouvez dans un espace faiblement éclairé, réduisant ainsi le besoin d'équipement d'éclairage supplémentaire pour vos appels vidéo.

Performance audio : un son immersif pour les appels vidéo et le divertissement

Si une webcam de haute qualité est essentielle, la qualité audio est tout aussi importante pour un appel vidéo et une expérience multimédia agréables. Le **MacBook Air M4** offre une expérience audio exceptionnelle, grâce à son système de haut-parleurs amélioré et à la configuration améliorée du microphone.

Haut-parleurs stéréo haute fidélité

Apple a conçu le MacBook Air M4 avec des **haut-parleurs stéréo** qui produisent un **son plus riche et plus complet**. Que vous regardiez un film, écoutiez de la musique ou participiez à un appel vidéo, le son est clair et équilibré. Les haut-parleurs sont positionnés pour projeter le son de manière immersive, offrant des basses plus profondes et une clarté supérieure par rapport aux modèles MacBook Air précédents. Même dans une pièce bondée, les haut-parleurs parviennent à produire un son suffisamment fort pour remplir l'espace sans distorsion, ce qui le rend parfait pour écouter des podcasts, diffuser du contenu ou participer à des réunions virtuelles.

Un son stéréo large pour une qualité audio améliorée

La fonction de **son stéréo large** est particulièrement utile lorsque vous assistez à des réunions virtuelles ou que vous regardez du contenu sur le MacBook Air M4. Contrairement à la plupart des ordinateurs portables qui offrent une expérience sonore quelque peu étroite, le MacBook Air M4 fournit un son qui s'étend sur une plus large plage, garantissant que chaque mot, note et son est entendu avec clarté. L'inclusion de **la technologie audio spatiale**, soutenue par la puce M4, améliore encore l'expérience audio en créant un effet de son surround qui donne l'impression d'être au cœur de l'action.

Réseau de microphones amélioré pour une prise de voix cristalline

Le **MacBook Air M4** est doté d'un réseau avancé **de trois microphones** qui capte votre voix avec une clarté remarquable. Ceci est particulièrement important pour les appels vidéo, où un son clair est essentiel. Plus besoin de s'efforcer d'entendre des voix douces ou de faire face à un son étouffé. Que vous parliez doucement ou que vous discutiez dans un environnement bruyant, les microphones du MacBook Air M4 s'adaptent pour que votre voix soit entendue haut et fort.

Les microphones fonctionnent main dans la main avec des **algorithmes d'apprentissage automatique** pour filtrer les bruits de fond et se concentrer sur la voix de l'orateur. Que vous soyez dans un café bruyant, un bureau animé ou un bureau à domicile calme, le MacBook Air M4 réduit automatiquement les distractions et améliore la clarté de votre voix. Cela le rend idéal pour les réunions professionnelles ou les appels personnels où le bruit de fond peut être un problème.

Ce qui le distingue des modèles précédents

Par rapport aux modèles MacBook Air précédents, la webcam et le système audio du M4 ont une longueur d'avance en termes de performances et de facilité d'utilisation. La webcam de 12 Mpx et la technologie Center Stage offrent un niveau d'interactivité et de clarté qui n'était pas disponible auparavant, en particulier avec l'appareil photo 720p précédent. Le passage d'une webcam statique à une webcam qui suit intelligemment les mouvements distingue le M4 non seulement des modèles de MacBook précédents, mais aussi de nombreux ordinateurs portables sur le marché aujourd'hui.

Le système audio est également une mise à niveau par rapport aux modèles précédents. Avec des haut-parleurs stéréo, un son haute fidélité et des microphones améliorés, le MacBook Air M4 offre une expérience multimédia beaucoup plus immersive, que vous écoutiez de la musique, participiez à un appel vidéo ou regardiez votre émission de télévision préférée.

Des avantages concrets

Pour les utilisateurs quotidiens, la webcam et le système audio améliorés rendent les appels vidéo plus agréables et productifs. **Center Stage** vous permet d'être toujours parfaitement cadré, peu importe combien vous vous déplacez, créant ainsi une expérience plus attrayante pour vous et pour ceux qui se trouvent de l'autre côté de l'appel. Pour les professionnels, cette fonctionnalité permet de rendre les réunions virtuelles plus naturelles et dynamiques, en éliminant la gêne d'être décentré pendant une conversation.

Le système audio supérieur garantit que la clarté de la voix est toujours à son meilleur, que vous fassiez une présentation, que vous collaboriez avec des collègues ou que vous discutiez avec des membres de votre famille. Le **MacBook Air M4** devient non seulement un appareil de communication, mais aussi un centre de divertissement, grâce à l'audio à spectre complet et aux visuels d'une clarté cristalline.

CHAPITRE 3 : EXPLORATION DE MACOS

Introduction à macOS : se familiariser avec l'interface

Bienvenue dans votre aventure avec macOS, le système d'exploitation intuitif et magnifiquement conçu qui équipe votre MacBook Air M4. Si vous venez de Windows ou si vous êtes nouveau dans l'écosystème d'Apple, cela peut sembler être un tout nouveau monde. Mais ne vous inquiétez pas, il est plus facile que vous ne le pensez de vous familiariser avec macOS, et vous pourrez bientôt naviguer sur votre MacBook comme un pro.

Décomposons l'interface, en commençant par les éléments essentiels qui vous feront vous sentir comme chez vous : le **bureau**, le **Finder** et les **Préférences Système**. À la fin de ce chapitre, vous serez en mesure de naviguer en toute confiance sur votre MacBook Air M4 et de trouver facilement tout ce dont vous avez besoin.

Le bureau : votre centre de commande

Lorsque vous allumez votre MacBook Air M4 pour la première fois, vous êtes accueilli par le **bureau**, l'espace de travail central où toutes vos applications, fichiers et dossiers prennent vie. C'est comme le centre de commande de votre monde numérique.

- **La barre** de menus : la partie supérieure de l'écran est la barre de **menus**. Cette zone contient tout ce dont vous avez besoin pour accéder rapidement aux fonctions du MacBook. De gauche à droite, vous trouverez le **menu Apple**, qui permet d'accéder aux préférences système, aux options d'arrêt et aux documents récents. Vient ensuite le menu de l'**application**, qui change en fonction de l'application que vous utilisez. C'est là que vous pouvez trouver des commandes d'application spécifiques telles que « Enregistrer », « Quitter » ou « Préférences ». À l'extrême droite, vous trouverez des icônes utiles telles que le Wi-Fi, l'état de la batterie, l'heure et la recherche Spotlight.

- **Le Dock** : en bas de votre écran, vous verrez le **Dock**, une rangée horizontale d'icônes permettant d'accéder rapidement à vos applications préférées, aux fenêtres réduites et aux dossiers fréquemment utilisés. Vous pouvez personnaliser le Dock en fonction de vos besoins. Si vous souhaitez ajouter une application au Dock, il vous suffit de la faire glisser depuis le **dossier Applications et de la** placer là-bas. Pour supprimer une app, il vous suffit de la faire glisser hors du Dock : ne vous inquiétez pas, elle ne supprimera pas l'app, elle sera simplement supprimée du raccourci.

- **L'arrière-plan du bureau** : Votre bureau est votre espace personnel, c'est là que se trouvent vos fichiers, dossiers et applications. Vous pouvez changer le **fond d'écran** pour quelque chose qui reflète votre personnalité. Cliquez avec le bouton droit n'importe où sur le bureau, sélectionnez Modifier l'**arrière-plan du bureau** et choisissez un fond d'écran dans les options ou téléchargez le vôtre. Il s'agit d'une petite personnalisation, mais elle permet de donner à votre Mac l'impression d'être le *vôtre*.

Finder : votre organisateur numérique

L'une des fonctionnalités les plus puissantes de macOS est **le Finder**, l'outil de gestion de fichiers qui vous aide à tout organiser sur votre MacBook. Considérez le Finder comme votre classeur numérique : c'est là que vous stockez, organisez et recherchez des fichiers, des dossiers et des applications.

- **Ouverture du** Finder : pour ouvrir le Finder, il vous suffit de cliquer sur l'icône du **Finder** dans le Dock (la première icône qui ressemble à un visage souriant). Vous pouvez également utiliser le raccourci clavier **Commande + Espace** pour afficher **la recherche Spotlight** et taper « Finder ».

- **Fenêtres du** Finder : lorsque vous ouvrez le Finder, il ouvre une **fenêtre** dans laquelle vous pouvez voir tous vos fichiers et dossiers. Considérez-le comme une fenêtre sur le stockage de votre Mac. Par défaut, le Finder ouvre la **vue Récents**, qui affiche les fichiers récemment consultés. Sur le côté gauche de la fenêtre, vous verrez la **barre latérale**, qui comprend des raccourcis vers des emplacements importants tels que **Documents**, **Téléchargements** et **Applications**.

- **Navigation dans le Finder** : la fenêtre du Finder est divisée en deux sections principales : la **barre latérale** et la zone d'**affichage principale**. Dans la barre latérale, vous trouverez des dossiers, des appareils et des emplacements réseau auxquels vous pouvez accéder rapidement. La zone principale affiche le contenu du dossier que vous avez sélectionné dans la barre latérale.

    o Vous pouvez cliquer sur un dossier dans la barre latérale (par exemple, **Documents**) pour voir tout son contenu dans la zone principale. Si vous souhaitez ouvrir un fichier, il vous suffit de double-cliquer dessus.

    o Le Finder vous permet également d'organiser les fichiers par type, date ou nom. Pour trier les fichiers, cliquez sur le **menu Affichage** en haut de l'écran, sélectionnez **Afficher les options d'**affichage et choisissez la façon dont vous souhaitez que vos fichiers soient affichés.

- **Utilisation des balises dans le Finder** : Les balises sont une fonctionnalité intéressante du Finder, qui vous permet d'attribuer un code couleur et d'étiqueter vos fichiers pour une identification facile. Si vous travaillez sur un projet et que vous avez besoin de trouver rapidement des fichiers associés, vous pouvez les baliser en cliquant avec le bouton droit sur le fichier, en sélectionnant **Balises**, en choisissant une couleur ou en créant un nom de balise personnalisé. Plus tard, vous pouvez utiliser la **section Balises** dans la barre latérale du Finder pour voir tous les fichiers avec cette balise.

Préférences Système : votre hub de paramètres personnels

Maintenant que vous avez pris l'habitude de naviguer sur le bureau et le Finder de votre MacBook, il est temps d'explorer **les Préférences Système**, c'est là que vous pouvez personnaliser et ajuster votre MacBook Air M4 en fonction de vos besoins. C'est comme le centre de contrôle pour tout ce qui concerne le système.

- **Pour ouvrir les Préférences Système** : Cliquez sur le **menu Pomme** dans le coin supérieur gauche de l'écran et sélectionnez **Préférences Système**. Vous pouvez également trouver **les Préférences Système** en ouvrant Spotlight et en le tapant.

- **Navigation dans les Préférences Système** : Dans les **Préférences Système**, vous trouverez une grille d'icônes, chacune représentant différents paramètres pour votre Mac. Voici quelques points clés à vérifier :

  - **Général** : Personnalisez l'apparence de votre bureau, les schémas de couleurs (mode clair ou sombre), etc.

  - **Bureau et économiseur d'écran** : Ici, vous pouvez modifier l'arrière-plan de votre bureau et définir un économiseur d'écran.

  - **Dock et barre de menus** : ajustez la taille du Dock, sa position (gauche, bas ou droite) et d'autres options, comme l'agrandissement des icônes du Dock.

o **Sécurité et confidentialité** : Gérez les paramètres de confidentialité des applications, choisissez les applications qui ont accès à votre position, vos contacts, vos photos, etc. Il s'agit d'un domaine essentiel pour garantir la sécurité de votre MacBook.

o **Batterie** : Personnalisez les paramètres d'économie d'énergie pour prolonger l'autonomie de la batterie de votre MacBook.

o **Son** : Ici, vous pouvez contrôler le volume, les périphériques d'entrée/sortie et même ajuster la balance entre les haut-parleurs et les écouteurs.

• **À l'aide de la barre de recherche** : Lorsque vous explorez les Préférences Système, vous remarquerez une **barre de recherche** dans le coin supérieur droit. Vous pouvez taper n'importe quoi ici pour trouver rapidement des paramètres spécifiques sans faire défiler toute la liste.

Spotlight Search : votre super-pouvoir de recherche

macOS inclut **la recherche Spotlight,** un outil qui vous permet de trouver rapidement tout ce qui se trouve sur votre Mac. C'est comme si vous aviez votre propre assistant numérique pour vous aider à localiser des fichiers, des applications, des e-mails et même des informations sur le Web.

• **Pour ouvrir Spotlight** : Appuyez sur **Commande + Espace** pour afficher Spotlight, ou cliquez sur l'icône de la loupe dans le coin supérieur droit de votre écran.

MACBOOK AIR M4 USER GUIDE

- **Comment utiliser Spotlight** : Une fois que la fenêtre Spotlight apparaît, commencez simplement à taper ce que vous recherchez. Par exemple, tapez « Safari » pour ouvrir le navigateur Safari, ou tapez « Factures » pour trouver tout document portant ce nom. Spotlight peut également effectuer des recherches sur le Web, rechercher des définitions et même effectuer des calculs.

Navigation sur macOS : conseils supplémentaires pour les débutants

- **Le centre de contrôle** : le **centre de contrôle** est votre point de prédilection pour régler les paramètres courants tels que le Wi-Fi, le Bluetooth, le volume et le mode Ne pas déranger. Vous pouvez y accéder en cliquant sur l' **icône du centre de contrôle** dans la barre de menu (il s'agit de deux bascules). C'est super pratique lorsque vous devez modifier les paramètres à la volée.

- **Exposé et Mission Control** : si vous avez plusieurs fenêtres ou applications ouvertes, **Mission Control** vous aide à les voir toutes en un coup d'œil. Vous pouvez balayer votre trackpad vers le haut avec trois ou quatre doigts pour activer **Mission Control**. Si vous souhaitez passer rapidement d'une app ouverte à une autre, balayez vers la gauche ou la droite sur le trackpad avec trois doigts pour passer de l'une à l'autre.

- **Gestes** : macOS prend en charge une variété de **gestes** qui facilitent la navigation sur votre MacBook. Par exemple, vous pouvez **balayer**

avec trois doigts pour passer d'une application à l'autre, ou **pincer avec trois doigts** pour passer en mode plein écran. Si vous n'êtes pas sûr des gestes disponibles, rendez-vous dans **Préférences Système > Trackpad** pour les afficher tous.

Navigation sur macOS : Finder, Préférences Système, etc.

Bienvenue dans le monde de macOS, où tout est conçu dans un souci de simplicité, d'élégance et d'efficacité. Si vous débutez avec le MacBook Air M4, la navigation sur macOS peut sembler un peu différente de ce à quoi vous êtes habitué, mais ne vous inquiétez pas ! Ce chapitre vous guidera à travers les bases de l'utilisation de macOS de la manière la plus intuitive possible.

Nous allons nous plonger dans le **Finder**, votre outil de gestion de fichiers par excellence, et explorer **les Préférences Système**, le centre de contrôle pour personnaliser votre MacBook. De plus, nous vous donnerons quelques conseils et astuces pour que l'utilisation de macOS devienne une seconde nature. À la fin de ce chapitre, vous aurez une bonne compréhension de la façon de naviguer dans macOS de manière fluide et efficace.

Les bases de Finder : votre hub de gestion de fichiers

Considérez le **Finder** comme le gestionnaire de fichiers de votre MacBook : c'est là que se trouvent tous vos documents, applications, photos et autres fichiers. Ce n'est pas seulement un endroit pour consulter vos fichiers ; il s'agit d'un outil puissant qui vous permet d'organiser, de rechercher et d'accéder à tout ce qui se trouve sur votre Mac. Décomposons-le.

Qu'est-ce que Finder ?

Le Finder est la première chose que vous verrez lorsque vous ouvrirez votre MacBook Air M4. Il fonctionne toujours en arrière-plan et est accessible via **l'icône du Finder** à l'extrême gauche de votre Dock (la rangée d'applications en bas de l'écran). Vous pouvez également utiliser le **raccourci Commande + N** pour ouvrir une nouvelle fenêtre du Finder.

Caractéristiques de base du Finder

Lorsque vous ouvrez le Finder, vous verrez plusieurs éléments essentiels :

1. **Barre latérale** : la colonne de gauche qui vous permet d'accéder rapidement à des emplacements courants tels que votre **bureau**, vos **documents**, vos **téléchargements**, votre **lecteur iCloud** et vos disques externes. Il est personnalisable, ce qui vous permet d'ajouter vos dossiers les plus utilisés pour un accès facile.

2. **Barre d'outils** : en haut de la fenêtre du Finder, la barre d'outils vous permet de naviguer entre les différentes vues de vos fichiers. Ici, vous pouvez rechercher l'ensemble de votre système à l'aide de **Spotlight**

(nous y reviendrons bientôt), modifier votre affichage (icône, liste ou colonne) et trier les fichiers.

3. **Vues de fichiers** : le Finder vous permet de choisir la façon dont vous affichez vos fichiers. Vous pouvez les afficher sous forme d'icônes, dans une liste ou dans des colonnes. Pour basculer entre ces vues, cliquez simplement sur l'icône correspondante dans la barre d'outils. La **vue en colonnes** est particulièrement utile car elle vous montre le chemin d'accès d'un fichier et vous permet de naviguer dans les dossiers d'un simple clic.

Utilisation de fichiers dans le Finder

Maintenant que vous connaissez les bases, parlons de la façon de gérer vos fichiers :

- **Création de nouveaux dossiers** : cliquez avec le bouton droit de la souris n'importe où à l'intérieur d'un dossier et sélectionnez **Nouveau dossier**. Vous pouvez également utiliser le **raccourci Commande + Maj + N** pour créer un dossier instantanément.

- **Déplacement de fichiers** : Pour déplacer un fichier, il suffit de le faire glisser vers l'emplacement souhaité. Vous pouvez également copier des fichiers en maintenant la touche Option enfoncée tout en les faisant glisser.

- **Coup d'œil** rapide : Vous souhaitez prévisualiser un fichier sans l'ouvrir ? Sélectionnez-le dans le Finder et appuyez sur la **barre d'espace**. Cela affichera un aperçu rapide du fichier, qu'il s'agisse d'un document, d'une image ou d'une vidéo. C'est une fonctionnalité qui permet de gagner du temps et qui s'avère pratique.

- **Recherche avec Spotlight** : dans le coin supérieur droit du Finder, il y a une barre de recherche. Vous pouvez commencer à taper le nom d'un fichier, d'un dossier ou d'une application, et Spotlight filtrera instantanément les résultats. Spotlight vous donne également la possibilité de filtrer par type de fichier, date de modification, etc.

Préférences Système : Personnalisation de votre MacBook Air M4

Maintenant que vous avez maîtrisé le Finder, plongeons dans les **Préférences Système**, qui sont au cœur de la personnalisation de votre Mac. C'est là que vous ajustez tout, de l'apparence de votre MacBook à son comportement.

Vous pouvez accéder aux **Préférences Système** en cliquant sur le **logo Apple** dans le coin supérieur gauche de votre écran, puis en sélectionnant **Préférences Système** dans le menu déroulant.

Navigation dans les Préférences Système

La fenêtre **Préférences Système** est organisée en plusieurs catégories sur lesquelles vous pouvez cliquer pour l'explorer davantage. Ces catégories couvrent tout, de vos **paramètres d'affichage** à vos **préférences de sécurité**.

- **Général** : C'est ici que vous pouvez ajuster l'apparence de votre Mac. Vous voulez un thème clair ou sombre ? C'est là que vous contrôlez cela. Vous pouvez également ajuster la taille de vos icônes dans le

Dock, ainsi que choisir l'apparence de votre bureau et de votre économiseur d'écran.

- **Bureau et économiseur d'écran** : Si vous souhaitez modifier votre fond d'écran, ajouter un économiseur d'écran ou ajuster les paramètres d'affichage (comme la résolution), c'est l'endroit où aller.

- **Dock et barre de menus** : personnalisez votre Dock, où toutes vos applications sont épinglées. Vous pouvez modifier la position du Dock (en bas, à gauche ou à droite), choisir de le masquer ou non et même le masquer automatiquement lorsque vous n'en avez pas besoin. La **barre de menus** vous permet de personnaliser les icônes en haut de l'écran, comme le volume et le Wi-Fi.

- **Mission Control** : Mission Control vous donne une vue d'ensemble de toutes les fenêtres et de tous les espaces ouverts, ce qui facilite le passage d'une application à l'autre. Vous pouvez l'activer d'un geste de balayage vers le haut sur le trackpad ou en appuyant sur la **touche F3**.

Autres préférences importantes

Voici quelques autres paramètres des Préférences Système que vous devez connaître :

- **Trackpad** : c'est ici que vous ajustez le comportement du trackpad, y compris le défilement, le tapotement et les gestes. Le trackpad du MacBook Air M4 prend en charge les gestes à plusieurs doigts pour des actions telles que le zoom et le passage d'un bureau à un autre.

- **Identifiant Apple** : si vous utilisez iCloud, vous pouvez vous connecter à votre compte Apple et gérer vos paramètres iCloud, y compris la synchronisation de vos photos, documents, etc.

- **Sécurité et confidentialité** : Ici, vous pouvez gérer vos paramètres de confidentialité, contrôler les autorisations des applications et activer des fonctionnalités de sécurité telles que **FileVault** (qui crypte vos données pour les protéger) et les paramètres **du pare-feu**. C'est une zone clé à visiter si vous êtes préoccupé par la sécurité.

Trucs et astuces pour naviguer plus rapidement sur macOS

À présent, vous devriez avoir une bonne compréhension des bases, mais allons plus loin avec quelques trucs et astuces qui vous aideront à naviguer sur macOS comme un pro :

1. **Pour utiliser Spotlight pour un accès rapide** : appuyez sur **Commande + barre d** 'espace pour afficher **Spotlight** et utilisez-le pour rechercher des fichiers, des applications et même effectuer des calculs ou des conversions rapides. C'est le moyen le plus rapide d'accéder à tout ce qui se trouve sur votre MacBook Air M4.

2. **Utiliser les piles pour rester organisé** : Si votre bureau est encombré de fichiers, activez **les piles**. Cela organise automatiquement vos fichiers en catégories telles que les documents, les images et les PDF, ce qui rend votre bureau beaucoup plus ordonné. Pour activer les piles, cliquez avec le bouton droit de la souris sur le bureau et sélectionnez **Utiliser les piles**.

MACBOOK AIR M4 USER GUIDE

3. **Faire glisser des fichiers entre les applications avec Split View** : Lorsque vous travaillez sur plusieurs tâches, utilisez **Split View** pour placer deux applications côte à côte. Vous pouvez ensuite glisser-déposer facilement des fichiers du Finder vers d'autres applications.

4. **Personnalisez le pavé tactile** : Dirigez-vous vers **les Préférences Système > le Trackpad**, et vous pouvez personnaliser les gestes pour rendre la navigation encore plus facile. Par exemple, vous pouvez configurer un balayage à trois doigts pour passer d'un bureau à un autre ou lancer Mission Control.

5. **Utilisez les coins chauds** : Les coins chauds sont une petite fonctionnalité intéressante qui vous permet d'activer certaines actions (comme démarrer des économiseurs d'écran ou afficher le bureau) en déplaçant votre curseur sur un coin de l'écran. Pour le configurer, allez dans **Préférences Système > Mission Control > Hot Corners**.

6. **Masquer rapidement les fenêtres** : Vous avez besoin de masquer rapidement une fenêtre ? Appuyez sur **Commande + H** pour masquer la fenêtre active et effacer votre écran sans rien fermer.

Spotlight Search : le moyen le plus rapide de trouver ce dont vous avez besoin

L'une des fonctionnalités les plus puissantes de macOS, mais pourtant souvent négligée par les nouveaux utilisateurs, est **la recherche Spotlight**.

Considérez-le comme le moteur de recherche ultime de votre MacBook, mais conçu spécifiquement pour vous aider à naviguer et à accéder à tout ce qui se trouve sur votre ordinateur en quelques clics. Que vous recherchiez un document, une application, un e-mail ou même simplement une information enfouie dans un fichier, Spotlight est le moyen le plus rapide de le trouver.

Qu'est-ce que la recherche Spotlight ?

Spotlight Search est un outil de recherche à l'échelle du système qui vous permet de localiser rapidement des fichiers, des dossiers, des e-mails, des applications, des contacts, des événements de calendrier et même des informations provenant du Web. En appuyant simplement sur quelques touches, vous pouvez rechercher dans l'ensemble de votre MacBook ce dont vous avez besoin, sans avoir à fouiller dans des dossiers ou à ouvrir plusieurs applications.

C'est comme si vous aviez un superpouvoir pour votre MacBook : tout ce dont vous avez besoin est à portée de main en quelques secondes.

Comment accéder à la recherche Spotlight

Pour bien commencer à utiliser la recherche Spotlight, rien de plus simple :

1. **Raccourci** : Appuyez sur **Commande (⌘) + Barre d'espace** sur votre clavier. Cela ouvrira instantanément la barre de recherche de Spotlight dans le coin supérieur droit de votre écran.

2. **Cliquer sur l'icône Spotlight** : Vous pouvez également cliquer sur l'icône de la loupe située dans le coin supérieur droit de votre écran (à

côté des icônes Wi-Fi et batterie). Cela ouvrira la barre de recherche Spotlight.

Une fois la barre de recherche ouverte, vous pouvez commencer à taper ce que vous cherchez. Spotlight commencera à proposer des suggestions immédiatement, pas besoin d'appuyer sur « Entrée » sauf si vous souhaitez voir plus de résultats.

Utilisation de Spotlight pour rechercher des applications

Supposons que vous essayez d'ouvrir une application, mais que vous ne souhaitez pas effectuer de recherche dans le dossier Applications ou le Launchpad. Avec Spotlight, tout est question de vitesse.

Par exemple, si vous souhaitez ouvrir **Safari**, appuyez simplement sur **Commande (⌘) + barre** d'espace pour afficher Spotlight. Ensuite, commencez à taper « Safari » - en quelques secondes, l'application apparaîtra comme l'une des principales suggestions. Vous pouvez appuyer sur **Entrée** pour lancer l'application, ou simplement cliquer dessus avec votre souris.

Spotlight est suffisamment intelligent pour répertorier les applications que vous utilisez souvent en haut, de sorte que vous n'avez pas à saisir le nom complet à chaque fois. Supposons que vous utilisiez **Mail** régulièrement, le simple fait de taper « **M** » peut faire apparaître Mail en guise de suggestion, et vous pouvez appuyer sur **Entrée** immédiatement.

Recherche de fichiers et de documents

Spotlight n'est pas réservé aux applications. Il est extrêmement utile lorsque vous recherchez un fichier, un document ou un dossier que vous avez peut-

MACBOOK AIR M4 USER GUIDE

être enregistré il y a des mois et que vous ne vous souvenez pas exactement où il se trouve.

Supposons que vous travailliez sur un projet et que vous ayez besoin d'un fichier spécifique, mais que vous ne vous souveniez pas exactement du nom de celui-ci. Au lieu de perdre du temps à chercher dans votre dossier Documents ou Téléchargements, ouvrez Spotlight et commencez à saisir un mot-clé lié au fichier. Par exemple, si vous travailliez sur un **CV**, taper **« CV** » affichera une liste de tous les fichiers contenant le mot « CV ». Spotlight ne se contente pas de rechercher des noms de fichiers, il peut également rechercher dans des documents le texte qui correspond à votre terme de recherche.

Exemple:

Vous avez travaillé sur une présentation intitulée « Stratégie marketing », mais vous ne vous souvenez pas où vous l'avez enregistrée. Si vous tapez « Stratégie marketing » dans Spotlight, il répertoriera immédiatement tous les fichiers liés à ce terme, y compris les documents, les images ou les PDF. Il indexe même le texte dans les fichiers, de sorte que vous pouvez rechercher des phrases ou des mots spécifiques dans les documents sans avoir à les ouvrir.

Recherche d'e-mails et d'événements de calendrier

Spotlight ne se limite pas aux fichiers locaux, il peut également effectuer des recherches dans votre **messagerie** et votre **calendrier** pour afficher des e-mails ou des événements pertinents.

Par exemple, supposons que vous ayez besoin de trouver un e-mail spécifique d'un collègue concernant une **réunion** mardi prochain. Vous pouvez taper quelque chose d'aussi simple que « réunion » dans Spotlight, qui effectuera une recherche dans votre application Mail pour afficher les messages associés. Vous pouvez l'affiner davantage en tapant le nom de la personne ou l'objet de l'e-mail.

De même, si vous avez une **réunion programmée** dans votre calendrier, si vous tapez le nom de l'événement ou même simplement la date dans Spotlight, elle s'affichera instantanément. Cela vous évite d'avoir à ouvrir l'application Calendrier et à effectuer une recherche manuelle.

Recherche sur le Web avec Spotlight

Ce qui rend Spotlight encore plus puissant, c'est sa capacité à **effectuer des recherches sur le Web** sans ouvrir Safari ou tout autre navigateur. Il peut effectuer des recherches dans des sources telles que **Wikipédia**, **Google** et même vous montrer des résultats pertinents à partir de l'**App Store** et d'**iTunes**.

Par exemple, si vous tapez « pomme » dans Spotlight, il vous montrera :

- Un **article Wikipédia** sur le fruit ou l'entreprise technologique

- Actualités pertinentes du web

- Suggestions d'applications liées aux pommes, ou même de recettes

- Chansons ou podcasts liés à Apple sur iTunes

Utilisation de Spotlight pour les calculs et les conversions d'unités

L'une des fonctionnalités souvent négligées de Spotlight est sa capacité à gérer **des calculs simples et des conversions d'unités**.

Vous pouvez l'utiliser comme une calculatrice rapide en tapant des expressions telles que :

- **45 * 12**

- **320 / 4**

- **1000 + 500** Spotlight vous donnera instantanément le résultat sans que vous ayez besoin d'ouvrir l'application Calculatrice.

Spotlight peut également convertir des unités, qu'il s'agisse de devises, de distance ou de poids. Tapez quelque chose comme :

- **10 USD en EUR** (pour convertir des dollars américains en euros)

- **10 miles aux kilomètres** Spotlight vous donnera la conversion sur place, ce qui la rend très pratique pour des calculs rapides.

Utilisation de Spotlight pour lancer les Préférences Système

Spotlight vous permet également de rechercher des **paramètres système spécifiques** sans avoir à vous plonger dans l'application Préférences Système. Par exemple, si vous souhaitez ajuster les **paramètres d'affichage**, il vous suffit de taper « Affichage » dans Spotlight, et vous serez directement redirigé vers les paramètres d'affichage dans les Préférences Système. Il n'est donc plus nécessaire d'effectuer une recherche manuelle dans le panneau des Préférences Système.

Exemple:

Si vous avez besoin de régler la **luminosité** ou la **résolution** de l'écran de votre MacBook, au lieu de naviguer dans plusieurs menus, tapez simplement « **Affichage** » dans Spotlight. Cliquez sur le résultat et vous serez directement redirigé vers les paramètres.

Affiner votre recherche Spotlight

Au fur et à mesure que vos résultats de recherche s'affichent, vous remarquerez peut-être que plusieurs catégories s'affichent, telles que Documents, Dossiers, Contacts, Applications, etc. Pour affiner votre recherche, Spotlight propose des **catégories** qui vous permettent de filtrer les résultats.

Par exemple, si vous recherchez un document et que vous ne voulez pas voir les applications ou les e-mails, vous pouvez cliquer sur la **catégorie** « **Documents** » pour ne voir que les résultats pertinents. Vous pouvez également faire défiler les suggestions pour trouver exactement ce dont vous avez besoin.

Si vous êtes un utilisateur expérimenté, vous voudrez peut-être aller plus loin en utilisant **des opérateurs de recherche avancés**. Par exemple:

- **Type :** pour spécifier le type de fichier (par exemple, « Type : PDF » pour trouver tous les PDF)

MACBOOK AIR M4 USER GUIDE

- **Créé :** pour trouver des fichiers créés au cours d'une période spécifique (par exemple, « Créé : la semaine dernière »)

- **Nom :** pour rechercher un fichier spécifique par son nom (par exemple, « Nom : Budget »)

Exemples pratiques de Spotlight en action

Voici quelques scénarios concrets où Spotlight peut vous faire gagner du temps et des efforts :

- **Trouver un e-mail spécifique** : au lieu d'aller dans votre application Mail, tapez « de :John Doe » dans Spotlight pour afficher tous les e-mails de John, affinant instantanément votre recherche.

- **Accès rapide à un fichier** : si vous devez ouvrir un document appelé « Plan de projet » qui est enfoui dans un sous-dossier, tapez « Plan de projet » dans Spotlight, et il apparaîtra en quelques secondes, ce qui vous évitera de parcourir les dossiers.

- **Trouver un contact** : Vous voulez appeler ou envoyer un message à quelqu'un ? Il vous suffit de taper son nom dans Spotlight et ses coordonnées s'afficheront pour que vous puissiez agir immédiatement.

Applications préinstallées : nouveautés et utilité

Lorsque vous allumez votre **MacBook Air M4 pour la première fois**, l'une des premières choses que vous remarquerez est qu'il est livré avec une suite d'applications préinstallées conçues pour vous faciliter la vie, vous organiser et vous rendre plus productif. Ces applications sont entièrement intégrées à macOS, ce qui vous permet de tout faire, de la navigation sur le Web à la gestion de vos finances. Dans cette section, nous allons nous plonger dans les applications préinstallées les plus importantes sur le MacBook Air M4, explorer les nouveautés et vous montrer exactement comment les utiliser pour tirer le meilleur parti de votre appareil.

Que vous soyez un étudiant, un professionnel ou quelqu'un qui cherche simplement à rester organisé, ces applications deviendront rapidement essentielles à vos tâches quotidiennes.

1. Safari : navigation rapide et sécurisée

Description : Safari est le navigateur Web natif d'Apple, conçu pour être rapide, efficace et axé sur la confidentialité. Avec son interface épurée, ses performances ultra-rapides et son intégration profonde à l'écosystème macOS, Safari n'est pas seulement un navigateur, c'est un outil qui vous aide à rester productif et sécurisé en ligne.

Nouveautés : dans le MacBook Air M4, Safari est doté d'une efficacité énergétique améliorée, ce qui signifie que vous pouvez naviguer plus longtemps sans vider votre batterie. La dernière version propose également **le regroupement d'**onglets, qui vous permet d'organiser vos onglets en catégories, ce qui facilite la gestion de plusieurs pages Web à la fois.

Comment ça marche : Safari offre une expérience simplifiée, vous permettant de rechercher, de naviguer et d'organiser des sites web en toute simplicité. Vous pouvez ouvrir plusieurs onglets, épingler vos sites favoris et même utiliser **Handoff** pour poursuivre la navigation en toute transparence entre votre MacBook Air M4 et votre iPhone ou iPad.

Comment cela aide :

- **Navigation sur le Web** : grâce à des outils intégrés tels que **le mode Lecteur,** Safari vous aide à éliminer les distractions sur les sites Web et à vous concentrer sur le contenu qui compte.

- **Gestion des mots de passe** : la fonction **de remplissage automatique de Safari** se souvient de vos mots de passe et de vos identifiants pour les sites Web, ce qui vous évite d'avoir à vous souvenir de chacun d'entre eux.

- **Fonctionnalités de confidentialité** : Safari est connu pour son approche axée sur la confidentialité. Il comprend **la prévention intelligente du suivi,** qui permet de bloquer le suivi intersite, et un rapport de confidentialité qui vous donne un aperçu de la façon dont les sites Web vous suivent.

Exemple pratique : Imaginez que vous faites des recherches sur un projet scolaire et que vous avez besoin d'accéder à plusieurs sources. Le **regroupement d'onglets de Safari** vous permet d'organiser vos recherches en différentes catégories telles que « Articles », « Vidéos » et « Références ». Vous pouvez facilement passer d'un groupe à l'autre sans perdre de vue ce que vous faisiez.

2. Courrier : gestion simplifiée des e-mails

Description : Mail est le client de messagerie natif de macOS, et il est conçu pour fonctionner de manière transparente avec tous les principaux services de messagerie comme Gmail, Yahoo, Outlook et, bien sûr, iCloud. Que vous gériez des e-mails professionnels ou des messages personnels, Mail organise tout.

Nouveautés : l'app Mail a été remaniée sous macOS pour inclure des fonctionnalités telles que l'affichage des conversations (qui regroupe les e-mails associés), **une fonctionnalité de recherche améliorée** et une fonctionnalité de **rédaction intelligente** qui suggère des phrases complètes en fonction de votre style d'écriture.

Comment ça marche : Mail vous permet d'envoyer, de recevoir et d'organiser facilement vos e-mails. Vous pouvez créer des dossiers, marquer des messages importants et même programmer l'envoi d'e-mails ultérieurement. Son intégration avec l'écosystème Apple signifie que vous pouvez envoyer un e-mail depuis votre MacBook Air M4 et y accéder plus tard sur votre iPhone.

Comment cela aide :

- **Productivité** : vous pouvez utiliser **les dossiers intelligents** pour organiser automatiquement les e-mails entrants selon des critères que vous définissez, tels que des expéditeurs ou des mots-clés spécifiques.

- **Recherche** : la fonctionnalité de recherche améliorée vous permet de trouver exactement ce que vous cherchez en quelques secondes, qu'il s'agisse d'une pièce jointe, d'un contact ou d'un message.

- **Sécurité** : Mail inclut également **la protection de la confidentialité de Mail**, qui garantit que l'expéditeur ne peut pas savoir quand et où vous ouvrez ses e-mails.

Exemple pratique : Supposons que vous travaillez sur un projet avec des collègues et que vous ayez besoin de garder une trace de toutes les communications qui s'y rapportent. Vous pouvez créer un **dossier intelligent** qui rassemble automatiquement tous les e-mails contenant un mot-clé spécifique tel que « Nom du projet » ou provenant de certains membres de l'équipe. De cette façon, tous vos e-mails sont au même endroit, ce qui facilite la recherche d'informations.

3. Photos : organisez, modifiez et partagez vos souvenirs

Description : Photos est votre album photo numérique, mais avec une touche d'originalité. Il organise non seulement vos photos et vidéos, mais comprend également de puissants outils d'édition et une intégration transparente avec iCloud, de sorte que vos souvenirs sont toujours avec vous, quel que soit l'appareil que vous utilisez.

Nouveautés : Le MacBook Air M4 est doté d'**améliorations de la retouche photo**, notamment de nouveaux outils tels que **l'amélioration automatique** et des fonctions avancées de réglage des couleurs. La fonctionnalité Live Photos a également été améliorée , ce qui vous permet de modifier et de créer des expériences amusantes et interactives à partir de vos images fixes.

Comment ça marche : Photos organise automatiquement vos photos en albums par année, lieu et même personnes. Il vous permet également de créer des albums personnalisés, de retoucher des photos avec une suite complète d'outils et de partager vos souvenirs préférés avec vos amis et votre famille via les médias sociaux ou les liens iCloud.

Comment cela aide :

- **Organisation** : les **albums intelligents** peuvent trier automatiquement vos photos en fonction de critères tels que le lieu, la date et même le type de photo.

- **Retouche** : vous n'avez pas besoin d'applications tierces pour les retouches photo de base. L'application Photos vous permet de régler l'exposition, la luminosité, le contraste et même de recadrer les photos dans une interface intuitive et facile à utiliser.

- **Partage** : grâce à l'intégration d'iCloud, vous pouvez **synchroniser l'ensemble de votre photothèque** sur tous vos appareils Apple, de sorte que vous n'avez jamais à vous soucier de perdre vos précieux souvenirs.

Exemple pratique : supposons que vous venez de rentrer de vacances et que vous ayez des centaines de photos sur votre MacBook Air M4. Vous pouvez utiliser l' **album Personnes** pour regrouper des photos d'amis et de membres de votre famille, l' **album Lieux** pour voir où vos photos ont été prises, puis modifier les meilleures à l'aide des outils intégrés pour ajuster l'éclairage ou recadrer les objets indésirables.

4. Notes : Restez organisé et capturez des idées

Description : Notes est une application polyvalente qui vous aide à capturer des idées rapides, à faire des listes de tâches et même à stocker des documents numérisés ou des notes manuscrites. Il se synchronise de manière transparente sur tous les appareils Apple à l'aide d'iCloud.

Nouveautés : Dans macOS, Notes a reçu des améliorations significatives, telles que **des notes verrouillées** pour les informations sensibles, **des fonctionnalités de collaboration** pour le partage et la modification des notes avec d'autres personnes, et la possibilité d'ajouter **des listes de contrôle** pour la gestion des tâches.

Fonctionnement : Notes vous permet de créer des notes textuelles, des listes de tâches, des croquis et même d'ajouter des pièces jointes telles que des photos et des fichiers PDF. Vous pouvez organiser les notes dans des dossiers et ajouter des balises pour faciliter leur recherche ultérieure. De plus, vous pouvez partager des notes avec d'autres personnes pour la collaboration, ce qui en fait un excellent outil pour les projets de groupe.

Comment cela aide :

- **Organisez votre vie** : créez des notes pour tout, des listes de courses aux rappels de travail en passant par les séances de brainstorming.

- **Stockage sécurisé** : verrouillez les notes sensibles avec un mot de passe ou Face ID pour plus de sécurité.

- **Collaboration** : partagez une note avec un ami ou un collègue et travaillez ensemble en temps réel, ce qui est parfait pour les projets d'équipe ou les projets familiaux.

Exemple pratique : Supposons que vous planifiez une fête d'anniversaire et que vous ayez besoin d'une liste de contrôle. Vous pouvez utiliser la **fonction de liste de contrôle** pour suivre des tâches telles que la réservation du lieu, la commande du gâteau ou l'envoi d'invitations. Avec iCloud, vous pouvez accéder à la liste de contrôle et la mettre à jour sur votre MacBook, iPhone ou iPad.

5. Calendrier : Restez sur la bonne voie avec votre emploi du temps

Description : Calendar est votre application de prédilection pour organiser vos emplois du temps personnels et professionnels. Il se synchronise avec iCloud, ce qui vous permet d'afficher et de gérer vos événements sur tous vos appareils.

Nouveautés : La nouvelle fonctionnalité **Fuseaux horaires** facilite la gestion des événements sur différents fuseaux horaires. Vous recevez également **des rappels d'anniversaire** pour vos contacts dans votre iCloud, afin de ne plus jamais oublier une occasion importante.

Comment ça marche : Vous pouvez ajouter des événements, définir des rappels et planifier des réunions, le tout dans une interface propre et conviviale. Le calendrier s'intègre à votre adresse e-mail et à vos contacts pour suggérer automatiquement des heures de réunions et de rendez-vous.

Comment cela aide :

- **Productivité** : Définissez des rappels et des échéances pour suivre les réunions, les événements ou les tâches personnelles.

- **Collaboration** : vous pouvez partager des calendriers avec votre famille, vos amis ou vos collègues, afin que tout le monde soit sur la même longueur d'onde.

- **Personnalisation** : attribuez un code couleur à vos événements pour faire facilement la distinction entre les catégories professionnelles, personnelles et autres.

Exemple pratique : Supposons que vous ayez une semaine chargée avec des réunions de travail, des événements sociaux et des rendez-vous. Utilisez **des couleurs différentes** pour chaque catégorie (travail, personnel, social) et visualisez facilement l'ordre du jour de votre journée en un coup d'œil. Définissez **des rappels** pour chaque événement afin d'être toujours prêt.

Utilisation de Siri sur votre MacBook Air M4

Siri est l'un des outils les plus pratiques et les plus efficaces intégrés à macOS, et sur votre MacBook Air M4, il devient un assistant encore plus précieux grâce à ses performances améliorées et à son intégration transparente avec votre appareil. Que vous jongliez avec plusieurs tâches ou que vous préfériez simplement le contrôle mains libres, Siri vous permet de faire avancer les choses avec votre seule voix, libérant ainsi vos mains pour d'autres activités. Dans cette section, nous allons vous expliquer tout ce que vous devez savoir sur l'utilisation de Siri sur votre MacBook Air M4, y compris comment activer Siri, les commandes que vous pouvez utiliser et comment Siri peut vous aider à être plus productif tout au long de la journée.

Activer Siri sur votre MacBook Air M4

Il est facile de prendre en main Siri, et il existe plusieurs façons de l'activer sur votre MacBook Air M4 :

Méthode 1 : Utilisation du bouton Siri

1. **Localisez l'icône Siri** : Le moyen le plus simple d'activer Siri est de cliquer sur l'icône Siri dans le coin supérieur droit de votre écran. Vous le trouverez dans la barre de menus, à côté de vos icônes Wi-Fi et de batterie.

2. **Cliquez sur l'icône** : cliquez simplement sur l'icône Siri, et Siri apparaîtra prêt pour votre commande.

3. **Donner une commande** : Une fois que Siri apparaît, vous pouvez immédiatement commencer à prononcer votre commande, et il répondra en conséquence.

Méthode 2 : Utilisation des raccourcis clavier

Si vous préférez utiliser le clavier, il existe un raccourci pour cela :

1. **Appuyez sur Commande + Espace** : ce raccourci active la recherche Spotlight par défaut, mais il peut également être utilisé pour déclencher Siri.

2. **Énoncez votre commande** : dès que Siri s'active, vous pouvez commencer à prononcer votre commande vocale sans avoir à cliquer sur quoi que ce soit. Dites simplement votre ordre clairement.

Méthode 3 : Activation de « Hey Siri » (facultatif)

Sur le MacBook Air M4, vous pouvez également activer Siri avec votre seule voix, sans avoir à cliquer sur quoi que ce soit ou à utiliser les raccourcis clavier. Cependant, cette fonctionnalité doit d'abord être activée :

1. **Allez dans les Préférences Système** : Cliquez sur le logo Apple dans le coin supérieur gauche de votre écran, puis sélectionnez « Préférences Système ».

2. **Cliquez sur Siri** : Dans la fenêtre Préférences Système, recherchez et cliquez sur « Siri ».

3. **Activer « Écouter « Hey Siri » »** : Cochez la case à côté de « Écouter « Hey Siri » » pour autoriser l'activation vocale. Une fois activé, tout ce que vous avez à faire est de dire « Hey Siri », et il répondra.

Utilisation de Siri pour effectuer des tâches

Maintenant que vous savez comment activer Siri, plongeons dans certaines des commandes vocales pratiques et utiles qui vous aideront à tirer le meilleur parti de cet assistant mains libres. Qu'il s'agisse de définir des rappels ou d'envoyer des messages, Siri est un outil qui peut rendre vos tâches quotidiennes plus simples et plus efficaces.

Définition des rappels

Que vous ayez une réunion, que vous ayez besoin de faire des courses ou que vous souhaitiez simplement vous souvenir de quelque chose d'important, Siri peut vous aider à créer rapidement des rappels. Voici comment vous pouvez utiliser Siri pour définir des rappels :

- **Exemple de commande 1** : « Dis Siri, rappelle-moi d'appeler maman à 15 heures. »

- **Exemple de commande 2** : « Dis Siri, rappelle-moi d'aller chercher le nettoyage à sec demain matin. »

Siri confirmera le rappel avec un bref message comme « D'accord, je te rappelle d'appeler maman à 15 heures », et vous êtes prêt.

Vous pouvez également demander à Siri de vous montrer vos rappels, par exemple : « Dis Siri, qu'y a-t-il sur ma liste de choses à faire pour aujourd'hui ? »

Envoi de messages

Plus besoin de tâtonner avec le clavier : Siri peut vous envoyer des SMS. Que vous ayez besoin de répondre à un ami, d'envoyer un message professionnel urgent ou simplement de prendre des nouvelles d'un proche, Siri peut tout gérer.

- **Exemple de commande 1** : « Dis Siri, envoie un message à John pour lui dire que je suis en retard. »

- **Exemple de commande 2** : « Dis Siri, envoie un texto à Sarah : « Je serai là dans 10 minutes ». »

Siri vous demandera une confirmation : « Souhaitez-vous envoyer ce message ? » et tout ce que vous avez à faire est de répondre par « Oui » ou « Envoyer », et votre message est envoyé au destinataire.

Recherche sur le Web

Siri est fantastique pour les recherches rapides sur le Web. Que vous ayez besoin de faire des recherches pendant que vous travaillez ou de trouver les dernières actualités, Siri peut vous aider à le faire en quelques secondes.

- **Exemple de commande 1** : « Dis Siri, cherche sur le Web les meilleurs cafés près de chez moi. »

- **Exemple de commande 2** : « Dis Siri, quel temps fait-il aujourd'hui ? »

- **Exemple de commande 3** : « Dis Siri, trouve-moi des recettes de dîner végétalien. »

Siri ouvrira les résultats dans votre navigateur par défaut, ce qui vous permettra de naviguer facilement sans lever le petit doigt.

Réglage des alarmes et des minuteries

Que vous ayez besoin de vous réveiller tôt, de définir un rappel pour faire une pause ou de chronométrer une séance de cuisine, Siri peut gérer tous vos besoins en matière d'alarme et de minuterie.

- **Exemple de commande 1** : « Dis Siri, règle une alarme pour 7 h. »

- **Exemple de commande 2** : « Dis Siri, règle une minuterie sur 30 minutes. »

Une fois que vous avez réglé la minuterie ou l'alarme, Siri vous avertit lorsque le temps est écoulé et vous n'oublierez plus jamais une tâche ou ne manquerez plus jamais un rendez-vous.

Lecture de musique et contrôle des médias

Vous voulez écouter votre chanson préférée ou une playlist spécifique ? Siri peut rapidement lire de la musique, des podcasts ou des vidéos pour vous. De plus, vous pouvez contrôler la lecture en mains libres.

- **Exemple de commande 1** : « Dis Siri, mets de la musique relaxante. »

- **Exemple de commande 2** : « Dis Siri, joue le dernier épisode de mon podcast. »

- **Exemple de commande 3** : « Dis Siri, mets la musique en pause ».

Vous pouvez également sauter des pistes, régler le volume et passer facilement à un artiste ou à un album spécifique. Dites simplement : « Dis Siri, passe à la chanson suivante » ou « Dis Siri, monte le volume ».

Obtenir des itinéraires et des mises à jour sur la circulation

Siri peut également vous aider à vous rendre là où vous allez, que vous soyez en voiture ou à pied. Vous avez besoin de trouver le meilleur itinéraire vers une destination ? Demandez à Siri.

- **Exemple de commande 1** : « Dis Siri, comment puis-je me rendre au café le plus proche ? »

- **Exemple de commande 2** : « Dis Siri, à quoi ressemble le trafic sur le chemin du travail ? »

Siri affichera les directions dans Apple Maps, avec des mises à jour sur le trafic et des heures d'arrivée estimées.

Définition des événements du calendrier

Planifier votre journée est devenu plus facile. Siri peut ajouter des événements à votre calendrier, vous n'avez donc pas besoin de les saisir manuellement.

- **Exemple de commande 1** : « Dis Siri, ajoute une réunion avec Jane demain à 10 heures. »

- **Exemple de commande 2** : « Dis Siri, prends rendez-vous chez le dentiste pour le vendredi à 14 heures. »

Siri créera l'événement, et vous pouvez même lui demander de vous envoyer des rappels pour l'événement plus proche de l'heure.

Conseils Siri pour une meilleure expérience

Bien que Siri soit un outil incroyablement puissant, voici quelques conseils pour vous assurer que vous l'utilisez à son plein potentiel :

- **Parler clairement** : Siri fonctionne mieux lorsqu'il peut entendre clairement votre voix. Assurez-vous de parler directement au microphone (intégré au MacBook ou externe) et évitez de parler trop rapidement.

- **Utilisez les commandes contextuelles** : Siri est excellent pour comprendre le contexte de vos demandes. Par exemple, si vous planifiez quelque chose, vous pouvez dire « Ajoute-le à mon calendrier » juste après avoir mentionné l'événement, et Siri saura exactement ce que vous voulez dire.

- **Vérifiez vos paramètres** : Si Siri ne répond pas comme prévu, vérifiez les paramètres de votre microphone ou assurez-vous que l'option « Dis Siri » est activée. Vous pouvez trouver ces options sous **Préférences Système > Siri**.

- **Réponses personnalisées** : Siri peut également apprendre de vos interactions. Plus vous l'utilisez, mieux il comprendra vos préférences et votre langue.

CHAPITRE 4 : PERSONNALISATION DE VOTRE MACBOOK AIR M4

Personnalisation des préférences système

Lorsque vous configurez votre MacBook Air M4 pour la première fois, c'est presque comme si vous rencontriez un nouvel ami. Il est élégant, il est rapide et il est prêt à vous aider à accomplir vos tâches quotidiennes. Mais comme pour toute nouvelle relation, vous voudrez peut-être modifier un peu les choses pour qu'elles ressemblent davantage à *votre* MacBook. La personnalisation des préférences système de votre MacBook est la première étape pour vraiment vous l'approprier, et c'est beaucoup plus facile que vous ne le pensez. Que vous souhaitiez ajuster la luminosité de votre écran en fonction de votre humeur ou passer à une palette de couleurs plus confortable, votre MacBook Air M4 vous offre de nombreuses options pour que tout soit parfait.

Plongeons dans les préférences système de base et montrons comment les ajuster pour une expérience plus personnalisée. Ces paramètres ne se contentent pas d'améliorer l'apparence de votre MacBook, ils permettent d'améliorer ses fonctionnalités pour répondre à vos besoins.

1. Réglage de la luminosité de l'écran

La luminosité de votre écran peut affecter considérablement la façon dont vous vous sentez et la façon dont vous voyez votre contenu. Trop brillant, vos yeux risquent de se fatiguer plus rapidement ; trop sombre, et vous risquez de manquer des détails. Heureusement, le MacBook Air M4 permet de régler facilement la luminosité de l'écran selon vos préférences.

- **Pour régler la luminosité de l'écran** :

  o **Utilisation du clavier** : Regardez la rangée supérieure de touches de votre clavier. Vous remarquerez deux petites icônes solaires, l'une avec une flèche vers le haut (pour augmenter la luminosité) et l'autre avec une flèche vers le bas (pour la diminuer). Appuyez sur ces touches pour régler le niveau de luminosité de votre écran à la volée.

  o **Utilisation des Préférences Système** : Si vous préférez une approche plus granulaire, vous pouvez affiner la luminosité via les Préférences Système :

    - Ouvrez **Préférences Système** à partir du menu Pomme (le logo Apple dans le coin supérieur gauche de votre écran).

    - Cliquez sur **Affichages**.

    - Sous l 'onglet Affichage, vous verrez un curseur pour **la luminosité**. Déplacez-le vers la gauche ou la droite pour régler la luminosité de votre écran. Vous pouvez

MACBOOK AIR M4 USER GUIDE

également activer la fonction « Ajuster automatiquement la luminosité » si vous souhaitez que votre MacBook ajuste la luminosité de l'écran en fonction des conditions d'éclairage ambiant.

Pourquoi est-ce important ? Eh bien, ajuster la luminosité en fonction de votre environnement peut aider à économiser la batterie et à améliorer la visibilité, en particulier dans les pièces plus sombres ou plus lumineuses. Il s'agit d'un petit ajustement, mais qui peut faire une grande différence dans votre expérience globale.

2. Changer le fond d'écran

Maintenant que vous avez les bases, parlons de faire en sorte que votre MacBook vous ressemble davantage. L'un des moyens les plus simples et les plus amusants de personnaliser votre MacBook consiste à changer le fond d'écran. C'est la première chose que vous voyez lorsque vous ouvrez votre MacBook, et elle peut donner le ton à l'ensemble de votre espace de travail.

- **Pour changer de fond d'écran** :

  - Cliquez avec le bouton droit de la souris n'importe où sur votre bureau et sélectionnez **Modifier l'arrière-plan du bureau**, ou allez dans **Préférences Système** et cliquez sur **Bureau et économiseur d'écran**.

  - Vous verrez une collection de fonds d'écran par défaut fournis par Apple, allant des paysages pittoresques aux designs abstraits. Mais, si aucun de ces éléments n'attire votre attention, vous pouvez choisir votre propre image.

o Pour utiliser votre propre photo, cliquez sur le **bouton +** dans le coin inférieur gauche de la fenêtre pour sélectionner un nouveau dossier. Parcourez vos photos, choisissez-en une, puis cliquez sur **Définir l'image du bureau**.

Que vous préfériez une scène de nature calme, une photo de famille préférée ou un design minimaliste élégant, changer de fond d'écran est un moyen rapide de faire en sorte que votre MacBook ressemble au vôtre. De plus, c'est un bon stimulant de l'humeur chaque fois que vous ouvrez votre ordinateur portable.

3. Activation du mode sombre

Si vous avez déjà utilisé votre MacBook Air la nuit ou dans une pièce faiblement éclairée, vous avez probablement remarqué à quel point l'écran peut être lumineux, même à des niveaux de luminosité plus faibles. C'est là qu'intervient le **mode sombre** . Il s'agit d'une palette de couleurs à l'échelle du système qui remplace les arrière-plans clairs par des arrière-plans sombres, ce qui facilite les yeux lors des sessions nocturnes. Mais le mode sombre n'est pas seulement une question de confort : il peut également aider à économiser la batterie en utilisant des pixels plus sombres à l'écran.

• **Pour activer le mode sombre** :

o Ouvrez **les Préférences Système** à partir du menu Pomme.

o Cliquez sur **Général**.

- Sous **Apparence**, vous verrez trois options : **Clair**, **Sombre** et **Auto**.

  - **Le mode clair** est le paramètre par défaut, avec des arrière-plans blancs et du texte sombre.

  - **Le mode sombre** remplace les arrière-plans clairs par des arrière-plans sombres et éclaircit le texte pour offrir un contraste plus élevé.

  - **Auto** bascule automatiquement entre le mode clair et le mode sombre en fonction de l'heure de la journée. C'est une excellente option si vous souhaitez que votre MacBook s'ajuste automatiquement, offrant une interface lumineuse pendant la journée et passant en mode sombre le soir.

Une fois que vous avez activé le mode sombre, vous remarquerez que non seulement l'interface du bureau et du système change, mais aussi les applications compatibles telles que Safari, Mail et Messages. C'est une expérience plus confortable et plus esthétique, en particulier pour les séances de travail nocturnes ou les sessions de binge-watching sur Netflix.

4. Organisation du quai

Le Dock de votre MacBook Air M4 est l'un des éléments les plus visibles de macOS, et c'est également là que vous trouverez vos applications les plus utilisées. Mais la configuration par défaut du Dock peut ne pas répondre à vos besoins, et ce n'est pas grave : il est temps de vous l'approprier. Vous pouvez redimensionner le Dock, le déplacer à différents endroits de l'écran ou modifier l'affichage de vos applications.

- **Pour personnaliser votre Dock** :

  o Ouvrez les **Préférences Système** et cliquez sur **Dock et barre de menus**.

  o Ici, vous pouvez :

    - **Pour redimensionner le Dock** : Utilisez le curseur pour agrandir ou réduire le Dock. Un Dock plus petit peut vous convenir si vous aimez garder votre bureau propre, tandis qu'un plus grand peut vous donner plus d'espace pour vos applications les plus utilisées.

    - **Positionner le Dock** : Vous pouvez placer le Dock en bas, à gauche ou à droite de l'écran. Changer sa position peut vous aider à garder votre bureau organisé et à mieux utiliser l'espace de l'écran.

    - **Masquer automatiquement le Dock** : Si vous souhaitez que votre écran reste bien rangé, activez l'option « **Masquer et afficher automatiquement le Dock** ». Cela fera disparaître le Dock lorsqu'il n'est pas utilisé, n'apparaissant que lorsque vous déplacez votre souris vers le bord de l'écran.

    - **Réduire les fenêtres dans l'icône de l'application** : lorsque vous réduisez une fenêtre, elle peut soit se déplacer sur le côté droit du Dock, soit se réduire à son icône d'application. Pour que les choses restent propres, vous pouvez activer cette fonctionnalité afin que les fenêtres réduites restent hors de vue et que vous puissiez vous concentrer sur ce qui compte.

La beauté du Dock est qu'il peut être aussi minimal ou aussi rempli d'applications que vous le souhaitez. Si vous aimez un bureau propre, la suppression des applications inutilisées du Dock peut vous aider à rationaliser votre espace de travail. Alternativement, si vous préférez un accès rapide à toutes vos applications préférées, vous pouvez les organiser par catégorie ou par importance.

Pourquoi ces paramètres sont-ils importants ?

La personnalisation des préférences système de votre MacBook Air M4 n'améliore pas seulement l'apparence de votre appareil, mais aussi la façon dont vous interagissez avec lui au quotidien. Que vous ajustiez la luminosité pour éviter la fatigue oculaire ou que vous activiez le mode sombre pour une expérience de soirée plus confortable, ces petits ajustements contribuent grandement à améliorer votre productivité et votre confort globaux.

En changeant de fond d'écran, votre MacBook vous donne l'impression d'être une extension de votre personnalité, tandis que l'organisation du Dock vous permet de vous assurer que vous n'êtes qu'à un clic des applications que vous utilisez le plus. Ces paramètres sont simples, mais ils s'ajoutent à une expérience utilisateur considérablement améliorée, qui reflète votre style et vos besoins.

Prenez donc le temps d'explorer les Préférences Système et n'ayez pas peur d'expérimenter. Après tout, votre MacBook Air M4 est conçu pour être aussi flexible et personnalisable que vous.

Configuration de Touch ID et de FaceTime

Le MacBook Air M4 apporte avec lui un éventail de fonctionnalités puissantes, mais deux qui se démarquent par l'amélioration de la sécurité et de la communication sont **Touch ID** et **FaceTime**. Que vous cherchiez à accélérer les connexions avec votre empreinte digitale ou à passer des appels vidéo d'une clarté cristalline à vos amis et collègues, les deux fonctionnalités sont conçues pour simplifier votre expérience. Plongeons dans leur mise en place et tirons le meilleur parti de ces outils essentiels !

Configuration de Touch ID sur votre MacBook Air M4

Touch ID est une fonctionnalité qui vous permet d'utiliser votre empreinte digitale pour déverrouiller votre MacBook, effectuer des paiements et accéder à certaines applications. C'est non seulement pratique, mais aussi un moyen sûr de protéger votre MacBook contre les accès non autorisés. Voici comment le configurer :

1. Ouvrez les Préférences Système

- Commencez par cliquer sur le **logo Apple** dans le coin supérieur gauche de votre écran.

- Dans le menu déroulant, sélectionnez **Préférences Système**.

2. Accédez aux paramètres Touch ID

- Dans la fenêtre Préférences Système, recherchez l' **icône Touch ID** et cliquez dessus. Cela vous amènera aux paramètres Touch ID où vous pourrez gérer vos empreintes digitales et la façon dont Touch ID interagit avec votre MacBook.

3. Ajouter une empreinte digitale

- Vous serez invité à **ajouter une empreinte digitale**. Cliquez sur le bouton **Ajouter une empreinte digitale** pour commencer.

- Maintenant, placez votre doigt sur le **capteur Touch ID** (situé dans le coin supérieur droit du clavier de votre MacBook Air).

- Appuyez doucement votre doigt sur le capteur et retirez-le lorsque vous y êtes invité. Vous devrez répéter ce processus plusieurs fois, en ajustant légèrement votre doigt à chaque fois pour vous assurer que le capteur capture différents angles de votre empreinte digitale.

4. Terminez la configuration

- Une fois votre empreinte digitale enregistrée, il vous sera demandé de choisir les actions pour lesquelles vous souhaitez utiliser Touch ID. Vous pouvez activer Touch ID pour :

  o **Déverrouillez votre Mac** : Autorisez votre MacBook à se déverrouiller d'une simple pression du doigt.

- o **Pour effectuer des paiements** : Utilisez Touch ID pour les transactions Apple Pay.

- o **Utilisez-le avec des applications et des mots de passe** : certaines applications ou certains sites Web vous permettent d'authentifier des actions à l'aide de Touch ID pour plus de commodité.

Cochez les cases selon vos préférences. Vous pouvez toujours modifier cela ultérieurement en revisitant les paramètres Touch ID.

5. Testez Touch ID

- Après la configuration, essayez de déverrouiller votre MacBook en plaçant simplement votre doigt sur le capteur Touch ID. Le MacBook devrait se déverrouiller presque instantanément, ce qui rend le processus de connexion beaucoup plus rapide.

- Si vous avez ajouté plus d'une empreinte digitale, n'hésitez pas à tester chaque doigt pour vous assurer qu'ils fonctionnent tous.

Conseils d'utilisation de Touch ID :

- **Nettoyage du capteur** : Les capteurs Touch ID peuvent accumuler de la poussière ou de l'huile sur vos doigts, c'est donc une bonne idée de nettoyer doucement le capteur avec un chiffon en microfibre de temps en temps.

- **Ajout de plusieurs doigts** : Vous pouvez ajouter jusqu'à **trois empreintes digitales** pour différents doigts ou mains. Si vous constatez que Touch ID n'est pas aussi réactif avec un seul doigt, essayez d'en enregistrer un nouveau.

- **Sécurité** : Touch ID est incroyablement sécurisé, utilisant un cryptage sophistiqué pour préserver la confidentialité de vos données. Rassurez-vous, vos données d'empreintes digitales sont stockées en toute sécurité sur votre Mac et non dans le cloud.

Configuration de FaceTime sur votre MacBook Air M4

FaceTime est l'application d'appel vidéo et audio intégrée d'Apple qui vous permet de communiquer facilement avec vos amis, votre famille et vos collègues. Qu'il s'agisse d'une conversation rapide ou d'une vidéoconférence complète, FaceTime vous permet de rester en contact de manière simple et fiable. Commençons par le configurer :

1. Ouvrez l'application FaceTime

- Pour commencer, cliquez sur l'icône du **Launchpad** dans votre Dock, ou utilisez **Spotlight** en appuyant sur **Commande + Espace** et en tapant « FaceTime ».

- Ouvrez l' **application FaceTime**.

2. Connectez-vous avec votre identifiant Apple

- Si vous n'êtes pas encore connecté, FaceTime vous invitera à le faire. Entrez l' **identifiant Apple** que vous utilisez pour d'autres services Apple tels qu'iCloud, iTunes ou l'App Store.

- Si vous n'avez pas encore d'identifiant Apple, vous pouvez en créer un directement via l'application en suivant les instructions à l'écran.

3. Activez FaceTime sur votre MacBook

- Après vous être connecté, vous pouvez choisir les méthodes que vous souhaitez utiliser pour recevoir des appels FaceTime. On vous demandera généralement si vous souhaitez être joignable via votre numéro de **téléphone** et votre **adresse e-mail**.

- Cochez les cases à côté des options qui s'appliquent à vous. Par exemple, si vous souhaitez être joignable sur votre adresse e-mail (c'est-à-dire si vous ne souhaitez pas lier votre numéro de téléphone à FaceTime sur votre Mac), il vous suffit de sélectionner **votre adresse e-mail**.

4. Configuration des préférences d'appels audio et vidéo

- Maintenant, configurons FaceTime pour les **appels audio** et **vidéo**. Pour que tout se passe bien :

  - **Appel vidéo** : assurez-vous que la **caméra** fonctionne correctement en la testant lors d'un appel vidéo. Vous pouvez accéder aux paramètres de votre appareil photo via la **section Appareil photo** dans **les Préférences Système**.

  - **Appels audio** : Si vous prévoyez d'utiliser FaceTime pour les appels audio, assurez-vous que votre **microphone** est actif. Vous pouvez le vérifier en accédant aux **paramètres Son** dans les **Préférences Système** et en vous assurant que le périphérique d'entrée est correctement réglé.

5. Faites votre premier appel

- Une fois que tout est en place, il est temps de passer votre premier appel !

    o **Pour passer un appel vidéo**, ouvrez l'app FaceTime et saisissez le numéro de téléphone ou l'adresse e-mail de la personne que vous souhaitez appeler.

    o Lorsque leur contact apparaît, cliquez sur l'icône de la **caméra vidéo** pour démarrer un appel vidéo.

    o Pour un appel audio, cliquez sur l'icône du **téléphone** à la place.

6. Gestion des appels FaceTime

- Au cours d'un appel, plusieurs options s'offrent à vous :

    o **Couper le microphone** : Appuyez sur l'icône du microphone pour couper votre voix.

    o **Caméra activée/désactivée** : Appuyez sur l'icône de la caméra pour activer ou désactiver votre vidéo pendant l'appel.

    o **Mettre fin à l'appel** : appuyez sur l'icône rouge du téléphone pour raccrocher l'appel lorsque vous avez terminé.

7. Utilisez FaceTime avec d'autres appareils Apple

- Si vous possédez un iPhone, un iPad ou même une Apple Watch, vous pouvez utiliser FaceTime pour passer facilement d'un appareil à l'autre.

  o Par exemple, vous pouvez démarrer un appel FaceTime sur votre iPhone et le reprendre plus tard sur votre MacBook, ou même poursuivre un appel sur votre Apple Watch si vous n'êtes pas à proximité de votre MacBook.

Conseils d'utilisation de FaceTime :

- **Positionnement de** la caméra : Si vous passez un appel vidéo, assurez-vous que la caméra est bien orientée, idéalement au niveau des yeux, pour une qualité vidéo optimale.

- **Qualité audio FaceTime** : Lorsque vous passez des appels audio, assurez-vous d'être dans un endroit calme pour une clarté d'appel optimale.

- **FaceTime avec des groupes** : FaceTime prend également en charge les appels de groupe, ce qui vous permet de discuter avec plusieurs personnes à la fois. Pour démarrer un appel de groupe, il vous suffit d'ajouter d'autres contacts à l'appel, comme vous le feriez pour un appel FaceTime en tête-à-tête.

Conclusion : Pourquoi Touch ID et FaceTime rendent votre MacBook Air M4 encore meilleur

La configuration de **Touch ID** et **de FaceTime** sur votre MacBook Air M4 ajoute non seulement des couches de sécurité et de commodité, mais ouvre également de nouvelles façons de communiquer et de protéger votre appareil. Touch ID simplifie vos connexions et vos transactions, ce qui rend votre MacBook plus sûr et plus personnel, tandis que FaceTime permet de rester en contact avec vos proches ou vos collègues en quelques clics.

Avec **Touch ID,** vous ajoutez un moyen rapide et sécurisé d'accéder à votre MacBook, et avec **FaceTime**, vous êtes équipé pour les conversations en tête-à-tête et les appels de groupe, le tout avec une vidéo et un son de haute qualité. Ces fonctionnalités sont non seulement intuitives à utiliser, mais elles sont également essentielles pour créer une expérience plus fluide et connectée, que vous travailliez à domicile ou que vous retrouviez votre famille.

Maintenant que vous avez configuré Touch ID et FaceTime, vous êtes prêt à tirer le meilleur parti de votre MacBook Air M4. Laissez ces puissantes fonctionnalités vous simplifier la vie et rendre votre expérience MacBook encore plus agréable.

Intégration à l'écosystème Apple : iCloud, iPhone et iPad

L'une des caractéristiques les plus intéressantes de la possession d'un MacBook Air M4 est son intégration transparente avec le reste de l'écosystème Apple. Apple a créé un système sophistiqué qui permet à tous ses appareils de fonctionner ensemble comme s'ils ne faisaient qu'un. Que vous passiez de votre iPhone à votre MacBook Air ou que vous accédiez à un fichier depuis votre iPad tout en travaillant sur votre MacBook, cette intégration rend la vie plus facile et plus efficace. Dans cette section, nous allons voir comment vous pouvez tirer pleinement parti d'iCloud et connecter votre MacBook Air M4 à votre iPhone et iPad pour une expérience fluide et connectée.

Qu'est-ce qu'iCloud et pourquoi devriez-vous l'utiliser ?

iCloud est le service cloud d'Apple qui stocke en toute sécurité vos données, telles que des photos, des documents, des contacts, des calendriers, etc., et les synchronise automatiquement sur tous vos appareils Apple. Considérez iCloud comme un pont virtuel qui relie votre iPhone, iPad, MacBook et même votre Apple Watch, afin que vos fichiers, contacts et réglages soient toujours à jour.

Lorsque vous configurez iCloud sur votre MacBook Air M4, vous créez une expérience fluide entre vos appareils, ce qui signifie que vous pouvez démarrer une tâche sur un appareil et la reprendre sur un autre. Cette connexion est plus qu'une simple commodité : il s'agit de créer un flux de travail cohérent et fluide qui permet d'utiliser vos appareils ensemble sans effort.

Configuration d'iCloud sur votre MacBook Air M4

La configuration d'iCloud sur votre MacBook Air M4 est simple et ne prend que quelques minutes. Voici comment commencer :

1. **Ouvrez les Préférences Système** : Cliquez sur le logo Apple dans le coin supérieur gauche de votre écran et choisissez « Préférences Système ».

2. **Connectez-vous avec votre identifiant Apple** : Dans la fenêtre Préférences Système, cliquez sur « Identifiant Apple » et connectez-vous avec les identifiants de votre identifiant Apple. Si vous n'avez pas d'identifiant Apple, vous serez invité à en créer un.

3. **Activer iCloud** : Une fois connecté, cliquez sur l'onglet « iCloud » dans la barre latérale. Vous verrez une liste de fonctionnalités et de services que vous pouvez synchroniser sur vos appareils Apple. Il s'agit notamment d'iCloud Drive, de Contacts, de Calendriers, de Notes, de Safari, etc. Cochez simplement les cases à côté des services que vous souhaitez synchroniser.

4. **Gérez votre stockage iCloud** : iCloud offre 5 Go de stockage gratuit, mais si vous avez besoin de plus d'espace pour stocker des photos, des vidéos et des documents, vous pouvez acheter de l'espace de stockage supplémentaire via les paramètres iCloud.

Une fois iCloud configuré, votre MacBook Air M4 synchronisera automatiquement vos données sur tous les appareils. Voici ce qui se passe ensuite :

- **Photos** : toutes les photos que vous prenez sur votre iPhone ou iPad apparaîtront automatiquement sur votre MacBook Air dans l'app Photos. Plus besoin de vous envoyer des photos par e-mail ou de transférer manuellement des fichiers. Photos iCloud garantit que tout est instantanément disponible sur tous les appareils.

- **Contacts et calendriers** : vos contacts, événements de calendrier et rappels sont partagés sur tous les appareils, ce qui vous permet de disposer toujours de vos informations les plus récentes, quel que soit l'appareil que vous utilisez.

- **Fichiers** : iCloud Drive vous permet de stocker des documents dans le cloud, de sorte que vous pouvez y accéder depuis n'importe quel appareil. Si vous travaillez sur un fichier sur votre MacBook Air, vous pouvez reprendre là où vous vous étiez arrêté sur votre iPhone ou iPad sans aucune interruption. Que vous rédigiez un rapport, examiniez une présentation ou retouchiez des photos, iCloud Drive veille à ce que tous vos fichiers soient synchronisés.

Utilisation de Handoff entre votre MacBook Air M4, votre iPhone et votre iPad

Handoff est l'une des fonctionnalités les plus remarquables de l'écosystème Apple. Cette fonctionnalité vous permet de démarrer une activité sur un appareil, puis de la reprendre sur un autre sans perdre de temps. Voici comment cela fonctionne :

- **Commencer sur l'iPhone, terminer sur MacBook** : Imaginez que vous saisissez un e-mail sur votre iPhone lors de vos déplacements. Une fois que vous vous êtes assis devant votre MacBook Air M4, vous remarquerez qu'une petite icône de l'application (Mail, par exemple) apparaît dans le coin inférieur gauche de l'écran de votre MacBook. Vous pouvez simplement cliquer dessus et continuer à rédiger l'e-mail sur votre MacBook.

- **Commencer sur Mac, terminer sur iPad** : De même, vous pouvez commencer à rédiger un document sur votre MacBook, puis passer à votre iPad lorsque vous êtes dans un environnement différent. Le document passera sans problème du MacBook à l'iPad sans aucun effort supplémentaire de votre part.

Pour que cela fonctionne, Handoff doit être activé sur tous vos appareils. Pour vérifier s'il est activé :

1. Accédez aux **Préférences Système** de votre MacBook Air M4, cliquez sur **Général** et assurez-vous que l'option « Autoriser Handoff entre ce Mac et vos appareils iCloud » est cochée.

2. Sur votre iPhone ou iPad, accédez à **Réglages** > **Général** > **AirPlay et Handoff** et activez Handoff.

Avec Handoff, vous pouvez facilement poursuivre des activités telles que la lecture, l'écriture et la navigation entre les appareils, ce qui change la donne pour tous ceux qui passent d'un appareil Apple à un autre au cours de la journée.

AirDrop : partage instantané de fichiers entre appareils

AirDrop est le moyen rapide et sécurisé d'Apple de partager des fichiers entre appareils sans avoir besoin d'une connexion Internet ou de câbles physiques. Vous pouvez partager des documents, des photos, des liens et même des

MACBOOK AIR M4 USER GUIDE

contacts entre votre MacBook Air M4, votre iPhone et votre iPad en quelques clics.

Voici comment utiliser AirDrop :

1. **Activez AirDrop sur vos appareils** : Sur votre MacBook, ouvrez le Finder, cliquez sur « Aller » dans la barre de menu et sélectionnez « AirDrop ». Sur votre iPhone ou iPad, balayez vers le bas pour ouvrir le centre de contrôle, puis appuyez sur l'icône AirDrop. Assurez-vous que AirDrop est réglé sur « Tout le monde » ou « Contacts uniquement » sur les deux appareils.

2. **Envoyer des fichiers** : Pour partager un fichier, il vous suffit de le faire glisser vers la fenêtre AirDrop de votre MacBook ou d'appuyer sur l'icône de partage de votre iPhone/iPad et de sélectionner l'appareil auquel vous souhaitez l'envoyer.

3. **Recevoir des fichiers** : si quelqu'un vous envoie un fichier via AirDrop, une notification s'affichera sur votre MacBook, iPhone ou iPad vous demandant si vous souhaitez accepter le fichier. Cliquez sur « Accepter » et le fichier apparaîtra instantanément dans l'application appropriée (par exemple, Photos, Documents).

AirDrop est un excellent moyen d'envoyer rapidement des photos de votre iPhone vers votre MacBook ou de partager un document de votre MacBook vers votre iPad. La meilleure partie est que tout se passe instantanément et sans fil.

Presse-papiers universel : copier et coller sur plusieurs appareils

Avec le presse-papiers universel, Apple facilite le copier-coller entre plusieurs appareils. Copiez quelque chose sur votre iPhone ou iPad, et vous pouvez le coller sur votre MacBook Air M4, et vice versa.

Voici comment cela fonctionne :

1. **Copier** : Sur votre iPhone ou iPad, copiez du texte, une image ou un fichier.

2. **Coller** : Sur votre MacBook, appuyez sur Commande+V pour le coller où vous en avez besoin. De même, vous pouvez copier quelque chose de votre MacBook et le coller sur votre iPhone.

Cela rend des tâches telles que la copie d'un numéro de téléphone de votre iPhone et son collage dans un document sur votre MacBook, ou la copie d'un lien de Safari sur votre iPad et son collage dans un e-mail sur votre MacBook, incroyablement fluides et rapides.

Utilisation d'iMessage et de FaceTime sur plusieurs appareils

iMessage et FaceTime sont des services Apple de base qui fonctionnent sur tous vos appareils Apple. Que vous soyez à votre bureau avec votre MacBook Air M4 ou en déplacement avec votre iPhone, vous pouvez envoyer des messages et passer des appels vidéo en toute simplicité.

- **iMessage** : si vous avez une conversation sur votre iPhone, vous pouvez passer à votre MacBook et poursuivre la conversation sans perdre de temps. Il vous suffit d'ouvrir l'application Messages sur votre MacBook et tous vos textes seront synchronisés instantanément.

- **FaceTime** : De même, les appels FaceTime sont entièrement intégrés sur vos appareils. Vous pouvez démarrer un appel FaceTime sur votre iPhone, et si vous souhaitez passer à un écran plus grand, il vous suffit de le prendre sur votre MacBook. L'appel sera transféré de manière transparente.

Avantages de l'écosystème Apple

La beauté de l'écosystème Apple réside dans sa simplicité et sa continuité. Voici comment cela vous profite :

- **Efficacité** : Avec des fonctionnalités telles que Handoff et Universal Clipboard, vous pouvez passer d'un appareil à l'autre sans manquer une étape. Vous pouvez commencer une tâche sur votre iPhone et la terminer sur votre MacBook, ce qui vous fait gagner du temps et vous évite des tracas.

- **Synchronisation** : iCloud garantit que vos fichiers, photos, contacts et applications sont toujours synchronisés sur tous vos appareils, de sorte que vous n'avez jamais à vous soucier du transfert manuel de contenu.

- **Commodité** : AirDrop, Handoff et Universal Clipboard facilitent le partage de fichiers et le copier/coller de contenu entre vos appareils. Ces fonctionnalités fonctionnent de manière transparente en arrière-plan, ce qui vous permet de vous concentrer sur ce qui compte le plus.

MACBOOK AIR M4 USER GUIDE

- **Communication** : grâce à l'intégration d'iMessage et de FaceTime sur tous vos appareils Apple, il est facile de rester en contact avec vos amis et votre famille. Vous pouvez répondre à des messages ou à des appels depuis n'importe quel appareil, que vous soyez à la maison ou en déplacement.

CHAPITRE 5 : FONCTIONNALITÉS AVANCÉES DE MACOS

Utilisation de plusieurs postes de travail et de la vue partagée

L'une des fonctionnalités les plus puissantes de macOS est la possibilité de gérer plusieurs postes de travail et d'utiliser Split View. Si vous êtes quelqu'un qui jongle avec plusieurs tâches à la fois, cette fonctionnalité peut changer la donne. Que vous travailliez sur un projet qui nécessite d'ouvrir plusieurs documents ou que vous souhaitiez simplement séparer votre application de communication de vos fichiers de travail, plusieurs postes de travail et Split View peuvent vous aider à rester organisé et à maximiser votre productivité. Voyons comment vous pouvez utiliser ces fonctionnalités pour rationaliser votre flux de travail.

Qu'est-ce qu'un ordinateur de bureau multiple ?

Les bureaux multiples, également appelés *espaces*, vous permettent de créer plusieurs bureaux virtuels sur votre MacBook Air M4, chacun avec son propre ensemble d'applications et de fenêtres ouvertes. Cette fonctionnalité vous donne la liberté de séparer vos tâches de travail en différents « espaces », ce qui vous permet de passer facilement de l'un à l'autre et de rester concentré. Par exemple, vous voudrez peut-être avoir un ordinateur pour les

MACBOOK AIR M4 USER GUIDE

e-mails et les réunions, un autre pour le travail créatif ou la rédaction de documents, et un troisième pour la recherche. En organisant les tâches de cette façon, vous évitez l'encombrement et améliorez votre efficacité.

Configuration de plusieurs postes de travail

Il est facile de commencer à utiliser plusieurs ordinateurs de bureau. Voici comment vous pouvez les configurer :

1. **Ouvrez Mission Control** :

   o Vous pouvez accéder à Mission Control en balayant vers le haut avec trois ou quatre doigts sur votre trackpad ou en appuyant sur la touche F3 du clavier de votre MacBook Air. Mission Control vous donne une vue d'ensemble de toutes les fenêtres ouvertes et vous permet de gérer vos ordinateurs de bureau.

2. **Ajouter un nouveau bureau** :

   o En haut de votre écran, vous verrez une rangée de bureaux, chacun représenté par une vignette. Pour ajouter un nouveau bureau, déplacez votre curseur dans le coin supérieur droit de l'écran et cliquez sur le **bouton +**. Cela créera un nouvel espace de bureau pour vous.

3. **Basculer entre les ordinateurs de bureau** :

   o Une fois que vous avez configuré plusieurs ordinateurs de bureau, vous pouvez facilement passer de l'un à l'autre en balayant vers la gauche ou la droite avec trois doigts sur votre trackpad. Vous pouvez également accéder à vos bureaux dans Mission Control en cliquant sur la vignette du bureau de votre choix.

4. **Déplacer des applications entre des ordinateurs de bureau** :

   o Pour déplacer une application ou une fenêtre ouverte vers un autre poste de travail, accédez à Mission Control, puis faites glisser la fenêtre de l'application vers la vignette du poste de travail sur lequel vous le souhaitez. Vous pouvez rapidement organiser votre espace de travail en plaçant les applications associées ensemble sur différents postes de travail.

Pourquoi utiliser plusieurs ordinateurs de bureau ?

Plusieurs postes de travail vous aident à organiser votre flux de travail et à éviter que votre écran ne soit encombré. Voici quelques raisons pour lesquelles l'utilisation de plusieurs ordinateurs de bureau peut être un énorme avantage :

- **Segmentation des tâches** : si vous travaillez sur plusieurs projets, vous pouvez créer des bureaux distincts pour chaque tâche. Par exemple, vous pouvez avoir un ordinateur de bureau dédié à la lecture d'articles de recherche, un autre à la rédaction d'un rapport et un autre à la vérification des e-mails ou des messages.

- **Changement rapide de tâche** : avec plusieurs ordinateurs de bureau, vous pouvez passer rapidement d'une tâche à l'autre sans avoir à

MACBOOK AIR M4 USER GUIDE

réduire ou à rechercher des fenêtres. Cela accélère votre flux de travail, car vous n'avez pas à perdre de temps à chercher des applications ouvertes.

- **Concentration et productivité** : le fait de garder les applications séparées et organisées sur différents postes de travail vous permet de vous concentrer sur une seule chose à la fois. Vous n'êtes pas distrait par des tâches ou des fenêtres sans rapport, et tout ce dont vous avez besoin pour une tâche spécifique est contenu dans un seul bureau.

Utilisation de Split View

Alors que plusieurs bureaux sont excellents pour gérer des tâches dans différents espaces, Split View est parfait pour le multitâche au sein d'un seul bureau. Split View vous permet de remplir l'écran avec deux applications côte à côte, chacune occupant la moitié de l'écran. Ceci est particulièrement utile lorsque vous devez comparer des informations provenant de deux sources ou travailler simultanément dans deux applications.

Voici comment utiliser Split View sur votre MacBook Air M4 :

1. **Entrez dans Split View** :

   o Tout d'abord, ouvrez les deux applications que vous souhaitez utiliser dans Split View. Passez votre souris sur le bouton vert d'optimisation (celui dans le coin supérieur gauche) de l'une des applications. Deux options s'affichent : **Fenêtre en mosaïque à gauche de l'écran** ou **Fenêtre en mosaïque à**

MACBOOK AIR M4 USER GUIDE

droite de l'écran. Choisissez l'une de ces options pour aligner l'application sur le côté gauche ou droit de votre écran.

2. **Choisissez la deuxième application** :

   o Une fois la première application enclenchée, vous êtes invité à en sélectionner une deuxième. Cliquez sur l'application que vous souhaitez utiliser de l'autre côté de l'écran, et elle remplira automatiquement l'espace restant.

3. **Ajustez le séparateur** :

   o Une fois que vous êtes dans Split View, vous pouvez ajuster le séparateur entre les deux applications en le faisant glisser vers la gauche ou la droite. Cela vous permet de personnaliser l'espace d'écran de chaque application, en fonction de vos préférences.

4. **Quitter Split View** :

   o Pour quitter Split View, il vous suffit de cliquer à nouveau sur le bouton vert de l'une ou l'autre des applications, ou de balayer vers le haut avec trois doigts pour ouvrir Mission Control. À partir de là, vous pouvez cliquer sur l'une des applications pour quitter Split View et revenir à votre vue de bureau habituelle.

Pourquoi utiliser Split View ?

Split View est un outil fantastique pour le multitâche car il vous permet de vous concentrer sur deux tâches simultanément sans passer constamment

MACBOOK AIR M4 USER GUIDE

d'une fenêtre à l'autre. Voici quelques exemples de la façon dont Split View peut améliorer la productivité :

- **Comparaison de documents** : si vous rédigez un rapport et que vous devez référencer un document source, vous pouvez ouvrir les deux documents côte à côte. Plus besoin de passer d'un onglet à l'autre ou d'une fenêtre à l'autre : vous pouvez voir les deux en même temps, ce qui facilite la comparaison et la collecte d'informations.

- **Gestion de la communication** : pour les personnes qui ont besoin de suivre les messages, les e-mails ou les discussions tout en travaillant, Split View vous permet d'ouvrir votre application de messagerie ou votre plateforme de messagerie d'un côté et votre application professionnelle de l'autre, afin que vous puissiez répondre sans interrompre votre flux de travail.

- **Édition et visualisation** : si vous modifiez une photo ou une vidéo et que vous devez consulter une référence, Split View vous permet de garder votre logiciel de retouche ouvert en même temps qu'une fenêtre de navigateur, un lecteur vidéo ou un document de référence.

Conseils pour organiser les fenêtres et maximiser la productivité

Pour tirer le meilleur parti de plusieurs ordinateurs de bureau et de Split View, voici quelques conseils utiles :

1. **Regroupez les applications associées :**

   o Pour une efficacité maximale, regroupez les applications par tâche. Par exemple, vous pouvez avoir un bureau dédié à la recherche (avec Safari et Notes ouverts), un autre pour l'écriture (avec Microsoft Word ou Pages) et un autre pour la communication (avec Slack ou Mail). Cela permet d'éviter toute distraction et de rationaliser votre flux de travail.

2. **Utilisez Mission Control pour surveiller votre espace de travail** :

   o Mission Control est un excellent moyen d'obtenir une vue d'ensemble de tous vos postes de travail et fenêtres ouverts. Si vous jonglez avec plusieurs tâches, utilisez Mission Control pour localiser rapidement les applications ou les espaces et passer d'un app ou d'un espace à l'autre.

3. **Conservez les applications clés en mode partagé** :

   o Si vous utilisez fréquemment certaines apps ensemble (comme un calendrier et un gestionnaire de tâches, ou un navigateur web et un traitement de texte), conservez-les en mode Split View pour y accéder facilement. Cela vous fera gagner du temps et des efforts pour passer d'une application à l'autre.

4. **Utilisez les coins chauds et les gestes** :

   o Vous pouvez configurer les coins chauds dans vos préférences système, ce qui vous permet de déclencher rapidement certaines actions comme Mission Control ou le lancement de

MACBOOK AIR M4 USER GUIDE

l'économiseur d'écran en déplaçant simplement votre souris dans un coin de l'écran. Associez-le aux gestes du trackpad pour un multitâche encore plus rapide.

5. **N'oubliez pas de rester organisé** :

   o Avec autant de fenêtres et de bureaux, il est facile de se sentir dépassé. Faites attention à votre espace de travail et évitez d'ouvrir des applications ou des onglets inutiles. Utilisez des raccourcis tels que Commande + Tab pour passer rapidement d'une application ouverte à l'autre et essayez de garder vos bureaux organisés pour éviter l'encombrement.

Augmenter la productivité avec des raccourcis clavier et des gestes

Dans cette section, nous nous penchons sur deux des fonctionnalités les plus puissantes et les plus souvent sous-utilisées de votre MacBook Air M4 : les **raccourcis clavier** et les **gestes du pavé tactile**. Ces petits bijoux peuvent améliorer considérablement votre façon de travailler, vous permettant d'effectuer des tâches plus rapidement et plus efficacement. Une fois que vous les maîtriserez, vous vous demanderez comment vous avez pu vous en passer. Décortiquons-les donc d'une manière facile à comprendre, avec des exemples concrets et des conseils pratiques pour les intégrer dans votre flux de travail.

Raccourcis clavier : le gain de temps ultime

Les raccourcis clavier sont votre arme secrète lorsqu'il s'agit d'augmenter votre productivité. Considérez-les comme votre voie rapide pour faire avancer les choses sans avoir à tâtonner dans les menus ou à cliquer sans fin. Au lieu de passer du temps à naviguer avec une souris ou un trackpad, vous pouvez effectuer des actions en quelques clics.

Voici quelques **raccourcis clavier essentiels** pour vous aider à accomplir vos tâches quotidiennes sur le MacBook Air M4 :

1. Raccourcis de navigation de base

- **Commande (⌘) + Tab** : Basculez entre les applications ouvertes. Celui-ci est parfait lorsque vous avez plusieurs programmes en cours d'exécution et que vous devez passer rapidement de l'un à l'autre sans avoir à utiliser la souris.

- **Commande (⌘) + Q** : Fermer une application. Si vous avez terminé avec une application et que vous n'avez pas besoin qu'elle encombre votre écran, appuyez sur ⌘ + **Q** pour la fermer instantanément. Vous serez étonné de voir à quel point votre espace de travail est plus organisé.

- **Commande (⌘) + Espace** : Ouvrez la recherche Spotlight. Que vous recherchiez une application, un fichier ou même une page Web, **Spotlight** est votre outil de recherche préféré. Il vous suffit de taper quelques lettres et Spotlight le trouvera rapidement pour vous.

- **Commande (⌘) + H** : Masquer la fenêtre active. Si vous avez besoin de masquer rapidement une fenêtre sans la fermer, appuyez sur ⌘ + H. Ceci est particulièrement utile lorsque vous devez vous concentrer sur une application spécifique sans distractions.

2. Raccourcis de gestion de fichiers

- **Commande (⌘) + C** : Copier. C'est l'un des raccourcis les plus fondamentaux, vous permettant de copier facilement du texte ou des fichiers.

- **Commande (⌘) + V** : Coller. Une fois que vous avez copié quelque chose, ⌘ + V vous permettra de le coller où vous le souhaitez.

- **Commande (⌘) + X** : Couper. Lorsque vous devez déplacer quelque chose au lieu de simplement le copier, ⌘ + X le coupera de son emplacement actuel et vous permettra de le coller ailleurs.

- **Commande (⌘) + Maj + N** : Créez un nouveau dossier dans le Finder. Un moyen rapide d'organiser vos fichiers à la volée.

- **Commande (⌘) + Supprimer** : Déplacer les éléments vers la corbeille. Si vous rangez votre bureau ou vos dossiers, ce raccourci enverra rapidement tout fichier sélectionné à la corbeille.

3. Raccourcis de gestion des fenêtres

- **Commande (⌘) + M** : Réduire la fenêtre active. Si vous souhaitez garder une application ouverte mais hors de vue, appuyez simplement sur ⌘ + M pour la réduire au dock.

- **Commande (⌘) + W** : Fermez la fenêtre actuelle. Contrairement à ⌘ + Q, qui ferme une application entière, ⌘ + W ne fermera que la fenêtre actuelle sur laquelle vous travaillez.

- **Commande (⌘) + Option + M** : Réduire toutes les fenêtres de l'application active. Si vous avez une tonne de fenêtres ouvertes pour une seule application et que vous avez besoin d'un nettoyage rapide, ce raccourci les enverra toutes au dock en même temps.

4. Raccourcis d'édition de texte

- **Commande (⌘) + A** : Tout sélectionner. Il s'agit d'une bouée de sauvetage lorsque vous souhaitez tout sélectionner dans un document ou sur une page Web sans faire glisser manuellement votre curseur sur tout.

- **Commande (⌘) + Z** : Annuler. Vous avez fait une erreur ? ⌘ + Z est là pour vous sauver, en annulant votre dernière action, que vous ayez accidentellement supprimé quelque chose ou que vous ayez simplement besoin de revenir en arrière.

- **Commande (⌘) + Maj + Z** : Rétablir. Si vous avez changé d'avis et que vous souhaitez annuler l'annulation, utilisez ⌘ + **Maj** + **Z** pour la rétablir.

- **Commande (⌘) + F** : Trouver. Que vous effectuiez une recherche dans un document ou que vous recherchiez un mot sur une page Web, ⌘ + **F** ouvre la barre de recherche, ce qui vous permet de rechercher un texte spécifique.

Gestes du pavé tactile : naviguez comme un pro

Parlons maintenant du trackpad de votre MacBook Air M4 : il ne sert pas seulement à déplacer le curseur. Le trackpad du M4 est incroyablement réactif et, en quelques gestes simples, vous pouvez effectuer des tâches qui pourraient autrement prendre plusieurs clics. Explorons quelques **gestes puissants du pavé tactile** qui vous donneront l'impression d'être un MacBook pro en un rien de temps.

1. Gestes de base

- **Cliquez :** Touchez le trackpad avec un doigt pour sélectionner des éléments ou ouvrir des apps. C'est aussi simple que cela en a l'air, mais la maîtrise de cela est la base pour utiliser efficacement d'autres gestes.

- **Clic droit** : appuyez sur le trackpad avec deux doigts pour afficher les menus contextuels. Si vous avez l'habitude de cliquer avec le bouton droit de la souris, ce geste vous semblera familier, mais avec la commodité supplémentaire de ne pas avoir besoin d'une souris réelle.

- **Défilement** : balayez deux doigts vers le haut ou vers le bas pour faire défiler des documents, des pages web ou des listes. Le trackpad le rend fluide et intuitif, imitant le mouvement de défilement que vous utiliseriez sur votre téléphone.

- **Zoom** : Pincez avec deux doigts pour effectuer un zoom avant ou arrière sur des photos, des pages Web ou des plans. C'est parfait pour ajuster rapidement la vue sans avoir à jouer avec les boutons ou les paramètres.

2. Gestes avancés

- **Mission Control** : balayez vers le haut avec trois doigts pour ouvrir Mission Control, qui affiche toutes vos fenêtres, applications et bureaux ouverts. C'est parfait pour effectuer plusieurs tâches à la fois et organiser votre espace de travail en toute simplicité.

- **Basculement entre les applications** : balayez vers la gauche ou la droite avec trois doigts pour basculer rapidement entre les applications ouvertes. Cela change la donne pour tous ceux qui jonglent avec plusieurs applications à la fois, comme la rédaction d'un document tout en faisant des recherches en ligne.

- **Afficher le bureau** : écartez trois doigts pour révéler le bureau, réduisant ainsi toutes les fenêtres. C'est incroyablement utile lorsque vous avez besoin d'accéder rapidement à des fichiers ou des dossiers sans tout fermer.

- **Exposé de l'application** : balayez vers le bas avec trois doigts pour voir toutes les fenêtres ouvertes dans l'application actuelle. Ceci est particulièrement utile lorsque vous avez plusieurs fenêtres de la même application et que vous devez passer rapidement de l'une à l'autre.

3. Gestes personnalisés

- **Définir des raccourcis personnalisés** : vous pouvez personnaliser les gestes de votre trackpad pour mieux les adapter à votre flux de travail. Par exemple, vous pouvez attribuer des gestes spécifiques pour l'ouverture de certaines applications ou documents. Allez dans

Préférences Système > Trackpad > Plus de gestes et configurez-le en fonction de vos besoins.

- **Force Touch** : le trackpad du MacBook Air M4 est également doté de la fonction Force Touch, qui vous permet de cliquer plus fort pour obtenir des options supplémentaires, comme la prévisualisation des liens ou l'utilisation d'actions rapides. Cela vous donne encore plus de contrôle sur votre expérience.

Intégration de raccourcis et de gestes dans votre flux de travail

Maintenant que nous avons couvert les raccourcis clavier et les gestes essentiels du pavé tactile, il est temps de les intégrer à votre flux de travail. La clé ici est la cohérence : une fois que vous commencerez à utiliser régulièrement ces raccourcis et gestes, ils deviendront une seconde nature, vous permettant de naviguer facilement dans macOS.

Voici un plan simple pour intégrer ces fonctionnalités à votre routine quotidienne :

1. **Commencez par les bases** : commencez par incorporer quelques-uns des raccourcis les plus utiles (comme **Commande + C** pour copier, **Commande + V** pour coller et **Commande + Tab** pour changer d'application) dans vos tâches quotidiennes. Ce sont les raccourcis les plus couramment utilisés et feront déjà une différence significative.

2. **Ajoutez progressivement d'autres** éléments : au fur et à mesure que vous vous familiarisez, commencez à utiliser des raccourcis

supplémentaires, comme ceux pour la gestion des fichiers ou la navigation dans les fenêtres. Testez les gestes du pavé tactile pour voir lesquels résonnent le plus avec vous.

3. **Personnalisez vos gestes** : S'il existe un geste ou un raccourci qui pourrait améliorer davantage votre efficacité, prenez le temps de le personnaliser en fonction de vos besoins. Qu'il s'agisse de configurer des raccourcis personnalisés pour les applications ou d'attribuer de nouveaux gestes pour accéder plus rapidement aux documents, macOS vous permet de personnaliser votre expérience.

4. **Restez cohérent** : plus vous utilisez ces fonctionnalités, plus vous verrez combien de temps elles vous font gagner. Persévérez, et bientôt, vous n'aurez même plus à penser à les utiliser, ils deviendront une seconde nature.

Utilisation des raccourcis Siri pour automatiser des tâches

Dans le monde trépidant d'aujourd'hui, l'efficacité est essentielle. L'un des outils les plus puissants de votre MacBook Air M4 pour augmenter votre productivité est Siri Shortcuts. Que vous soyez un utilisateur expérimenté de Mac ou que vous débutiez, les raccourcis Siri changent la donne. Il vous permet d'automatiser les tâches, de sorte que vous n'avez pas à effectuer manuellement les mêmes actions encore et encore. Voyons comment vous pouvez configurer et utiliser les raccourcis Siri pour automatiser des tâches et rendre votre flux de travail quotidien beaucoup plus fluide.

Que sont les raccourcis Siri ?

À la base, les raccourcis Siri sont une série d'actions que vous pouvez automatiser à l'aide d'une simple commande vocale ou en appuyant sur le raccourci depuis votre appareil. Ces actions peuvent inclure des choses comme l'envoi d'un message, l'ouverture d'un site Web, l'ajustement des paramètres ou même l'exécution de plusieurs actions d'un seul clic. Siri Shortcuts fonctionne non seulement avec votre MacBook, mais s'intègre également de manière transparente à votre iPhone, iPad et Apple Watch, créant ainsi un écosystème Apple cohérent où vos appareils fonctionnent ensemble pour vous faire gagner du temps.

Configuration des raccourcis Siri sur votre MacBook Air M4

Avant de pouvoir commencer à automatiser vos tâches, vous devez configurer les raccourcis Siri. Heureusement, macOS facilite incroyablement la prise en main.

1. **Ouvrez l'application Raccourcis :**

   o La première chose que vous devrez faire est d'ouvrir l' **application Raccourcis** sur votre MacBook Air M4. Vous pouvez le trouver en cliquant sur le **Launchpad** ou en le recherchant dans **Spotlight**.

o Si vous utilisez macOS pour la première fois, il se peut qu'aucun raccourci n'ait encore été configuré, mais ne vous inquiétez pas. Nous verrons comment en créer de nouveaux.

2. **Se familiariser avec l'interface :**

o Lorsque vous ouvrez l'application Raccourcis, l'interface s'affiche clairement et convivialement. Sur le côté gauche, vous avez une bibliothèque de tous les raccourcis que vous avez créés ou téléchargés. Sur la droite, vous verrez un aperçu du raccourci que vous sélectionnez.

o Vous pouvez commencer à créer des raccourcis soit en choisissant dans la **galerie** (raccourcis prédéfinis), soit en créant votre propre **raccourci personnel**.

3. **Création de votre premier raccourci :**

o Pour créer un raccourci à partir de zéro, cliquez sur le **bouton +** en haut à droite de l'application. Cela ouvre un éditeur de raccourcis vide.

o Une liste d'actions s'affiche sur la gauche. Ces actions peuvent aller de l'ouverture d'applications au contrôle des réglages sur votre Mac.

o Faites glisser et déposez les actions que vous souhaitez utiliser dans l'éditeur de raccourcis sur la droite. Par exemple, si vous souhaitez créer un raccourci qui ouvre votre site Web préféré et envoie un rappel en même temps, vous devez :

- Sélectionnez l'action Ouvrir l' URL et tapez le lien du site Web.

- Ajoutez ensuite l' **action Afficher le rappel** pour vous rappeler de consulter ce site Web plus tard.

o Une fois vos actions configurées, cliquez sur **Terminé** en haut à droite pour enregistrer le raccourci.

4. **Exécution de votre raccourci :**

o Maintenant que vous avez créé un raccourci, vous pouvez l'exécuter en procédant comme suit :

- En cliquant sur le **raccourci** directement depuis l'application Raccourcis.

- Utiliser **Siri** en disant « Dis Siri, [nom du raccourci] ». Cela déclenchera automatiquement le raccourci.

- Attribuer le raccourci à un raccourci clavier spécifique pour un accès encore plus rapide.

- Ajout du raccourci à la barre de menu de votre MacBook pour un accès facile à tout moment.

Exemples de tâches que vous pouvez automatiser avec les raccourcis Siri

Maintenant que vous savez comment configurer vos raccourcis, examinons quelques exemples concrets de la façon dont vous pouvez utiliser les raccourcis Siri pour gagner du temps et augmenter votre efficacité.

1. Automatiser votre routine matinale

Imaginez que vous vous réveillez et que vous commencez votre journée avec tout prêt pour vous. Vous pouvez créer un raccourci qui exécute plusieurs actions à la fois, comme suit :

- **Action 1 :** Désactivez **Ne pas déranger**.

- **Action 2 :** Ouvrez votre site d'actualités préféré.

- **Action 3 :** Définissez vos rappels de calendrier pour la journée.

- **Action 4 :** Jouez votre liste de lecture matinale préférée sur Apple Music.

Pour le configurer, il suffit de créer un nouveau raccourci pour chaque action répertoriée ci-dessus, et lorsque vous dites « Dis Siri, bonjour », Siri effectuera toutes ces tâches en même temps.

2. Configuration d'un raccourci pour le travail à domicile

Si vous travaillez à domicile, votre journée commence probablement par quelques tâches essentielles. Au lieu de les faire manuellement, automatisez tout cela avec un raccourci. Voici un exemple :

MACBOOK AIR M4 USER GUIDE

- **Action 1 :** Ouvrez **Zoom** pour vos réunions.

- **Action 2 :** Réglez votre Mac sur **Ne pas déranger** pour minimiser les distractions.

- **Action 3 :** Activez votre liste de lecture de travail pour vous aider à vous concentrer.

Désormais, lorsque vous dites « Dis Siri, commence ma journée de travail », votre MacBook ouvre Zoom, désactive les notifications et démarre votre musique, le tout d'une simple commande.

3. Automatiser votre routine du soir

Après une longue journée, vous voudrez peut-être vous détendre. Avec les raccourcis Siri, vous pouvez définir une routine du soir qui s'occupe de tout pour vous :

- **Action 1 :** Désactivez le **Wi-Fi** pour vous déconnecter du travail.

- **Action 2 :** Démarrez une **liste de lecture relaxante** dans Apple Music.

- **Action 3 :** Définissez un **rappel** d'heure de coucher pour le lendemain.

- **Action 4 :** Mettez votre **Mac en veille** après 30 minutes.

Vous pouvez activer cette routine en disant « Dis Siri, commence ma soirée », et votre MacBook fera le reste, vous aidant à vous déconnecter et à vous détendre.

4. Envoi rapide d'un SMS ou d'un e-mail

L'envoi d'un SMS ou d'un e-mail rapide ne doit pas être un problème. Avec les raccourcis Siri, vous pouvez configurer un raccourci pour envoyer des messages avec un minimum d'effort :

- **Action 1 :** Créez un raccourci qui envoie un SMS ou un e-mail pré-écrit à un contact spécifique.

- **Action 2 :** Personnalisez le message avec des champs variables comme la date du jour ou un rendez-vous.

Désormais, lorsque vous avez besoin d'envoyer un rappel rapide ou une mise à jour, vous pouvez simplement dire : « Dis Siri, envoie mon rappel », et Siri s'en chargera pour vous.

5. Contrôle de vos appareils domestiques intelligents

Si vous disposez d'appareils domestiques intelligents tels que des lumières, des thermostats ou des prises intelligentes, vous pouvez utiliser les raccourcis Siri pour les contrôler tous à l'aide d'une commande vocale. Voici un exemple :

- **Action 1 :** Éteignez les lumières.

- **Action 2 :** Réglez le thermostat.

- **Action 3 :** Verrouillez la porte d'entrée.

Vous pouvez créer un raccourci appelé « Bonne nuit » qui, lorsqu'il est déclenché, effectuera automatiquement toutes ces actions. Il vous suffit de dire « Dis Siri, bonne nuit » et votre MacBook contrôlera tous vos appareils intelligents.

Automatisation avancée : combinaison de plusieurs applications

Les raccourcis Siri brillent vraiment lorsque vous combinez plusieurs applications et actions. Par exemple, si vous travaillez sur un projet, vous pouvez créer un raccourci qui :

- Ouvre votre **application de gestion de projet**.

- Envoie un rappel à **Slack** pour informer votre équipe.

- Ouvre votre **dossier Google Drive** contenant les documents du projet.

Ce type d'automatisation en plusieurs étapes permet de rationaliser les tâches qui nécessitent généralement plusieurs actions, ce qui vous permet d'accomplir beaucoup avec un minimum d'effort.

Dépannage des raccourcis Siri

Bien que Siri Shortcuts soit incroyablement fiable, il arrive que les choses ne fonctionnent pas comme prévu. Voici quelques conseils de dépannage :

- **Le raccourci ne fonctionne pas ?** Assurez-vous que les actions de votre raccourci sont correctement configurées et que vos applications sont à jour.

- **Siri ne reconnaît pas votre commande ?** Assurez-vous que votre raccourci porte un nom que Siri peut facilement reconnaître. Essayez de le tester avec une autre phrase ou d'ajuster le nom du raccourci pour plus de clarté.

- **Problèmes d'autorisation :** certaines actions, comme l'envoi d'un message ou d'un e-mail, peuvent nécessiter des autorisations supplémentaires. Assurez-vous d'accorder les autorisations nécessaires lorsque vous y êtes invité.

Réflexions finales sur les raccourcis Siri

Les raccourcis Siri sont plus qu'une simple nouveauté, c'est un moyen puissant de faire en sorte que votre MacBook Air M4 fonctionne plus intelligemment pour vous. Qu'il s'agisse d'automatiser les routines quotidiennes ou de s'intégrer à votre maison intelligente, les possibilités sont pratiquement infinies. Une fois que vous aurez pris l'habitude de configurer vos propres raccourcis, vous vous demanderez comment vous avez pu vivre sans eux.

Commencez petit avec des tâches simples, et vous automatiserez bientôt l'ensemble de votre flux de travail. En profitant des raccourcis Siri, vous gagnerez non seulement du temps, mais vous profiterez également d'une expérience plus fluide et productive sur votre MacBook Air M4.

MacBook Air M4 pour les professionnels : des fonctionnalités avancées pour les utilisateurs expérimentés

Le MacBook Air M4 n'est pas seulement un appareil élégant et léger, parfait pour les tâches quotidiennes ; C'est aussi un concentré de puissance conçu pour répondre aux besoins exigeants des professionnels. Que vous soyez codeur, monteur vidéo ou graphiste, le MacBook Air M4 peut prendre en charge les outils sur lesquels vous comptez pour les tâches hautes performances. Grâce à la nouvelle puce M4 et aux optimisations de macOS, ce modèle est équipé pour gérer facilement des logiciels et des flux de travail de qualité professionnelle. Voyons comment le MacBook Air M4 peut prendre en charge vos tâches professionnelles avancées.

1. Codage et développement : dynamiser le flux de travail du développeur

Pour les développeurs, le codage est un mélange de créativité et de précision. Que vous travailliez avec Xcode pour le développement macOS/iOS, Python pour la science des données ou que vous utilisiez des frameworks comme React pour le développement Web, le MacBook Air M4 est plus que capable de répondre à vos besoins.

La puce M4 : un changement de jeu pour les développeurs

Avec la puce M4 en son cœur, le MacBook Air M4 offre un équilibre incroyable entre puissance et efficacité. L'architecture améliorée de la puce accélère les temps de compilation, ce qui rend vos tâches de développement beaucoup plus rapides et plus fluides. Il garantit que votre flux de travail reste ininterrompu, même lorsque vous travaillez sur des tâches gourmandes en ressources telles que la compilation de code, l'exécution de plusieurs environnements virtuels ou le débogage en temps réel.

Fonctionnalités macOS pour le développement

macOS est le rêve de tout développeur. Intégré à des outils puissants tels que Xcode, Terminal et Homebrew, macOS fournit un environnement optimisé pour le codage. Le MacBook Air M4 exécute sans problème tous les outils logiciels nécessaires, ce qui en fait un choix idéal pour les ingénieurs logiciels, les développeurs d'applications et les développeurs Web.

- **Terminal et Homebrew** : Ces outils essentiels permettent aux développeurs de contrôler leurs environnements et d'installer facilement des logiciels open source. Les performances du MacBook Air M4 garantissent que même lorsque vous gérez des dépendances complexes ou que vous travaillez avec de grands dépôts, il ne ralentira pas.

- **Xcode** : pour le développement iOS et macOS, Xcode est essentiel, et la puce M4 du MacBook Air M4 rend l'exécution de cette application gourmande en ressources une expérience transparente. Avec les performances plus rapides de la puce M4, vous pouvez vous attendre à des constructions d'applications rapides, à des environnements de test améliorés et à une expérience de codage plus fluide.

- **Virtualisation et conteneurisation** : l'efficacité de la puce M4 rend l'exécution de machines virtuelles, de conteneurs Docker et même d'émulateurs plus pratique sur un MacBook Air M4. Que vous testiez des applications sur différents systèmes d'exploitation ou que vous gériez des environnements logiciels complexes, le MacBook Air M4 gère ces processus en douceur, sans décalage ni bégaiement.

Essentiellement, pour les professionnels du codage, le MacBook Air M4 est conçu pour gérer à la fois le gros du travail de développement et la vitesse nécessaire pour suivre les temps de déploiement rapides et les cycles de développement continus.

2. Le montage vidéo : une puissance pour les créateurs

Pour les professionnels de la création travaillant dans la production vidéo, la puce M4 du MacBook Air M4 est une révélation. Les logiciels de montage vidéo tels que **Final Cut Pro**, **Adobe Premiere Pro** et **DaVinci Resolve** exigent tous une quantité importante de puissance et de vitesse de traitement. Le MacBook Air M4, doté de sa puce M4 améliorée, offre des performances de haut niveau pour le montage vidéo, même lorsque vous travaillez avec des séquences 4K ou des projets complexes nécessitant un rendu lourd.

Performances graphiques de la puce M4

L'une des caractéristiques les plus remarquables du MacBook Air M4 pour le montage vidéo est les capacités graphiques de la puce M4. Avec un GPU intégré conçu pour gérer des graphiques avancés et rendre les effets vidéo en douceur, les monteurs vidéo peuvent s'attendre à une lecture fluide, un rendu plus rapide et moins de décalage entre les montages. Le MacBook Air M4 gère des tâches exigeantes telles que l'étalonnage des couleurs, les transitions et les effets visuels sans perdre de temps, ce qui permet aux monteurs vidéo de travailler à un niveau professionnel.

Fonctionnalités macOS pour le montage video

macOS est bien équipé pour prendre en charge le montage vidéo de qualité professionnelle. Des outils tels que Final Cut Pro X et iMovie sont optimisés pour macOS et fonctionnent sans problème sur le MacBook Air M4. Mais cela ne s'arrête pas là : macOS prend également en charge un large éventail de logiciels de montage vidéo tiers tels qu'Adobe Premiere et DaVinci Resolve. Grâce à sa capacité à gérer ces applications lourdes, macOS brille vraiment dans le monde du montage vidéo.

- **Metal Framework** : le framework Metal de macOS garantit que les applications gourmandes en ressources graphiques, telles que celles utilisées dans le montage vidéo, s'exécutent efficacement sur le MacBook Air M4. Metal réduit les frais généraux qui ralentissent les performances des logiciels haut de gamme, ce qui garantit que les monteurs vidéo obtiennent un retour en temps réel pendant le montage, quelle que soit la complexité des séquences.

- **Stockage et organisation** : Les fichiers vidéo peuvent être volumineux et encombrants, mais le stockage SSD rapide du MacBook Air M4 rend l' accès aux fichiers et les transferts incroyablement rapides. Lors du montage vidéo, la possibilité de récupérer et d'enregistrer rapidement des fichiers vidéo volumineux peut améliorer considérablement l'efficacité du flux de travail. De plus, l'intégration d'**iCloud Drive** garantit que vos fichiers sont toujours sauvegardés et accessibles, même si vous travaillez à distance ou en déplacement.

3. Design graphique : précision et performance pour les designers

Les graphistes apprécieront la capacité du MacBook Air M4 à gérer facilement des logiciels de conception tels qu'**Adobe Photoshop**, **Illustrator** et **Affinity Designer**. Que vous conceviez des graphiques haute résolution, que vous travailliez sur des illustrations détaillées ou que vous retouchiez des photos, le MacBook Air M4 fournit la puissance nécessaire à un travail de conception professionnel.

Affichage haute résolution et précision des couleurs

L'écran Retina du MacBook Air M4 est un autre avantage non négligeable pour les graphistes. Grâce à la technologie True Tone et à un écran haute résolution, l'écran offre des couleurs éclatantes et des détails précis, ce qui le rend parfait pour la retouche photo, la conception Web ou la peinture numérique. La haute densité de pixels garantit que chaque petit détail est net et clair, ce qui est essentiel lorsque vous travaillez sur des conceptions complexes ou des projets haute résolution.

Fonctionnalités macOS pour la conception graphique

macOS fournit une gamme d'outils et d'applications qui s'intègrent parfaitement aux flux de travail de conception graphique. Le MacBook Air M4 prend en charge les applications de conception professionnelles telles qu'Adobe Creative Cloud et Sketch. Le système fonctionne sans problème, même lors de l'exécution de plusieurs applications à la fois ou de l'utilisation de fichiers très volumineux.

- **API Metal Graphics** : Comme pour le montage vidéo, le framework Metal profite aux graphistes en optimisant les performances de rendu des applications de conception. Cela permet aux concepteurs de travailler sur des fichiers lourds, d'appliquer des filtres complexes et de rendre des modèles 3D sans subir de ralentissements de performances.

- **Outils de prévisualisation et d'annotation** : macOS offre de puissants outils de **prévisualisation** et **d'annotation** qui permettent aux graphistes de réviser et de modifier rapidement leurs projets sans avoir à ouvrir le logiciel de conception complet. Qu'il s'agisse d'ajuster des documents PDF, d'ajouter des annotations aux brouillons des clients ou d'apporter des modifications rapides à des fichiers vectoriels, ces outils sont à la fois rapides et intuitifs.

- **Prise en charge des écrans externes** : pour les professionnels qui ont besoin d'un espace de travail plus grand, le MacBook Air M4 prend en charge plusieurs écrans externes. Ceci est particulièrement utile pour les concepteurs qui souhaitent travailler avec plusieurs outils, référencer des images ou garder les commentaires des clients ouverts tout en continuant à travailler sur le projet principal. Le MacBook Air M4 prend en charge les écrans avec **une résolution allant jusqu'à 6K**, offrant des images cristallines sur des moniteurs externes, parfaites pour concevoir sur un écran plus grand.

4. Multitâche et efficacité : gérer plusieurs applications professionnelles simultanément

L'un des principaux avantages du MacBook Air M4 pour les professionnels est sa capacité à gérer plusieurs applications exigeantes à la fois, grâce à **l'architecture de mémoire unifiée de la puce M4**. Que vous encodiez tout en gardant une chronologie de montage vidéo ouverte ou que vous sautiez entre les outils de conception et les navigateurs Web, le MacBook Air M4 gère ces tâches avec facilité. La mémoire unifiée permet aux applications de partager des ressources, ce qui permet des transitions plus fluides et des lancements d'applications plus rapides sans consommer trop de batterie ou de ressources système.

- **Mission Control** : Pour les multitâches, **Mission Control** dans macOS est une bouée de sauvetage. Il vous permet de basculer rapidement entre plusieurs fenêtres et bureaux ouverts, ce qui permet à votre espace de travail de rester organisé et efficace. Pour les professionnels qui passent souvent d'une tâche à l'autre, Mission Control est essentiel pour maintenir la concentration et la productivité.

- **Bureaux virtuels et Split View** : Les bureaux virtuels permettent aux professionnels de créer un espace de travail distinct pour chaque tâche, ce qui réduit l'encombrement et améliore la concentration. Vous pouvez utiliser **Split View** pour garder deux applications côte à côte, ce qui est incroyablement utile lorsque vous devez référencer un document ou une page Web tout en travaillant sur un autre.

CHAPITRE 6 : OPTIMISATION DES PERFORMANCES

Comprendre les capacités de la puce M4

Le cœur du MacBook Air M4 est la nouvelle puce M4, qui change la donne pour tous ceux qui comptent sur leur ordinateur portable pour leurs tâches quotidiennes, leur travail créatif ou des applications professionnelles encore plus exigeantes. Contrairement à ses prédécesseurs, la puce M4 est conçue pour offrir une vitesse, une efficacité et une puissance sans précédent, tout en conservant le design élégant et sans ventilateur que les utilisateurs de MacBook Air adorent.

Voyons de plus près comment la puce M4 opère sa magie et pourquoi elle se démarque dans le monde des processeurs pour ordinateurs portables.

1. L'architecture derrière la puce M4 : un regard sous le capot

La puce M4 est un processeur ARM conçu sur mesure et développé par Apple. Il intègre plusieurs composants (CPU, GPU, Neural Engine et mémoire unifiée) dans une seule puce, ce qui le rend incroyablement efficace et puissant. Voici une ventilation des composants de base :

- **CPU (Central Processing Unit)** : Le M4 est doté d'un puissant processeur multicœur qui offre une augmentation massive des performances par rapport à son prédécesseur, le M1. Il utilise une combinaison de cœurs hautes performances (pour les tâches exigeantes comme les jeux ou le montage vidéo) et de cœurs à haute efficacité (pour les tâches moins intensives telles que la navigation ou l'envoi d'e-mails). Cette conception permet au MacBook Air M4 d'équilibrer la puissance et l'autonomie de la batterie sans effort.

- **GPU (Graphics Processing Unit)** : Le GPU intégré à la puce M4 est conçu pour gérer des tâches graphiques hautes performances telles que les jeux, le montage vidéo et le rendu 3D. Apple a amélioré l'architecture GPU de la M4, la rendant plus rapide et plus performante que la génération précédente, en particulier dans les tâches qui nécessitent le rendu de visuels complexes.

- **Neural Engine** : L'une des caractéristiques les plus remarquables de la puce M4 est son Neural Engine. Ce processeur spécialisé est conçu pour accélérer les tâches d'apprentissage automatique, telles que la reconnaissance d'images, le traitement du langage naturel et les applications de réalité augmentée. Si vous aimez les applications basées sur l'IA ou si vous utilisez des outils qui reposent sur l'apprentissage automatique, la puce M4 vous donnera une augmentation notable des performances.

- **Mémoire unifiée** : Contrairement aux systèmes informatiques traditionnels qui utilisent une mémoire séparée pour le CPU, le GPU et d'autres composants, la puce M4 utilise une mémoire unifiée. Cela signifie que le CPU et le GPU partagent le même pool de mémoire, ce qui accélère l'accès aux données et améliore les performances globales du système. Que vous montiez une vidéo haute résolution ou que vous exécutiez plusieurs applications simultanément, la gestion de la mémoire de la puce M4 garantit que tout fonctionne sans problème.

2. Benchmarks de performance : pourquoi la puce M4 est une centrale électrique

Apple a conçu la puce M4 en tenant compte des performances du monde réel, et les chiffres le confirment. En termes de puissance de traitement brute, la puce M4 laisse les générations précédentes dans la poussière.

- **Performances du processeur plus rapides** : La puce M4 offre des performances de processeur jusqu'à 30 % plus rapides par rapport à la puce M1. Que vous compiliez du code, que vous fassiez du multitâche ou que vous exécutiez des applications exigeantes, la puce M4 gère tout cela avec facilité. Cette amélioration des performances est particulièrement perceptible lorsque vous travaillez avec des ensembles de données plus volumineux ou que vous exécutez des logiciels qui nécessitent une puissance de calcul intense.

- **Performances graphiques** : Le GPU de la puce M4 a été repensé pour offrir des performances graphiques jusqu'à 40 % supérieures à celles de la puce M1. Si vous aimez les jeux ou la création de contenu, vous apprécierez la façon dont le M4 peut exécuter des tâches graphiquement intensives sans problème. Par exemple, les monteurs vidéo peuvent s'attendre à une lecture plus fluide et à des temps de rendu plus rapides dans des applications comme Final Cut Pro, tandis que les joueurs peuvent profiter d'expériences plus immersives dans les jeux haute résolution.

- **Apprentissage automatique et IA** : le Neural Engine a également connu une augmentation significative des performances, offrant un traitement jusqu'à 50 % plus rapide pour les tâches d'apprentissage automatique. Cela signifie que les applications basées sur l'IA s'exécuteront plus rapidement et que des tâches telles que la détection d'objets ou la reconnaissance faciale seront plus efficaces.

- **Efficacité de** la batterie : Malgré toutes ces améliorations, la puce M4 est conçue pour être incroyablement économe en énergie. Apple affirme que la puce M4 est jusqu'à 50 % plus économe en énergie que les précédents modèles de MacBook à processeur Intel. Par conséquent, vous bénéficiez de toutes ces performances sans sacrifier l'autonomie de la batterie. Avec une seule charge, le MacBook Air M4 peut facilement tenir toute la journée, que vous travailliez, diffusiez ou naviguiez.

3. Comparaison avec les modèles précédents : comment le M4 se démarque

Pour vraiment comprendre l'importance de la puce M4, comparons-la aux générations précédentes, y compris les modèles M1 et MacBook Air à processeur Intel.

- **Puce M1 vs puce M4** : La puce M1, introduite en 2020, a été un énorme bond en avant pour Apple, offrant des performances et une efficacité incroyables dans une conception sans ventilateur. Mais la M4 va encore plus loin. La puce M4 est environ 30 % plus rapide que la puce M1 en termes de performances du processeur, ce qui la rend encore meilleure pour gérer les flux de travail complexes, le multitâche et les applications lourdes. Son GPU est jusqu'à 40 % plus rapide, ce qui constitue une énorme amélioration pour tous ceux qui s'intéressent aux jeux ou au montage vidéo. Ainsi, si vous utilisez un MacBook Air M1 et que vous envisagez une mise à niveau, le M4 vous offrira une amélioration notable des performances, en particulier dans les tâches gourmandes en ressources graphiques.

- **MacBook Air à processeur Intel vs puce M4** : Avant la puce M1, les MacBook Air étaient alimentés par des processeurs Intel. Bien que les puces Intel offraient des performances solides, elles ne pouvaient pas égaler l'efficacité du silicium conçu sur mesure par Apple. Le passage d'Intel au M1 (et maintenant au M4) a été révolutionnaire. La puce M4 offre jusqu'à 3 fois les performances du processeur et 5 fois les performances du GPU par rapport aux MacBook Air à processeur

Intel. Cela signifie des performances plus rapides dans tous les domaines, des tâches de bureau aux projets créatifs plus exigeants. De plus, avec l'efficacité énergétique de la puce M4, vous pouvez vous attendre à une autonomie de batterie d'une journée, ce qui était un défi pour les Mac alimentés par Intel.

4. La puce M4 par rapport aux concurrents : comment Apple se démarque

En matière de performances, la puce M4 ne se contente pas d'éclipser ses prédécesseurs ; Il place également la barre plus haut pour les ordinateurs portables en général. Comparons le M4 avec certains de ses concurrents sur le marché des ordinateurs portables.

- **Apple M4 vs Intel Core i7 (11e génération)** : La puce Intel Core i7 est très performante, que l'on trouve dans de nombreux ordinateurs portables haut de gamme, mais elle ne peut pas rivaliser avec l'efficacité et la conception intégrée du M4. La puce M4 offre des performances de processeur plus rapides, une meilleure efficacité énergétique et des performances graphiques supérieures, tout en fonctionnant à une température plus basse et plus silencieuse. Les puces d'Intel, en revanche, nécessitent un ventilateur pour garder l'ordinateur portable au frais, ce qui fait de la conception sans ventilateur du MacBook Air M4 un avantage majeur.

- **Apple M4 contre AMD Ryzen 7** : La série Ryzen 7 d'AMD a été saluée pour ses performances multicœurs, en particulier dans les jeux et la création de contenu. Cependant, la puce M4 surpasse le Ryzen 7 en termes de performances monocœur, grâce à son architecture optimisée. De plus, le GPU intégré de la puce M4 est de loin supérieur, ce qui en fait un meilleur choix pour les applications à forte intensité graphique. Les puces d'AMD ne peuvent pas non plus égaler l'autonomie de la batterie du M4, Apple revendiquant jusqu'à 20 heures de lecture vidéo sur une seule charge, ce que les ordinateurs portables alimentés par Ryzen ne peuvent pas concurrencer.

- **Apple M4 vs Qualcomm Snapdragon 8cx Gen 3** : Les processeurs Snapdragon de Qualcomm sont souvent utilisés dans les ordinateurs portables basés sur Windows, en particulier dans les modèles ultra-portables. Bien que les puces Snapdragon offrent une grande autonomie, elles sont insuffisantes en termes de performances globales par rapport à la puce M4. Le processeur et le processeur graphique de la M4 sont plus puissants, offrant une expérience plus fluide lors de l'exécution d'applications exigeantes ou du multitâche. De plus, l'intégration par Apple de son Neural Engine en fait un choix plus évolutif pour les applications basées sur l'IA.

5. Pourquoi la puce M4 change la donne

Ce qui rend la puce M4 si spéciale, ce n'est pas seulement la puissance brute qu'elle délivre, mais aussi l'intégration transparente de tous ses composants dans une seule puce. La philosophie de conception d'Apple s'articule autour de la création d'un système qui fonctionne dans son ensemble, plutôt que de simplement assembler des pièces séparées. La puce M4 combine le CPU, le

GPU, le Neural Engine et la mémoire dans une architecture unifiée, ce qui la rend plus rapide, plus efficace et plus fiable que tout ce qui existe sur le marché.

De plus, la capacité de la puce M4 à offrir des performances exceptionnelles tout en conservant une autonomie incroyable est un énorme avantage pour tous ceux qui apprécient la portabilité et l'efficacité. Que vous travailliez en déplacement, que vous regardiez des films ou que vous montiez des vidéos, la puce M4 garantit que votre MacBook Air M4 s'en chargera facilement, tout au long de la journée.

En bref, la puce M4 n'est pas seulement une mise à niveau ; Il s'agit d'un modèle qui change la donne et établit une nouvelle norme en matière de performances pour les ordinateurs portables fins et légers. Si vous êtes à la recherche d'une machine capable de gérer tout ce que vous lui lancez, des tâches occasionnelles aux applications de qualité professionnelle, le MacBook Air M4 avec la puce M4 est le choix évident.

Comment maximiser l'autonomie de la batterie de votre MacBook Air M4

Votre MacBook Air M4 est conçu pour être portable et efficace, et l'une de ses caractéristiques les plus remarquables est son impressionnante autonomie de batterie. Cependant, quelle que soit l'efficacité de la batterie, sa longévité dépend de la façon dont vous l'utilisez et l'entretenez. Que vous travailliez en déplacement, que vous diffusiez votre contenu préféré ou que vous vous attaquiez à un projet lourd, l'optimisation de l'autonomie de la batterie de votre MacBook garantit qu'elle durera le plus longtemps possible tout au long de votre journée.

Dans cette section, nous allons nous plonger dans des trucs et astuces pratiques qui vous aideront à maximiser l'autonomie de la batterie de votre MacBook Air M4, en veillant à ce qu'il vous suive partout où vous allez. Voyons comment vous pouvez tirer le meilleur parti de cette fonctionnalité étonnante.

1. Ajustez la luminosité de votre écran

L'écran de votre MacBook est l'un des composants les plus gourmands en énergie de l'appareil. Plus l'écran est lumineux, plus il consomme de batterie. Heureusement, la gestion de la luminosité de votre écran peut vous aider à prolonger l'autonomie de votre batterie sans trop compromettre votre expérience visuelle.

- **Réglage manuel** : Vous pouvez régler la luminosité de l'écran manuellement à l'aide des **touches F1** (diminuer) et **F2** (augmenter) de votre clavier. Testez différents niveaux de luminosité pour trouver un équilibre qui vous convient, mais n'oubliez pas que plus la luminosité est faible, moins votre MacBook a besoin d'énergie.

- **Réglage automatique de la luminosité** : macOS est livré avec une fonctionnalité intégrée appelée **True Tone** et **Automatic Brightness**, qui ajuste la luminosité de votre écran en fonction de la lumière ambiante. Pour activer cette fonctionnalité, allez dans **Préférences**

Système > **Écrans** et cochez l'option « Ajuster automatiquement la luminosité ». Cela peut vous aider à économiser la batterie lorsque vous êtes dans des environnements faiblement éclairés.

Bien que l'écran du MacBook Air M4 soit époustouflant, une légère réduction de la luminosité peut entraîner des économies de batterie notables, surtout si vous travaillez dans une pièce faiblement éclairée.

2. Activer l'économiseur de batterie (mode basse consommation)

Le mode économie d'énergie est l'un des moyens les plus simples de prolonger l'autonomie de votre batterie lorsque vous êtes à court de batterie. Cette fonctionnalité réduit la consommation d'énergie globale de votre MacBook en limitant les activités en arrière-plan et certains processus, notamment la luminosité de l'écran, les animations et l'activité réseau.

Pour activer le **mode économie d'énergie**, procédez comme suit :

1. Ouvrez **les Préférences Système**.

2. Cliquez sur **Batterie**.

3. Sélectionnez **Mode économie** d'énergie sur le côté gauche et activez-le.

Lorsqu'il est activé, le mode économie d'énergie réduit temporairement la consommation d'énergie de votre MacBook Air M4, ce qui lui permet de durer plus longtemps, en particulier lorsque vous êtes en déplacement ou que vous n'avez pas facilement accès à un chargeur.

3. Gérez vos applications et vos processus d'arrière-plan

L'une des principales choses que vous pouvez faire pour préserver la durée de vie de votre batterie est de garder une trace de ce qui s'exécute en arrière-plan. Les applications et les processus qui s'exécutent inutilement peuvent vider votre batterie beaucoup plus rapidement que vous ne le pensez.

- **Fermer les applications inutilisées** : assurez-vous de fermer toutes les applications que vous n'utilisez pas activement. Les applications ouvertes continuent de consommer des ressources, et même si elles sont en arrière-plan, elles affectent toujours l'autonomie de votre batterie. Vous pouvez utiliser le **raccourci Commande + Q** pour quitter rapidement les applications, ou cliquer avec le bouton droit de la souris sur les applications dans le **Dock** et choisir « Quitter ».

- **Vérifier le Moniteur d'**activité : Si vous pensez qu'un produit consomme une quantité excessive d'énergie, accédez à **Applications > Utilitaires > Moniteur d'activité**. Ici, vous pouvez voir tous les processus en cours et leur consommation d'énergie. Recherchez les applications marquées d'une **balise « fort impact énergétique ».** Si vous n'en avez pas besoin, fermez-les pour économiser de l'énergie.

- **Limiter les éléments de démarrage** : certaines applications démarrent automatiquement lorsque vous allumez votre MacBook. Cela peut ajouter une charge inutile sur le système et épuiser la batterie. Pour les contrôler, accédez à **Préférences Système > Utilisateurs et groupes > Éléments de connexion**, puis décochez les applications que vous n'avez pas besoin de lancer au démarrage.

4. Optimiser les paramètres énergétiques

macOS vous permet de modifier certains paramètres système pour rendre votre MacBook Air M4 plus économe en énergie. Ces paramètres peuvent vous aider à réduire la quantité d'énergie utilisée pendant les périodes d'inactivité ou lorsque vous n'utilisez pas activement votre ordinateur portable.

- **Paramètres d'économie d'énergie** : Allez dans **Préférences Système** > **Batterie**, et vous trouverez des options qui contrôlent le comportement de votre MacBook lorsqu'il n'est pas utilisé. Ajustez le **curseur Désactiver l'affichage après** sur une durée plus courte si cela ne vous dérange pas que votre écran s'éteigne lorsqu'il est inactif. Cela permet d'économiser considérablement la batterie.

- **Désactiver les effets visuels** : macOS a de nombreux effets visuels qui ont fière allure mais peuvent consommer de l'énergie supplémentaire. Vous pouvez réduire l'utilisation de ces effets en accédant aux **Préférences Système** > à l'**accessibilité**, en sélectionnant **Affichage**, puis en cochant les cases **Réduire le mouvement** et **Réduire la transparence**. Ces ajustements n'affecteront pas votre productivité, mais peuvent aider votre MacBook à durer plus longtemps sur une charge.

- **Power Nap** : macOS dispose d'une fonctionnalité appelée Power Nap, qui permet à votre MacBook d'effectuer des tâches en arrière-plan comme la vérification des e-mails et des mises à jour pendant qu'il est en veille. Cependant, cette fonctionnalité peut vider la batterie si vous ne faites pas attention. Pour le désactiver, allez dans **Préférences Système** > **Batterie** > **Adaptateur secteur** et décochez l' option **Activer Power Nap**.

5. Désactivez le Bluetooth et le Wi-Fi lorsqu'ils ne sont pas utilisés

Le **Bluetooth** et le **Wi-Fi** peuvent consommer de la batterie lorsqu'ils sont laissés allumés, même si vous ne les utilisez pas activement. Si vous n'en avez pas besoin, les désactiver peut aider à prolonger l'autonomie de la batterie.

- **Désactiver le Bluetooth** : accédez à l' **icône Bluetooth** dans la barre des menus et cliquez sur **Désactiver le Bluetooth** si vous n'utilisez aucun appareil Bluetooth.

- **Désactiver le Wi-Fi** : si vous travaillez hors ligne ou dans un endroit où le Wi-Fi n'est pas nécessaire, désactivez le Wi-Fi en cliquant sur l' **icône Wi-Fi** dans la barre de menus et en sélectionnant Désactiver le **Wi-Fi**.

C'est simple mais efficace : désactiver ces connexions lorsque vous n'en avez pas besoin permet d'économiser une précieuse batterie d'énergie.

6. Évitez d'exécuter des applications gourmandes en énergie

Certaines applications, telles que les services de streaming vidéo, les jeux haute résolution et les logiciels de montage vidéo, sont connues pour vider rapidement la batterie. Bien que ces applications puissent être essentielles pour votre travail ou vos loisirs, envisagez les stratégies suivantes pour prolonger l'autonomie de votre batterie tout en les utilisant :

- **Ajuster la qualité vidéo** : Lorsque vous diffusez des vidéos ou regardez des films, réduisez la qualité vidéo. Par exemple, dans des applications telles que YouTube, Netflix ou d'autres services de streaming, réduisez la résolution (par exemple, de 1080p à 720p) pour réduire la consommation d'énergie.

- **Optimiser les paramètres logiciels** : De nombreuses applications gourmandes en énergie, comme les éditeurs de photos ou de vidéos, vous permettent d'ajuster les paramètres de performance. Réduisez les fonctionnalités telles que le rendu en arrière-plan ou la résolution de lecture vidéo, ou utilisez une version simplifiée de l'application pour économiser de l'énergie.

7. Utilisez la fonction de gestion de l'état de la batterie

La fonction **de gestion de l'état de la batterie** est conçue pour prolonger la durée de vie globale de la batterie de votre MacBook en réduisant la charge maximale lorsque la batterie est branchée pendant de longues périodes. Ceci est particulièrement utile pour les utilisateurs qui ont tendance à garder leur MacBook branché sur un chargeur.

Pour activer ou vérifier cette fonctionnalité :

1. Allez dans **Préférences Système** > **Batterie**.

2. Sélectionnez **l'état de la batterie...**.

3. Assurez-vous que **la gestion de l'état de la batterie** est activée.

Cela aidera à préserver la longévité de votre batterie, en veillant à ce qu'elle reste en bonne santé plus longtemps et ne se dégrade pas aussi rapidement au fil du temps.

8. Gardez votre MacBook Air M4 au frais

La chaleur est un autre facteur qui peut épuiser la durée de vie de votre batterie. Lorsque votre MacBook devient trop chaud, il travaille plus dur et consomme plus d'énergie. Assurez-vous de :

- **Utilisez votre MacBook sur des surfaces dures et planes** : évitez de l'utiliser sur des matériaux souples comme des lits ou des canapés qui pourraient bloquer la circulation de l'air.

- **Assurez-vous d'une bonne ventilation** : Gardez votre environnement frais pour éviter que votre MacBook ne surchauffe.

- **Fermez les applications lourdes** : surveillez les applications dont l'utilisation du processeur est élevée et fermez-les pour éviter toute génération excessive de chaleur.

9. Surveillez régulièrement l'état de la batterie

Pour vous assurer que votre batterie reste en parfait état, il est important de surveiller son état au fil du temps. Vous pouvez vérifier l'état de la batterie de votre MacBook Air M4 en cliquant sur le **menu Pomme** > **À propos de ce Mac** > **Rapport système** > **puissance**. Recherchez le **nombre** de cycles et **l'état** sous les informations sur la batterie.

Une batterie MacBook Air M4 en bon état devrait afficher « Normal » dans cet état. S'il affiche « Remplacer bientôt » ou « Batterie de service », il est peut-être temps d'envisager l'entretien ou le remplacement de la batterie.

Accélérer votre MacBook Air M4 : conseils et outils

Votre MacBook Air M4 est conçu pour être rapide, efficace et capable de gérer la plupart des tâches avec facilité. Cependant, au fil du temps, comme tout appareil, il peut ralentir pour diverses raisons, qu'il s'agisse d'une surcharge de fichiers inutiles, d'applications exécutées en arrière-plan ou d'un trop grand nombre d'éléments de démarrage. Heureusement, il existe plusieurs moyens simples et efficaces d'optimiser les performances de votre MacBook Air M4 et de le faire fonctionner aussi bien que le jour où vous l'avez déballé pour la première fois.

Plongeons dans quelques étapes faciles à suivre pour accélérer votre MacBook Air M4, en vous assurant d'obtenir la meilleure expérience à chaque fois que vous l'utilisez.

1. Effacer le cache et les fichiers temporaires

Tout comme un bureau encombré peut rendre difficile la concentration, un système encombré peut ralentir votre MacBook. Au fil du temps, votre Mac accumule des fichiers cache, des données temporaires stockées par des apps et des sites web pour les charger plus rapidement. Bien que ces fichiers soient destinés à aider, ils peuvent également s'accumuler et utiliser un espace de stockage précieux.

Voici comment vider le cache et les fichiers temporaires :

- **Cache système** :

    o Ouvrez **le Finder** et cliquez sur **Aller** dans le menu supérieur.

    o Maintenez la touche Option enfoncée pour afficher l' option **Bibliothèque** dans la liste déroulante, puis sélectionnez **Bibliothèque**.

    o Dans le dossier Bibliothèque, accédez à **Caches** et recherchez les dossiers de cache associés aux applications que vous utilisez fréquemment (comme Safari, Chrome ou Mail). Vous pouvez supprimer ces dossiers pour libérer de l'espace.

- **Cache du navigateur** :

    o Dans Safari, accédez à **Safari** > **Préférences** > **Avancé,** puis cochez la case « Afficher le menu Développement dans la barre de menus ».

    o Dans le menu **Développement**, sélectionnez **Vider les caches** pour supprimer les données de navigation.

o Pour Chrome ou d'autres navigateurs, vous pouvez faire de même en accédant aux paramètres et en vidant le cache dans la section de confidentialité.

Vider régulièrement votre cache permet de maintenir le bon fonctionnement en libérant de l'espace de stockage et en évitant les ralentissements causés par les anciennes données.

2. Optimiser les éléments de démarrage

Nous aimons tous cette sensation de « nouvel ordinateur portable » où tout démarre en quelques secondes. Mais au fur et à mesure que vous installez d'autres apps, certaines d'entre elles se faufilent dans vos **éléments de démarrage**, ce qui signifie qu'elles s'ouvrent automatiquement lorsque vous allumez votre Mac. Bien que cela puisse être pratique pour les applications que vous utilisez souvent, cela peut ralentir le temps de démarrage de votre MacBook Air M4.

Voici comment supprimer les éléments de démarrage inutiles :

- **Gérer les éléments de démarrage** :

  o Ouvrez **Préférences Système** à partir du menu Pomme dans le coin supérieur gauche.

  o Cliquez sur **Utilisateurs et groupes**.

  o Sélectionnez votre compte utilisateur, puis cliquez sur l' **onglet Éléments de connexion**.

o Ici, vous verrez une liste d'applications qui s'ouvrent automatiquement lorsque vous démarrez votre Mac. Il vous suffit de sélectionner une application que vous n'avez pas besoin d'exécuter immédiatement et de cliquer sur le bouton moins (-) pour la supprimer.

Ne conservez que les applications essentielles dans votre liste de démarrage. En réduisant le nombre d'applications qui se lancent au démarrage, vous pouvez accélérer le temps de démarrage et réduire les activités inutiles en arrière-plan.

3. Redémarrez régulièrement votre MacBook

Cela peut sembler basique, mais le redémarrage de votre MacBook peut parfois faire des merveilles pour ses performances. Lorsque vous utilisez votre Mac pendant de longues périodes sans redémarrer, des fichiers et des processus temporaires peuvent s'accumuler, ce qui ralentit votre système.

- **Redémarrage simple** :

    o Allez dans le menu Pomme et sélectionnez **Redémarrer**.

Le redémarrage de votre MacBook efface la mémoire et ferme les processus qui pourraient l'enliser, donnant ainsi à votre appareil un nouveau départ.

4. Libérez de l'espace de stockage

Si le disque dur de votre MacBook Air M4 est plein, cela peut sérieusement impacter ses performances. macOS utilise l'espace de stockage disponible comme mémoire virtuelle, et lorsque le disque est plein, votre MacBook doit travailler plus dur pour gérer les données.

Voici comment libérer de l'espace :

- **Gérer le stockage** :

  - Cliquez sur le **menu Pomme** > l'onglet **À propos de ce Mac** > **Stockage**.

  - macOS vous montrera une ventilation de votre utilisation de stockage, y compris les documents, les applications et les fichiers système. Vous pouvez utiliser le **bouton Gérer** pour afficher les options d'optimisation du stockage.

- **Supprimer les fichiers inutiles** :

  - Supprimez les anciens téléchargements, les doublons et les fichiers dont vous n'avez plus besoin. Vous pouvez également supprimer les applications que vous n'utilisez pas ou transférer des fichiers volumineux vers un disque dur externe ou un stockage en nuage (iCloud, Google Drive, etc.).

Un peu de désencombrement peut faire toute la différence. Plus vous libérez d'espace, plus votre MacBook peut accéder rapidement aux données dont il a besoin pour exécuter des applications et des processus.

5. Utiliser l'utilitaire de disque pour réparer les autorisations de disque

Les autorisations de disque sont des paramètres qui déterminent qui peut lire ou modifier des fichiers sur votre Mac. Parfois, ces paramètres peuvent être corrompus, ce qui peut ralentir les performances de votre MacBook.

Voici comment utiliser l' **Utilitaire de disque** pour réparer les autorisations :

- **Exécutez l'utilitaire de disque** :

    o Ouvrez **le Finder** > **Applications** > **Utilitaires** et lancez **l'Utilitaire de disque**.

    o Dans l'Utilitaire de disque, sélectionnez votre disque principal (généralement appelé **Macintosh HD)** dans la barre latérale.

    o Cliquez sur **Premiers secours** , puis sur **Exécuter**. Cela vérifiera que le disque ne contient pas d'erreurs et réparera tous les fichiers endommagés ou corrompus, ce qui améliorera potentiellement les performances.

L'exécution **de First Aid** permet de maintenir l'intégrité de votre système, évitant ainsi que les petits problèmes ne se transforment en problèmes plus importants.

6. Supprimez les applications et extensions inutiles

Au fil du temps, il se peut que vous ayez accumulé des applications et des extensions de navigateur que vous n'utilisez plus. Ceux-ci peuvent consommer des ressources et ralentir votre MacBook Air M4.

- **Supprimer les applications indésirables** :

o   Ouvrez **le Finder** et accédez à **Applications**.

o   Faites glisser les applications que vous n'utilisez plus dans la corbeille.

- **Supprimer les extensions de navigateur inutilisées** :

o   Dans Safari, accédez à **Safari** > **Préférences** > **Extensions**, puis supprimez toutes les extensions dont vous n'avez plus besoin.

o   Pour Chrome ou Firefox, vous pouvez gérer les extensions dans leurs menus de paramètres respectifs.

En ne conservant que les applications et les extensions essentielles à votre flux de travail quotidien, vous pouvez améliorer les performances globales du système.

7. Gardez macOS et les applications à jour

En gardant le système d'exploitation et les applications de votre MacBook à jour, vous vous assurez de disposer des dernières fonctionnalités, des corrections de bogues et des améliorations de performances.

- **Mettre à jour macOS** :

o   Allez dans **Préférences Système** > **Mise à jour logicielle**.

o   Si une mise à jour est disponible, cliquez sur **Mettre à jour maintenant**.

- **Mettre à jour les applications** :

o Ouvrez l'**App Store** et accédez à l' onglet **Mises à jour** pour rechercher les mises à jour de l'application.

o Vous pouvez également activer les mises à jour automatiques des applications dans **Préférences Système** > **l'App Store**.

Les mises à jour régulières contiennent souvent des optimisations qui peuvent améliorer les performances, améliorer la sécurité et garantir que tout fonctionne aussi efficacement que possible.

8. Réinitialisez le SMC (System Management Controller)

Parfois, la réinitialisation du SMC peut aider à résoudre divers problèmes de performances, en particulier ceux liés à la gestion de l'alimentation, à la batterie et à la gestion thermique. Si vous avez remarqué que votre MacBook Air M4 chauffe plus que d'habitude ou que sa batterie se décharge rapidement, la réinitialisation du SMC peut vous aider.

- **Comment réinitialiser le SMC** :

    1. Éteignez votre MacBook.

    2. Maintenez les **touches Maj** + **Contrôle** + **Option** (sur le côté gauche de votre clavier) et appuyez simultanément sur le **bouton d'alimentation** pendant 10 secondes.

    3. Relâchez toutes les touches, puis appuyez sur le **bouton d'alimentation** pour rallumer votre MacBook.

La réinitialisation du SMC peut aider à résoudre les problèmes qui peuvent affecter l'efficacité énergétique et les performances globales de votre Mac.

Surveillance des performances du système à l'aide du moniteur d'activité

Dans cette section, nous allons nous plonger dans l'un des outils les plus essentiels pour les utilisateurs de MacBook : **le moniteur d'activité**. C'est comme le centre de contrôle de votre Mac, où vous pouvez garder un œil sur les performances de votre système, résoudre les ralentissements et vous assurer que tout fonctionne correctement. Que vous soyez un débutant ou un utilisateur chevronné, comprendre comment utiliser efficacement le moniteur d'activité peut faire toute la différence dans les performances de votre MacBook Air M4.

Qu'est-ce que le Moniteur d'activité ?

Le Moniteur d'activité est un utilitaire macOS intégré qui vous montre un aperçu en temps réel de tous les processus en cours d'exécution sur votre Mac. Il vous aide à voir la quantité de CPU, de mémoire, de disque et de ressources réseau utilisées par différentes applications et processus. Il s'agit d'un outil indispensable pour diagnostiquer des problèmes tels que les ralentissements, les applications qui ne répondent pas ou l'épuisement excessif de la batterie.

Où trouver le moniteur d'activité :

Pour ouvrir le Moniteur d'activité, procédez comme suit :

1. **À l'aide de Spotlight** : Appuyez sur Commande + Espace pour ouvrir la recherche Spotlight. Tapez « Moniteur d'activité » et appuyez sur Retour.

2. **Via les applications** : Ouvrez le Finder, cliquez sur le **dossier Applications**, puis allez dans **Utilitaires** et double-cliquez sur Moniteur d'**activité**.

Une fois ouvert, vous serez accueilli par une série d'onglets et de données qui vous aideront à surveiller divers aspects des performances de votre système.

Présentation des onglets du Moniteur d'activité

Lorsque vous ouvrez le Moniteur d'activité, plusieurs onglets s'affichent en haut de la fenêtre : **CPU**, **Mémoire**, **Énergie**, **Disque** et **Réseau**. Voyons ce que fait chacun de ces onglets :

1. **Onglet CPU** :

   o **Ce qu'il suit** : cet onglet indique la puissance de traitement (utilisation du processeur) utilisée par chaque application ou processus. Il est crucial d'identifier les applications qui utilisent trop de votre processeur, ce qui entraîne des ralentissements potentiels du système.

   o **Ce qu'il faut rechercher** : Si vous remarquez qu'une application ou un processus spécifique occupe une grande partie de l'utilisation de votre processeur, cela peut être la raison pour laquelle votre Mac est à la traîne ou chauffe.

o **Conseil de dépannage** : Si une application consomme trop de CPU, essayez de la quitter (mettez l'application en surbrillance, cliquez sur le bouton X ou appuyez sur Commande + Q dans l'application). Si cela ne fonctionne pas, vous devrez peut-être forcer la fermeture de l'application en cliquant sur le bouton X dans le Moniteur d'activité.

2. **Onglet Mémoire** :

o **Ce qu'il suit** : Cet onglet affiche la quantité de RAM (mémoire) utilisée par chaque processus. Si vous constatez que votre MacBook fonctionne lentement ou se fige, c'est peut-être parce que trop d'applications ou de processus utilisent trop de mémoire.

o **Ce qu'il faut rechercher** : Si le graphique de **la pression de** la mémoire est dans la **zone verte**, tout va bien. Cependant, s'il est **jaune** ou **rouge**, cela signifie que votre système a du mal à gérer la charge et que les applications peuvent commencer à planter ou à ralentir.

o **Conseil de dépannage** : Fermez les applications que vous n'utilisez pas. Si le problème persiste, envisagez de redémarrer votre Mac pour actualiser la mémoire et effacer tous les processus inutiles.

3. **Onglet Énergie** :

   o **Ce qu'il suit** : l'onglet Énergie indique la quantité d'énergie utilisée par chaque application et processus, ce qui est particulièrement utile si vous essayez d'économiser la batterie.

   o **Ce qu'il faut rechercher** : recherchez les applications qui consomment beaucoup d'énergie. Ceci est important si vous remarquez une décharge rapide de la batterie.

   o **Conseil de dépannage** : Si vous essayez d'économiser la batterie, envisagez de quitter les applications à forte consommation d'énergie ou de passer à des alternatives plus économes en énergie.

4. **Onglet Disque** :

   o **Ce qu'il suit** : cet onglet vous indique la quantité de données lues et écrites sur votre disque. Il est utile pour traquer les processus qui utilisent de l'espace disque ou provoquent des ralentissements en raison d'une activité excessive du disque.

   o **Ce qu'il faut rechercher** : recherchez des applications qui écrivent ou lisent de grandes quantités de données. Si l'utilisation de votre disque est constamment élevée, cela peut entraîner un ralentissement des performances, surtout si vous disposez d'un espace disque limité.

   o **Conseil de dépannage** : Si vous remarquez une utilisation intensive du disque, vérifiez si des fichiers volumineux sont traités en arrière-plan (comme des sauvegardes, des téléchargements ou des mises à jour). Envisagez de fermer les applications qui se livrent à une activité inutile du disque.

5. **Onglet Réseau** :

   o **Ce qu'il suit** : l'onglet Réseau indique la quantité de données envoyées et reçues par votre MacBook. Ceci est important si vous remarquez des vitesses Internet lentes ou des problèmes de performances liés au réseau.

   o **Ce qu'il faut rechercher** : si une application ou un processus particulier consomme trop de bande passante réseau, il se peut qu'il ralentisse votre connexion Internet ou qu'il épuise votre batterie.

   o **Conseil de dépannage** : Si vous rencontrez des problèmes de connexion Internet, recherchez les applications qui utilisent beaucoup votre réseau, telles que les services de sauvegarde dans le cloud ou les applications de streaming. Vous pouvez suspendre ou ajuster les paramètres de ces applications pour réduire leur utilisation de la bande passante.

Identification des applications gourmandes en ressources

L'une des principales utilisations du Moniteur d'activité est d'identifier les applications qui consomment le plus de ressources, provoquent des ralentissements ou déchargent votre batterie plus rapidement que d'habitude.

Voici comment identifier et gérer les applications gourmandes en ressources :

1. **Examinez l'utilisation du processeur et de la mémoire** : si une application utilise une quantité inhabituellement élevée de processeur ou de mémoire, c'est un indicateur clair qu'elle contribue probablement au ralentissement de votre système.

   o **Utilisation élevée du processeur** : si une application utilise constamment un pourcentage important du processeur (par exemple, 70 % ou plus), elle exerce une pression inutile sur votre système. Envisagez de quitter l'application ou de rechercher des mises à jour disponibles susceptibles de résoudre les problèmes de performances.

   o **Utilisation élevée de la mémoire** : De même, si une application utilise beaucoup de mémoire (surtout si elle dépasse 4 Go dans certains cas), cela peut entraîner un décalage de votre système. Vous devrez peut-être redémarrer votre Mac ou désinstaller des applications inutiles.

2. **Vérifier les processus d'arrière-plan** : certaines applications exécutent des processus d'arrière-plan qui consomment des ressources système. Par exemple, les applications de synchronisation dans le cloud telles que Dropbox, Google Drive ou OneDrive synchronisent constamment les fichiers et peuvent solliciter votre processeur et votre mémoire. Vous pouvez désactiver ou suspendre temporairement la synchronisation pour réduire leur charge.

3. **Fermer les applications inutilisées** : l'un des moyens les plus simples de libérer des ressources consiste à fermer les applications que vous n'utilisez pas activement. Gardez le Moniteur d'activité ouvert afin de pouvoir surveiller l'utilisation des ressources de votre système pendant que vous travaillez.

Dépannage des ralentissements et amélioration des performances

Si vous remarquez que votre MacBook Air M4 fonctionne plus lentement que d'habitude, voici quelques étapes pour résoudre le problème :

1. **Forcer la fermeture des applications qui ne répondent plus** : si une application ne répond plus ou se fige, vous pouvez forcer sa fermeture à partir du Moniteur d'activité. Cela libérera des ressources système et permettra à votre Mac de revenir à un fonctionnement normal.

    o Pour forcer la fermeture d'une application, sélectionnez-la dans le Moniteur d'activité, cliquez sur le **bouton X** dans le coin supérieur gauche, puis choisissez **Forcer à quitter**.

2. **Redémarrez votre Mac** : le redémarrage de votre Mac peut aider à éliminer les processus bloqués ou qui utilisent trop de ressources. Cela peut être particulièrement utile si votre MacBook a fonctionné pendant une période prolongée sans redémarrage.

3. **Effacer les fichiers cache** : Les fichiers cache peuvent parfois prendre beaucoup d'espace et ralentir votre système. Envisagez d'utiliser les

MACBOOK AIR M4 USER GUIDE

outils intégrés de macOS ou des applications tierces comme CleanMyMac pour effacer ces fichiers et libérer de l'espace.

4. **Mettre à jour le logiciel** : gardez toujours votre macOS et vos applications à jour. Parfois, les problèmes de performances sont le résultat de bogues ou d'inefficacités dans les anciennes versions de logiciels. Le Moniteur d'activité peut même vous indiquer si des processus exécutent d'anciennes versions d'applications nécessitant des mises à jour.

5. **Vérifier l'espace disque** : Un manque d'espace disque peut entraîner un ralentissement de votre MacBook Air M4. Si vous remarquez que l'utilisation du disque est élevée, il est peut-être temps de supprimer les anciens fichiers ou de les déplacer vers un disque dur externe ou un stockage en nuage. L'onglet Disque du Moniteur d'activité peut vous aider à identifier les applications qui utilisent un espace disque excessif.

CHAPITRE 7 : DÉPANNAGE ET FAQ

Problèmes courants et comment les résoudre

Chaque utilisateur de MacBook Air M4, quelle que soit son expérience, rencontrera des défis de temps en temps. Que vous rencontriez des problèmes avec le Wi-Fi, que vous soyez confronté à des applications qui se bloquent ou que vous soyez confronté à des performances système lentes, il est essentiel de comprendre comment dépanner et résoudre ces problèmes pour maintenir une expérience optimale avec votre MacBook. Vous trouverez ci-dessous quelques problèmes courants que vous pourriez rencontrer et des étapes pratiques et faciles à suivre pour les résoudre.

1. Problèmes Wi-Fi : « Pourquoi ne puis-je pas me connecter ? »

Les problèmes de Wi-Fi sont parmi les maux de tête les plus courants pour les utilisateurs de MacBook. Que votre MacBook Air M4 ne se connecte pas au Wi-Fi, qu'il se déconnecte constamment ou qu'il ait une vitesse Internet lente, voici ce que vous pouvez faire pour résoudre le problème :

Problème : le MacBook ne se connecte pas au Wi-Fi

C'est l'un des problèmes les plus frustrants, mais la solution est généralement simple.

MACBOOK AIR M4 USER GUIDE

Solution:

1. **Vérifiez si le Wi-Fi est activé** : La première chose à vérifier est de savoir si votre Wi-Fi est activé sur le MacBook. Accédez à l'**icône Wi-Fi** dans le coin supérieur droit de la barre de menus et assurez-vous qu'elle est activée.

2. **Redémarrez votre Mac** : Parfois, un redémarrage rapide suffit. Cliquez sur le **logo Apple** et sélectionnez **Redémarrer**. Une fois votre Mac redémarré, essayez de vous reconnecter au Wi-Fi.

3. **Oublier et se reconnecter** :

   o Accédez aux **Préférences Système** > **Réseau** > **Wi-Fi** > **Avancé.**

   o Dans la liste des réseaux enregistrés, recherchez votre réseau, cliquez dessus, puis cliquez sur **Supprimer**.

   o Après cela, reconnectez-vous à votre réseau Wi-Fi en le sélectionnant dans la liste Wi-Fi et en saisissant le mot de passe.

4. **Vérifiez les paramètres du routeur** : Parfois, le problème vient de votre routeur. Essayez de le redémarrer en le débranchant pendant 10 à 20 secondes, puis en le rebranchant. Vérifiez si d'autres appareils rencontrent des problèmes de connexion. Si ce n'est pas le cas, il s'agit probablement d'un problème spécifique au MacBook.

5. **Réinitialisez vos paramètres réseau** :

   o Ouvrez **Préférences Système** > **Réseau** > **Wi-Fi**.

   o Cliquez sur **Avancé**, puis sur **Réinitialiser**.

   o Cela réinitialisera vos paramètres Wi-Fi, éliminant ainsi toutes les erreurs potentielles qui pourraient empêcher la connexion.

Problème : Connexion Wi-Fi lente

Si votre MacBook est connecté mais qu'Internet est en train de ramper, cela peut être particulièrement frustrant lorsque vous devez travailler ou diffuser des vidéos.

Solution:

1. **Rapprochez-vous du routeur** : Les obstacles physiques tels que les murs ou les meubles peuvent avoir un impact sur la puissance du signal Wi-Fi. Si possible, essayez de rapprocher votre MacBook de votre routeur.

2. **Vérifiez la vitesse d'Internet** : Parfois, le problème n'est pas votre MacBook, mais votre vitesse Internet. Vous pouvez utiliser un site comme Speedtest.net pour vérifier votre vitesse Internet. Si les résultats sont inférieurs aux attentes, contactez votre fournisseur d'accès à Internet (FAI) pour obtenir de l'aide.

3. **Utilisez un réseau 5 GHz** : si votre routeur prend en charge les bandes Wi-Fi 2,4 GHz et 5 GHz, essayez de passer au réseau 5 GHz. Il est

généralement plus rapide et moins sujet aux interférences d'autres appareils.

4. **Fermer les applications en arrière-plan** : Si des applications s'exécutent en arrière-plan en utilisant votre bande passante, cela peut ralentir votre vitesse Internet. Accédez au **Moniteur d'activité** (sous **Applications > Utilitaires**) et fermez toutes les applications utilisant des ressources excessives.

5. **Vider le cache DNS** : Parfois, vider le cache DNS peut aider à accélérer votre connexion :

   ○ Ouvrez **Terminal** (trouvez-le dans **Applications > Utilitaires**).

   ○ Tapez la commande suivante et appuyez sur Entrée :

« sudo killall -HUP mDNSResponder »

   ○ Cela videra votre cache DNS et pourra améliorer les vitesses Internet.

2. MacBook Air M4 gelé : « Tout est bloqué ! »

À un moment donné, vous constaterez peut-être que votre MacBook Air M4 commence à geler, que les applications ne répondent plus ou que votre système commence à être très lent. Pas de panique ! Il s'agit d'un problème courant qui peut généralement être résolu en quelques étapes de dépannage.

Problème : le MacBook se bloque ou ne répond plus

Solution:

1. **Forcer la fermeture de l'application** : lorsqu'une application se bloque, la première étape consiste à la forcer à la quitter. Pour ce faire, vous pouvez :

   o Appuyez sur **Commande + Option + Échap** pour faire apparaître la fenêtre **Forcer la fermeture des applications**.

   o Sélectionnez l'application gelée et cliquez sur **Forcer à quitter**.

2. **Fermez les applications inutiles** : L'exécution de trop d'applications à la fois peut entraîner le blocage de votre MacBook. Fermez toutes les applications que vous n'utilisez pas actuellement :

   o Allez dans le **Dock**, faites un clic droit sur l'application et choisissez **Quitter**.

   o Vous pouvez également appuyer sur **Commande + Q** pour fermer rapidement les applications.

3. **Redémarrez votre Mac** : si le gel persiste, essayez de redémarrer votre MacBook. Maintenez le bouton d'**alimentation enfoncé** pendant quelques secondes pour forcer l'arrêt, puis redémarrez-le.

4. **Vérifier les mises à jour logicielles** : Parfois, le blocage peut être causé par des bogues dans macOS qui sont corrigés dans les mises à

jour plus récentes. Accédez aux **Préférences Système** > **Mise à jour logicielle** et installez les mises à jour disponibles.

5. **Vérifiez la présence de logiciels malveillants ou de corruption du système** : Bien que macOS soit généralement sécurisé, il est possible de rencontrer des logiciels malveillants ou des fichiers système corrompus. Exécutez une vérification du disque à l'aide de l' **outil Utilitaire de disque** :

   o Ouvrez **Utilitaire de disque** (trouvez-le dans **Applications > Utilitaires**).

   o Sélectionnez votre disque dur principal (généralement étiqueté « Macintosh HD ») et cliquez sur **Premiers secours**.

   o Cet outil analysera et réparera toutes les erreurs du système de fichiers qui pourraient être à l'origine du blocage.

3. L'application se bloque : « Pourquoi mon application se ferme-t-elle de manière inattendue ? »

Les plantages d'applications sont un autre problème courant. Qu'il s'agisse d'une application de productivité comme Word ou d'une application de streaming vidéo comme Netflix, les plantages peuvent perturber votre flux de travail et vous faire perdre du temps. Voici comment y remédier.

Problème : les applications ne cessent de planter

Solution:

1. **Mettre à jour l'application** : consultez l'App Store pour voir s'il existe une mise à jour de l'application à l'origine des plantages. Les développeurs publient souvent des correctifs de bogues qui peuvent résoudre les problèmes de stabilité.

2. **Réinstallez l'application** :

   o Si une application continue de planter malgré les mises à jour, essayez de la réinstaller.

   o Allez dans le **dossier Applications**, faites glisser l'application dans la **corbeille**, puis téléchargez-la et réinstallez-la à partir de l' **App Store** ou du site Web du développeur.

3. **Effacer le cache de l'application** : Certaines applications stockent des fichiers temporaires qui peuvent être corrompus, provoquant des plantages. Vous pouvez vider le cache de l'application en procédant comme suit :

   o Ouverture de l' **outil de recherche**.

   o Appuyez sur **Maj** + **Commande** + **G** et tapez ~/Bibliothèque/Caches.

   o Recherchez le dossier de l'application à l'origine des problèmes, supprimez son contenu et redémarrez l'application.

4. **Vérifier les erreurs dans les journaux de la console** : si une application se bloque régulièrement, il peut être utile de vérifier les journaux système pour voir ce qui ne va pas :

MACBOOK AIR M4 USER GUIDE

- o Ouvrez **la console** (dans **Applications > utilitaires**).

- o Recherchez les messages d'erreur récents liés à l'application et notez les codes d'erreur. Vous pouvez ensuite rechercher ces codes d'erreur en ligne pour un correctif spécifique.

5. **Créer un nouveau compte utilisateur** : parfois, des paramètres ou des fichiers spécifiques à l'utilisateur provoquent des blocages de l'application. Créez un nouveau compte utilisateur et vérifiez si l'application fonctionne sous ce compte :

- o Allez dans **Préférences Système > Utilisateurs et groupes** et cliquez sur le + pour ajouter un nouveau compte.

- o Connectez-vous au nouveau compte et réessayez d'exécuter l'application.

4. MacBook qui fonctionne lentement : « Pourquoi mon MacBook est-il si lent ? »

Un MacBook lent peut être frustrant, surtout lorsque vous devez travailler ou profiter d'une expérience multimédia fluide. Voici comment accélérer les choses :

Problème : MacBook ralentit au fil du temps

Solution:

1. **Libérez de l'espace disque** : Si votre disque dur est presque plein, cela peut ralentir votre Mac. Vérifiez l'espace dont vous disposez en accédant au **menu Pomme** > **À propos de ce Mac** > **stockage**. Supprimez les fichiers inutiles ou déplacez-les vers un disque externe ou iCloud.

2. **Effacer le cache et l'historique du navigateur** : Les navigateurs stockent beaucoup de données qui peuvent ralentir les choses au fil du temps. Effacez le cache et l'historique de votre navigateur en accédant aux paramètres du navigateur et en sélectionnant **Effacer les données de navigation**.

3. **Désactiver les éléments de démarrage** : Certaines applications démarrent automatiquement lorsque vous allumez votre MacBook, ce qui peut le ralentir. Pour désactiver les éléments de démarrage inutiles :

   o Allez dans **Préférences Système** > **Utilisateurs et groupes** > **les éléments de connexion**.

   o Supprimez toutes les applications dont vous n'avez pas besoin de démarrer automatiquement.

4. **Exécutez le nettoyage de disque** : ouvrez **l'utilitaire de disque,** sélectionnez votre disque dur et cliquez sur **Premiers secours** pour réparer tout problème de disque qui pourrait affecter les performances.

5. **Mettre à niveau la RAM** : si vous exécutez des applications exigeantes ou si vous effectuez beaucoup de multitâche, votre Mac a

peut-être besoin de plus de RAM. Bien que la RAM du MacBook Air M4 ne puisse pas être mise à niveau après l'achat, envisagez de choisir une configuration de RAM plus élevée si vous achetez un nouveau MacBook.

5. Problèmes de connectivité Bluetooth : « Pourquoi mes appareils Bluetooth ne se connectent-ils pas ? »

Si vos accessoires Bluetooth (comme une souris, un clavier ou des écouteurs sans fil) ne se connectent pas ou se comportent étrangement, cela peut être incroyablement frustrant. Voici comment y remédier.

Problème : Bluetooth ne se connecte pas aux appareils

Solution:

1. **Désactiver et réactiver Bluetooth** : Parfois, le simple fait de désactiver et de réactiver Bluetooth peut résoudre le problème. Allez dans **Préférences Système** > **Bluetooth** et cliquez sur le **bouton Désactiver** Bluetooth . Attendez quelques secondes, puis rallumez-le.

2. **Oubliez et reconnectez l'appareil** :

   o Dans le **menu Bluetooth**, cliquez avec le bouton droit de la souris sur l'appareil avec lequel vous rencontrez des problèmes et sélectionnez **Supprimer**.

o Ensuite, associez à nouveau l'appareil en le mettant en mode d'appairage et en le sélectionnant dans la liste Bluetooth.

3. **Redémarrez votre MacBook** : Parfois, un redémarrage rapide peut résoudre les problèmes de connectivité Bluetooth. Redémarrez votre Mac en cliquant sur le **logo Apple** en haut à gauche et en sélectionnant **Redémarrer**.

4. **Réinitialisez le module Bluetooth** :

   o Ouvrez **Terminal** (dans **Applications > utilitaires**).

   o Tapez la commande suivante et appuyez sur **Entrée** :

« *sudo pkill bluetoothd* »

   o Cela réinitialisera le module Bluetooth. Après cela, essayez à nouveau de connecter votre appareil.

5. **Mettre à jour macOS** : vérifiez qu'une mise à jour logicielle est disponible, car les problèmes Bluetooth peuvent parfois être liés à des bogues qui ont été corrigés dans les mises à jour plus récentes. Accédez aux **Préférences Système** > **Mise à jour logicielle** et installez les mises à jour disponibles.

6. Surchauffe du MacBook Air M4 : « Pourquoi mon Mac est-il si chaud ? »

La surchauffe peut être un signe que votre MacBook Air travaille plus fort que d'habitude ou qu'il y a un problème potentiel avec son système de refroidissement. Voici comment empêcher votre Mac de surchauffer.

Problème : surchauffe du MacBook Air M4

Solution:

1. **Fermer les applications inutiles** : L'exécution de plusieurs applications à la fois peut faire travailler votre MacBook plus dur, ce qui le fait surchauffer. Fermez toutes les applications que vous n'utilisez pas activement en accédant au **Dock** et en cliquant avec le bouton droit de la souris sur l'application pour sélectionner **Quitter**.

2. **Surveiller l'utilisation du processeur** : Si vous remarquez que votre MacBook fonctionne à chaud, ouvrez **le Moniteur d'activité** (dans **Applications > Utilitaires**) et vérifiez l' onglet **Processeur** pour les applications qui consomment trop de ressources système. Fermez ou forcez la fermeture de toutes les applications gourmandes en ressources.

3. **Gardez votre MacBook sur une surface dure et plane** : évitez d'utiliser votre MacBook sur des surfaces molles comme un lit ou un canapé, car cela peut bloquer le flux d'air et provoquer une surchauffe. Placez votre Mac sur une surface plane et dure pour qu'il reste frais.

4. **Nettoyez les évents** : Au fil du temps, la poussière peut s'accumuler à l'intérieur des évents de votre MacBook, bloquant la circulation de l'air. Utilisez de l'air comprimé pour nettoyer délicatement les évents. Assurez-vous que le MacBook est éteint avant de le faire pour éviter de l'endommager.

5. **Utiliser le Moniteur d'activité pour vérifier les processus d'arrière-plan** : ouvrez le **Moniteur d'activité**, vérifiez l' **onglet Énergie** et désactivez tous les processus d'arrière-plan qui pourraient causer une chaleur inutile.

6. **Utiliser un coussin de refroidissement externe** : Si vous utilisez votre MacBook pour des tâches intensives comme les jeux ou le montage vidéo, envisagez d'acheter un coussin de refroidissement externe pour aider à réguler la température.

7. Démarrage lent du MacBook Air M4 : « Pourquoi mon Mac met-il autant de temps à démarrer ? »

Si vous remarquez que votre MacBook Air M4 met plus de temps que d'habitude à démarrer, cela peut être dû à un certain nombre de facteurs. Voici comment accélérer le processus de démarrage.

Problème : temps de démarrage lent

Solution:

1. **Réduire les programmes de démarrage** : certaines applications se lancent automatiquement lorsque vous démarrez votre Mac, ce qui ralentit le processus de démarrage. Pour désactiver les éléments de démarrage inutiles :

   o Allez dans **Préférences Système** > **Utilisateurs et groupes** > **les éléments de connexion**.

   o Supprimez toutes les applications qui ne sont pas essentielles.

2. **Effacez votre disque de démarrage** : Si votre disque dur est presque plein, il peut ralentir le processus de démarrage. Allez dans **le menu Pomme** > **À propos de ce Mac** > **de stockage** et supprimez tous les fichiers inutiles. Envisagez de déplacer des fichiers volumineux, tels que des vidéos ou des documents, vers un disque dur externe ou iCloud.

3. **Réinitialisez la NVRAM** : la NVRAM (Non-Volatile Random-Access Memory) stocke certains paramètres, et sa réinitialisation peut aider à résoudre les problèmes de démarrage :

   o Éteignez votre MacBook.

   o Allumez-le et maintenez immédiatement enfoncées **les touches Option + Commande + P + R** pendant environ 20 secondes.

   o Relâchez les touches et laissez le MacBook redémarrer.

4. **Utiliser l'Utilitaire de disque pour réparer votre disque de démarrage** : Ouvrez **l'Utilitaire de disque** (dans **Applications > Utilitaires**), sélectionnez votre disque de démarrage, puis cliquez sur **Premiers secours** pour rechercher et réparer tout problème avec le disque qui pourrait affecter la vitesse de démarrage.

8. Le trackpad du MacBook Air M4 ne répond pas : « Pourquoi mon trackpad ne fonctionne-t-il pas ? »

Si le trackpad de votre MacBook Air M4 ne répond plus, cela peut être un inconvénient majeur. Voici comment y remédier.

Problème : le trackpad ne répond pas ou agit de manière erratique

Solution:

1. **Redémarrez votre Mac** : Parfois, un redémarrage suffit pour résoudre les problèmes de trackpad. Si votre trackpad ne répond pas, cliquez sur le **logo Apple** et choisissez **Redémarrer**.

2. **Vérifier la présence de périphériques externes** : Si vous avez des périphériques externes connectés à votre Mac, tels qu'une souris ou un concentrateur USB, essayez de les débrancher pour voir s'ils sont à l'origine du problème.

3. **Mettre à jour macOS** : assurez-vous que votre macOS est à jour, car les mises à jour logicielles peuvent corriger les bogues liés au

trackpad. Accédez aux **Préférences Système > Mise à jour logicielle** et installez les mises à jour disponibles.

4. **Réinitialisez le SMC (System Management Controller)** : Si votre trackpad ne répond toujours pas, essayez de réinitialiser le SMC. Pour réinitialiser le SMC sur un MacBook Air M4 :

   o Éteignez votre MacBook.

   o Maintenez enfoncées les **touches Maj + Contrôle + Option** sur le côté gauche du clavier intégré, puis appuyez sur le bouton **d'alimentation**.

   o Maintenez ces touches enfoncées pendant 10 secondes, puis relâchez-les.

   o Appuyez à nouveau sur le **bouton d'alimentation** pour allumer votre MacBook.

5. **Pour vérifier les paramètres du trackpad** : accédez à **Préférences Système > Trackpad** et assurez-vous que tous les paramètres du trackpad sont correctement configurés. Vous pouvez ajuster des paramètres tels que **Appuyer pour cliquer**, **Direction du défilement** et **Clic secondaire**.

6. **Tester en mode sans échec** : Démarrez votre Mac en mode sans échec en maintenant la **touche Maj** enfoncée au démarrage de votre Mac. Cela désactivera les logiciels non essentiels, ce qui pourrait aider à diagnostiquer si une application tierce est à l'origine du problème.

9. MacBook Air M4 sans son : « Pourquoi n'entends-je rien ? »

L'absence de son sur votre MacBook Air M4 peut être frustrante, surtout lorsque vous regardez une vidéo ou assistez à une réunion. Voici comment y remédier.

Problème : aucun son ne provient du MacBook Air M4

Solution:

1. **Vérifiez les paramètres de volume** : Tout d'abord, assurez-vous que votre volume est augmenté et non coupé. Cliquez sur l'**icône Son** dans la barre de menu et réglez le volume.

2. **Sélectionnez le périphérique de sortie approprié** : Si vous avez des haut-parleurs ou des écouteurs Bluetooth connectés, il se peut que votre Mac émette du son vers ces appareils au lieu des haut-parleurs intégrés. Allez dans **Préférences Système** > **Sortie** > **son** et sélectionnez **Haut-parleurs internes**.

3. **Redémarrez votre Mac** : Parfois, un simple redémarrage peut résoudre les problèmes de son. Cliquez sur le **logo Apple** et choisissez **Redémarrer**.

4. **Vérifiez les mises à jour logicielles** : Les logiciels obsolètes peuvent parfois causer des problèmes de son. Accédez à **Préférences Système** > **Mise à jour** logicielle pour rechercher et installer les mises à jour.

5. **Réinitialisez l'audio de base** : ouvrez **le terminal** (applications > utilitaires) et tapez la commande suivante :

« *sudo killall coreaudiod* »

Cela redémarrera le système audio et résoudra peut-être tout problème de son.

6. **Pour vérifier les préférences audio** : Accédez à **Préférences Système > Son** et assurez-vous que les paramètres sont correctement configurés pour votre appareil. Testez le son en lisant un échantillon de fichier audio pour vous assurer que tout fonctionne.

Résolution des problèmes liés aux applications et aux mises à jour de macOS

L'un des avantages de posséder un MacBook Air M4 est l'expérience transparente avec macOS et ses applications. Mais comme toute technologie, vous pouvez parfois rencontrer des problèmes : des applications qui se bloquent, des mises à jour qui ne s'installent pas ou des applications qui ne se comportent tout simplement pas comme prévu. Heureusement, le dépannage des problèmes d'applications et de macOS sur votre MacBook est généralement simple. Passons en revue certains des problèmes les plus courants rencontrés par les utilisateurs et comment vous pouvez les résoudre, tout en partageant les meilleures pratiques pour maintenir votre logiciel à jour.

1. Dépannage des applications sur votre MacBook Air M4

Les applications sont l'épine dorsale des fonctionnalités de votre MacBook, que vous travailliez, jouiez à des jeux ou créiez du contenu. Mais parfois, les applications se comportent mal, se bloquent ou refusent de s'ouvrir. Voyons comment vous pouvez résoudre ces problèmes :

L'application ne répond pas ou se bloque

Lorsqu'une application se bloque et ne répond plus, cela peut être frustrant. Voici comment y remédier :

1. **Forcer la fermeture de l'application** :

    o Appuyez sur **Commande + Option + Échap** pour faire apparaître le menu Forcer à quitter.

    o Sélectionnez l'application gelée dans la liste et cliquez sur **Forcer à quitter**.

    o Attendez que l'application se ferme complètement, puis essayez de la rouvrir.

2. **Vérifiez l'utilisation des ressources système** :

    o Ouvrez **le Moniteur d'activité** (qui se trouve dans **Applications > Utilitaires**).

o   Recherchez les applications qui utilisent un processeur ou une mémoire excessifs.

o   Si une application consomme trop de ressources, le système peut se bloquer. Vous pouvez essayer de quitter ces applications à partir du Moniteur d'activité.

3. **Redémarrez votre MacBook** :

o   Parfois, la meilleure solution consiste simplement à redémarrer votre Mac. Cliquez sur le logo Apple dans le coin supérieur gauche et sélectionnez **Redémarrer**. Cela peut aider à réinitialiser les processus du système et à éliminer les problèmes temporaires.

4. **Vérifiez les problèmes spécifiques à l'application** :

o   Si l'application continue de se bloquer, il peut s'agir d'un problème spécifique à cette application. Essayez de désinstaller et de réinstaller l'application (nous y reviendrons ensuite). Vous pouvez également consulter le site Web de l'application ou les forums d'assistance pour connaître les problèmes connus ou les mises à jour.

2. Mise à jour ou réinstallation d'applications

Il est important de maintenir vos applications à jour pour vous assurer qu'elles fonctionnent de manière fluide et sécurisée. Voici comment vous pouvez mettre à jour ou réinstaller des applications sur votre MacBook Air M4 :

Mise à jour des applications via le Mac App Store

De nombreuses applications que vous installerez proviendront du **Mac App Store**. Pour les tenir à jour, rien de plus simple :

1. Ouvrez l' **App Store**.

2. Cliquez sur **Mises à jour** dans la barre latérale gauche.

3. Si des mises à jour sont disponibles pour vos applications, elles sont répertoriées ici.

4. Cliquez sur **Tout mettre à jour** pour mettre à jour toutes les applications à la fois ou individuellement.

Mise à jour d'applications en dehors du Mac App Store

Pour les applications téléchargées à partir de sites Web ou de sources tierces, vous devrez peut-être les mettre à jour manuellement. Voici comment procéder :

1. Ouvrez l'application.

2. Accédez aux préférences **ou aux** paramètres **de l'application** (qui se trouvent généralement dans la barre de menu de l'application en haut de l'écran).

3. Recherchez une option telle que **Rechercher les mises à jour** ou **Mise à jour logicielle**.

4. Suivez les instructions pour mettre à jour l'application. Si aucune option de mise à jour n'est trouvée, vous devrez peut-être télécharger la dernière version à partir du site Web du développeur.

Réinstallation d'une application

Si une application continue de mal se comporter après la mise à jour ou si la mise à jour ne résout pas le problème, la réinstallation peut être la meilleure option. Voici comment procéder :

1. **Supprimer l'application** :

   o Ouvrez **le Finder** et accédez à **Applications**.

   o Recherchez l'application que vous souhaitez désinstaller, puis faites-la glisser vers la **corbeille** ou cliquez avec le bouton droit de la souris et sélectionnez **Déplacer vers la corbeille**.

2. **Réinstallez l'application** :

   o Si l'application provient du **Mac App Store**, il vous suffit de la rechercher à nouveau dans l'App Store et de cliquer sur **Installer**.

   o Pour les applications tierces, visitez le site Web du développeur ou la source où vous avez téléchargé l'application à l'origine. Téléchargez la dernière version et réinstallez-la.

3. Résolution des problèmes logiciels macOS

macOS est le cœur de votre MacBook Air M4, et comme tout logiciel système, il rencontre parfois des problèmes. Vous trouverez ci-dessous les problèmes courants de macOS et comment les résoudre :

Problèmes de mise à jour du système

Les mises à jour de macOS sont cruciales pour assurer la sécurité et le bon fonctionnement de votre système. Mais que faire si votre MacBook Air M4 refuse de se mettre à jour ou rencontre des problèmes lors d'une mise à jour ? Voici comment résoudre ces problèmes :

1. **Assurez-vous d'avoir suffisamment d'espace de stockage** :

   o Si votre Mac ne dispose pas de suffisamment d'espace de stockage pour la mise à jour, il se peut qu'elle ne s'installe pas. Vérifier:

     ▪ Allez dans le **menu Pomme > À propos de ce Mac > stockage**.

     ▪ Si votre stockage est presque plein, vous devrez peut-être libérer de l'espace en supprimant les fichiers inutilisés ou en déplaçant les données vers un disque externe.

2. **Vérifiez s'il y a des problèmes de connexion Internet** :

o Une mauvaise connexion Internet peut interrompre le téléchargement de la mise à jour macOS. Assurez-vous que votre Wi-Fi est stable et puissant.

o Vous pouvez tester votre connexion en ouvrant **Safari** et en visitant un site Web pour vérifier si Internet fonctionne correctement.

3. **Redémarrez votre MacBook** :

o Si la mise à jour est bloquée, essayez de redémarrer votre MacBook, puis réessayez la mise à jour.

4. **Mise à jour en mode sans échec** :

o Si votre MacBook ne se met toujours pas à jour, essayez de redémarrer en **mode sans échec**. Voici comment procéder :

- Éteignez votre MacBook.

- Rallumez-le et maintenez immédiatement la touche **Maj** enfoncée.

- Relâchez la touche lorsque la fenêtre de connexion s'affiche.

- Une fois en mode sans échec, essayez à nouveau de mettre à jour macOS.

Le logiciel ne répond pas après la mise à jour

Parfois, après une mise à jour de macOS, les applications ou le système peuvent commencer à se comporter bizarrement ou cesser complètement de répondre. Voici ce qu'il faut faire :

1. **Réinitialiser la NVRAM/PRAM** :

   o Parfois, les problèmes après les mises à jour peuvent être liés aux paramètres système stockés dans la NVRAM/PRAM. Sa réinitialisation peut résoudre le problème.

   o Pour le réinitialiser :

      ▪ Éteignez votre Mac.

      ▪ Rallumez-le et maintenez immédiatement enfoncée **Option + Commande + P + R** pendant environ 20 secondes.

      ▪ Relâchez les touches et laissez votre Mac redémarrer.

2. **Rebuild Spotlight Index** :

   o Si Spotlight est lent ou ne répond pas, la reconstruction de son index peut vous aider.

      ▪ Allez dans **Préférences Système > Spotlight > Confidentialité**.

      ▪ Faites glisser votre disque dur dans la liste, puis retirez-le après quelques secondes pour reconstruire l'index.

3. **Vérifiez les conflits de logiciels tiers** :

   o Si vous avez installé des applications ou des extensions tierces avant la mise à jour, l'une d'entre elles peut être à l'origine de problèmes. Essayez de désinstaller les applications ou extensions récentes pour voir si cela résout le problème.

macOS est lent après une mise à jour

Si macOS fonctionne plus lentement que d'habitude après une mise à jour, voici ce que vous pouvez faire pour accélérer les choses :

1. **Videz le cache et les fichiers temporaires** :

   o Ouvrez **le Finder** et allez dans **Aller > Aller au dossier**.

   o Tapez ~/Library/Caches et appuyez sur **Entrée**.

   o Vous pouvez supprimer les fichiers à l'intérieur de chaque dossier, mais veillez à ne pas supprimer les dossiers eux-mêmes. Cela peut libérer de l'espace et améliorer les performances.

2. **Vérifier les éléments de connexion** :

   o Certaines applications démarrent automatiquement lorsque vous vous connectez, et un trop grand nombre d'entre elles peuvent ralentir votre Mac.

   o Allez dans **Préférences Système > Utilisateurs et groupes** et sélectionnez votre compte.

o   Cliquez sur l' onglet **Éléments de connexion** et supprimez les applications inutiles.

3. **Exécutez l'utilitaire de disque** :

o   Ouvrez **Utilitaire de disque** (Applications > Utilitaires) et sélectionnez votre disque dur.

o   Cliquez sur **Premiers secours** pour vérifier et réparer tout problème de disque qui pourrait ralentir votre Mac.

4. Meilleures pratiques pour la maintenance des mises à jour logicielles

Garder votre MacBook Air M4 à jour est l'un des meilleurs moyens d'éviter les problèmes et de garantir des performances optimales. Voici quelques bonnes pratiques pour la maintenance de votre logiciel :

1. **Activer les mises à jour automatiques** :

o   macOS peut télécharger et installer automatiquement les mises à jour importantes, ce qui permet à votre système de rester à jour avec les correctifs de sécurité et les corrections de bogues. Pour activer les mises à jour automatiques :

▪   Allez dans **Préférences Système > Mise à jour logicielle**.

- Cochez la case **Maintenir automatiquement mon Mac à jour**.

2. **Définissez un calendrier pour les vérifications manuelles** :

   o Même avec des mises à jour automatiques, c'est une bonne idée de vérifier manuellement les mises à jour toutes les quelques semaines. Cela vous permet de ne pas manquer de mises à jour mineures qui ont peut-être été retardées.

3. **Sauvegardez avant la mise à jour** :

   o Avant d'effectuer une mise à jour majeure de macOS, sauvegardez toujours vos données à l'aide **de Time Machine** ou d'une autre méthode de sauvegarde. De cette façon, en cas de problème pendant la mise à jour, vous pouvez restaurer votre système à son état précédent.

4. **Utilisez le mode de récupération macOS** :

   o Si les problèmes tournent avec macOS et que vous ne parvenez pas à démarrer dans le système, vous pouvez toujours utiliser la fonctionnalité de récupération de macOS pour réinstaller macOS ou effectuer une restauration à partir d'une sauvegarde Time Machine. Pour passer en mode de récupération :

      - Éteignez votre Mac, puis rallumez-le tout en maintenant les touches **Commande + R**.

MACBOOK AIR M4 USER GUIDE

Quand contacter l'assistance Apple : Ressources de dépannage

Bien que votre MacBook Air M4 soit conçu pour être convivial et fiable, il peut arriver que vous rencontriez des problèmes qui nécessitent un peu plus d'assistance qu'une recherche rapide sur Google ou une étape de dépannage ne peut résoudre. Dans ce cas, il est important de savoir quand et comment contacter l'assistance Apple pour obtenir de l'aide. Que vous soyez confronté à des problèmes matériels, à des problèmes logiciels complexes ou à tout autre problème un peu trop délicat, Apple propose plusieurs façons de vous guider.

Voyons quand il est temps de contacter l'assistance Apple et les étapes à suivre pour le faire efficacement, afin que vous obteniez l'aide dont vous avez besoin sans stress inutile.

Quand contacter l'assistance Apple

Tout d'abord, parlons du moment où il est approprié de contacter l'assistance Apple. Bien que de nombreux problèmes courants puissent être résolus avec un peu de patience ou quelques étapes de dépannage, certains problèmes peuvent nécessiter l'aide d'un expert supplémentaire. Voici quelques scénarios dans lesquels il peut être préférable de contacter l'assistance Apple :

1. **Problèmes logiciels persistants** : Si votre MacBook Air M4 se bloque constamment, se bloque ou affiche des messages d'erreur qui ne disparaissent pas malgré le redémarrage de votre MacBook ou la réinstallation de macOS, cela peut indiquer un problème logiciel plus profond. Parfois, le problème peut être lié à une application spécifique ou à une mise à jour de macOS qui ne s'est pas déroulée comme prévu. Si vous avez essayé des solutions de base telles que la mise à jour du logiciel, la réinitialisation de la PRAM/NVRAM et l'exécution de l'utilitaire de disque, mais que le problème persiste, il est temps de contacter l'assistance Apple.

2. **Problèmes matériels** : des problèmes tels qu'un clavier défectueux, un écran cassé ou des problèmes avec les ports USB-C ou l'appareil photo (par exemple, l'appareil photo ne s'allume pas, une mauvaise qualité vidéo) sont des candidats de choix pour contacter Apple. Les techniciens Apple disposent des outils et de l'expertise nécessaires pour effectuer des tests de diagnostic afin de détecter le problème avec précision. Si votre MacBook Air M4 est couvert par la garantie, vous pouvez également bénéficier de réparations ou de remplacements si nécessaire.

3. **Batterie qui ne répond pas ou qui est défectueuse** : Les problèmes liés à la batterie peuvent aller d'une charge incorrecte à une décharge trop rapide de la batterie. Bien que macOS offre des diagnostics intégrés, il peut être difficile de déterminer ce qui ne va pas vraiment avec la batterie sans l'aide d'un professionnel. Si vous avez essayé

d'optimiser les paramètres de la batterie, mais qu'elle n'est toujours pas performante, l'assistance Apple peut vous guider dans la gestion de la batterie ou vous aider à organiser un remplacement si nécessaire.

4. **Surchauffe du MacBook Air M4** : la surchauffe peut parfois être le résultat d'applications lourdes en cours d'exécution ou d'un ventilateur poussiéreux, mais si votre MacBook devient excessivement chaud même lors d'une utilisation légère, cela peut signaler un problème interne, comme un problème avec le système de refroidissement ou une pièce défectueuse. L'assistance Apple peut vous aider à diagnostiquer le problème à distance ou vous guider à travers des solutions.

5. **Problèmes de compte et d'iCloud** : Les problèmes de synchronisation iCloud, les problèmes d'identifiant Apple et d'autres problèmes liés au compte peuvent être difficiles à résoudre par vous-même. Par exemple, si vous ne parvenez pas à vous connecter à votre identifiant Apple, à accéder à vos fichiers iCloud ou à synchroniser des données entre appareils, l'assistance Apple peut vous aider à résoudre les problèmes de compte, de la récupération de mot de passe à la configuration du compte.

6. **Les périphériques ne fonctionnent pas** : Si vous rencontrez des problèmes avec des périphériques externes, tels que des imprimantes, des écrans ou des disques durs externes, qui se connectent correctement à votre MacBook Air M4, cela peut être dû à un conflit logiciel ou à un problème avec le matériel. L'assistance Apple peut

résoudre le problème avec vous et vous aider à déterminer s'il s'agit d'un problème de compatibilité ou d'un problème nécessitant une correction logicielle.

7. **Problèmes de performances du système** : Si votre MacBook Air M4 fonctionne lentement alors que vous n'avez pas beaucoup d'applications ouvertes, ou s'il ne répond soudainement plus à des tâches simples, cela peut être dû à un problème système plus profond comme un fichier corrompu, une mauvaise mémoire ou même un logiciel malveillant. L'assistance Apple peut vous aider à établir des diagnostics et à trouver des solutions pour améliorer les performances du système.

Comment contacter l'assistance Apple

Maintenant que nous avons vu quand contacter l'assistance Apple, passons en revue le processus pour savoir comment les contacter.

Option 1 : Utilisation du centre d'aide Apple

Le **centre d'aide Apple** est votre premier arrêt lorsque vous avez besoin d'aide ou que vous souhaitez résoudre le problème par vous-même. Il fournit des guides étape par étape, des vidéos et une fonction de recherche où vous pouvez taper votre problème et trouver des articles utiles.

- **Pour accéder au centre d'aide Apple** : Ouvrez votre navigateur et accédez à https://support.apple.com/. À partir de là, vous pouvez rechercher votre problème ou parcourir les catégories pour trouver des réponses. Les problèmes les plus courants (par exemple, les problèmes de Wi-Fi, l'autonomie de la batterie, les problèmes de macOS) ont des solutions bien documentées ici.

- **Parcourir les problèmes courants** : Dans le centre d'aide, vous pouvez explorer différentes catégories telles que **Mac**, **iCloud**, **Applications** et **Matériel**. Si vous rencontrez des problèmes avec votre MacBook Air M4, cliquez sur la **section Mac** pour obtenir de l'aide spécifique. Les articles d'assistance d'Apple contiennent souvent des instructions détaillées et faciles à suivre qui peuvent résoudre votre problème sans avoir besoin de contacter directement l'assistance.

- **Trouvez une solution étape par étape** : pour des problèmes tels que l'optimisation de la batterie, la lenteur des performances ou les erreurs d'application, le centre d'aide fournit des guides complets étape par étape. Si un guide ne résout pas votre problème, vous pouvez passer à l'assistance en direct.

Option 2 : Contacter l'assistance Apple par téléphone ou par chat

Si le centre d'aide Apple n'a pas résolu votre problème, l'étape suivante consiste à contacter directement l'assistance Apple. Voici comment procéder :

- **Chat en direct** : L'un des moyens les plus rapides d'obtenir de l'aide est d'utiliser la fonction de chat en ligne d'Apple. Il vous suffit de vous rendre sur la page d'assistance Apple et, lorsque vous y êtes invité, de choisir l'option « Chat ». Vous serez mis en relation avec un technicien

Apple qui vous guidera à travers les étapes de dépannage et vous proposera des solutions. Ceci est particulièrement utile si vous avez besoin d'aide pour un message d'erreur spécifique ou un problème lié à l'application.

- **Assistance téléphonique** : si vous préférez parler à quelqu'un au téléphone, vous pouvez contacter l'assistance Apple en appelant le numéro indiqué sur son site web. Pour les utilisateurs américains, le numéro est le 1-800-APL-CARE (1-800-275-2273), mais Apple propose des numéros différents en fonction de votre région. Il vous suffit de suivre les instructions et vous serez mis en relation avec un agent d'assistance. Il s'agit d'une excellente option pour les problèmes plus complexes qui peuvent nécessiter des explications détaillées ou le partage d'écran.

- **Application d'assistance Apple** : si vous utilisez un iPhone ou un iPad, vous pouvez télécharger l'**application d'assistance Apple** depuis l'App Store. L'application vous permet d'accéder facilement aux guides de dépannage, à la prise de rendez-vous et au contact direct avec des experts Apple par chat ou par téléphone. L'application vous permet également de prendre rendez-vous dans l'Apple Store le plus proche ou chez un fournisseur de services agréé par Apple si le problème nécessite une aide en personne.

Option 3 : Forums en ligne d'Apple

Les forums en ligne **d'Apple** sont une excellente ressource pour obtenir des conseils d'autres utilisateurs de Mac. Ces forums sont remplis de messages

MACBOOK AIR M4 USER GUIDE

utiles de personnes qui ont rencontré des problèmes similaires. Si vous ne voulez pas attendre l'assistance officielle, la navigation ou la publication dans les forums peut vous donner une solution rapide.

- **Comment utiliser le forum de la communauté Apple** : Rendez-vous sur la page d'assistance Apple à l'https://discussions.apple.com/. Utilisez la barre de recherche pour voir si quelqu'un d'autre a déjà posé des questions sur votre problème. Si ce n'est pas le cas, créez un message détaillant votre problème. Assurez-vous d'inclure autant d'informations que possible, telles que ce que vous avez essayé de résoudre le problème et les messages d'erreur que vous avez vus.

- **Obtenir de l'aide d'autres utilisateurs** : Parfois, les meilleurs conseils proviennent d'autres utilisateurs d'Apple qui ont vécu des situations similaires. Qu'il s'agisse de conseils pour faire face à un bogue logiciel spécifique ou de conseils sur l'optimisation des performances, la communauté Apple est une mine de connaissances. Gardez à l'esprit, cependant, que le conseil ici n'est pas officiel, c'est donc toujours une bonne idée de vérifier auprès de l'assistance Apple pour les solutions les plus précises.

Option 4 : Assistance en personne dans les Apple Store

Si le problème avec votre MacBook Air M4 est lié au matériel ou nécessite un examen physique, vous pouvez vous rendre dans un **Apple Store** ou un **fournisseur de services agréé Apple** pour obtenir une assistance en personne.

- **Prise de rendez-vous** : Vous pouvez prendre rendez-vous au Genius Bar directement via l'**application d'assistance Apple** ou le **site Web d'Apple**. Si vous avez besoin d'une aide immédiate, vous pouvez vous rendre à l'Apple Store, mais préparez-vous à d'éventuels temps d'attente, surtout pendant les heures de pointe.

- **À quoi s'attendre au Genius Bar** : Lorsque vous arrivez à votre rendez-vous, le technicien du Genius Bar évaluera votre MacBook Air M4. Ils exécuteront des diagnostics, vérifieront les problèmes matériels et recommanderont des solutions. Si votre MacBook a besoin de réparations, ils peuvent souvent les faire sur place ou planifier un rendez-vous de suivi pour les réparations nécessitant la commande de pièces.

CHAPITRE 8 : PRENDRE SOIN DE VOTRE MACBOOK AIR M4

Nettoyage et entretien de votre MacBook Air M4

Votre MacBook Air M4 est un investissement, et comme tout objet de valeur, en prendre soin correctement vous permettra de lui garantir une durée de vie pendant des années tout en conservant son aspect élégant et haut de gamme. Un nettoyage régulier et un entretien approprié peuvent également aider à le maintenir en bon état de fonctionnement et à fonctionner au mieux. Dans cette section, nous allons vous présenter des conseils pratiques et faciles à suivre pour vous aider à garder votre MacBook Air M4 frais et performant.

Pourquoi un nettoyage régulier est important

Au fil du temps, la poussière, la saleté, l'huile et les empreintes digitales s'accumulent naturellement sur votre MacBook Air M4, en particulier sur l'écran, le clavier et les ports. Non seulement cela affecte son apparence, mais cela peut également avoir un impact sur les performances. Par exemple, la poussière dans les ports peut affecter la connectivité, tandis que l'huile et la saleté sur le clavier peuvent rendre la saisie inconfortable et inesthétique. Un nettoyage régulier réduit également les risques d'accumulation de poussière à l'intérieur de votre MacBook, ce qui peut entraîner une surchauffe et des dommages internes.

Directives générales avant le nettoyage

Avant de commencer à nettoyer votre MacBook, assurez-vous de suivre ces précautions importantes :

1. **Éteignez votre MacBook :** il est toujours plus sûr d'éteindre votre MacBook Air M4 avant de le nettoyer. Cela réduit le risque d'endommager les composants internes ou d'appuyer accidentellement sur les touches pendant le nettoyage.

2. **Débranchez tous les câbles et accessoires** : Retirez tous les câbles de charge, périphériques USB ou autres accessoires susceptibles d'être connectés à votre MacBook. Cela vous permet d'éviter de tirer accidentellement sur les câbles ou de les endommager.

3. **Utilisez des outils de nettoyage appropriés** : les matériaux que vous utilisez pour le nettoyage peuvent avoir un impact important sur la qualité de l'entretien de votre MacBook. Évitez d'utiliser des serviettes en papier, des nettoyants ménagers ou des éponges abrasives, car ils pourraient rayer la surface.

Nettoyage de l'écran

L'écran de votre MacBook Air M4 est l'une de ses caractéristiques les plus importantes et les plus délicates, il est donc essentiel de le garder propre sans causer de dommages.

Ce dont vous aurez besoin :

- Chiffon en microfibre

- De l'eau distillée (de préférence) ou une solution d'alcool isopropylique à 70 %

- Une brosse à poils doux (facultatif pour les coins)

Étapes :

1. **Éteignez votre MacBook** : assurez-vous que l'écran est éteint avant de le nettoyer.

2. **Dépoussiérez l'écran** : utilisez un chiffon en microfibre sec pour essuyer délicatement la poussière de l'écran. Commencez par le haut et descendez, en évitant toute pression brusque.

3. **Humidification du chiffon** : Si l'écran présente des empreintes digitales ou des taches, humidifiez légèrement un chiffon en microfibre avec de l'eau distillée ou une solution d'alcool isopropylique à 70 %. Ne vaporisez jamais la solution directement sur l'écran.

4. **Essuyage de l'écran** : Essuyez doucement l'écran avec le chiffon humide en mouvements circulaires. N'appuyez pas trop fort, car cela pourrait endommager l'écran ou laisser des traces.

5. **Séchez l'écran** : Après le nettoyage, utilisez une section sèche du chiffon en microfibre pour polir l'écran et éliminer tout excès d'humidité ou de traces.

Nettoyage du clavier

Le clavier de votre MacBook Air M4 peut rapidement accumuler de la saleté, de l'huile et des miettes, surtout si vous mangez ou buvez à proximité de votre ordinateur portable. Un clavier propre est non seulement plus agréable à taper, mais peut également empêcher l'accumulation d'affecter les performances.

Ce dont vous aurez besoin :

- Brosse à poils souples ou bombe d'air comprimé

- Chiffon en microfibre

- Alcool isopropylique à 70 % (facultatif)

Étapes :

1. **Éteignez votre MacBook** : assurez-vous que l'appareil est éteint pour éviter d'appuyer accidentellement sur les touches pendant le processus de nettoyage.

2. **Dépoussiérez le clavier** : Utilisez une brosse à poils doux ou une bombe d'air comprimé pour déloger doucement la poussière, les miettes ou les débris entre les touches. Tenez le MacBook légèrement incliné pour permettre aux particules de tomber naturellement.

3. **Essuyez les touches** : Humidifiez légèrement un chiffon en microfibre avec de l'alcool isopropylique à 70 % ou de l'eau distillée. Essuyez la surface supérieure de chaque touche, en faisant attention de ne pas laisser de liquide s'infiltrer entre les touches.

4. **Séchez le clavier** : Utilisez un chiffon en microfibre sec pour éliminer toute humidité et terminer le processus de nettoyage.

Astuce : évitez d'utiliser une humidité excessive, car du liquide peut s'infiltrer sous les touches et potentiellement endommager les composants internes.

Nettoyage des ports

Les ports de votre MacBook Air M4 vous permettent de connecter des appareils essentiels tels que des câbles de charge, un stockage externe et des écouteurs. L'accumulation de poussière ou de saleté dans ces ports peut avoir un impact sur les performances et la connectivité.

Ce dont vous aurez besoin :

- Une brosse à poils doux (une petite taille fonctionne mieux)

- Une bombe d'air comprimé

- Chiffon en microfibre

Étapes :

1. **Éteignez votre MacBook** : éteignez toujours le MacBook avant de nettoyer les ports pour éviter de court-circuiter ou de causer des dommages.

2. **Dépoussiérez les ports** : Brossez délicatement la poussière ou les débris de l'USB-C, de la prise casque ou de tout autre port. Utilisez une brosse à poils doux pour éviter de rayer l'intérieur des ports.

3. **Utilisez de l'air comprimé** : S'il y a de la saleté ou de la poussière tenace, utilisez de courts jets d'air comprimé pour le souffler. Tenez la boîte à au moins 6 pouces des ports pour éviter d'endommager les composants internes.

4. **Essuyez l'extérieur** : Utilisez un chiffon en microfibre sec pour essuyer l'extérieur des ports, en enlevant toute poussière ou empreinte digitale restante.

Astuce : Nettoyez régulièrement les ports pour éviter toute accumulation qui pourrait interférer avec la charge ou le transfert de données.

Nettoyage du fond et du boîtier

Le bas de votre MacBook Air M4, surtout si vous l'utilisez souvent sur différentes surfaces, peut accumuler de la poussière, de l'huile et même des marques à partir de l'endroit où vous le posez. Le nettoyage de l'étui permet de conserver son aspect immaculé.

Ce dont vous aurez besoin :

- Chiffon en microfibre

- Alcool isopropylique à 70 % (facultatif)

- Brosse à poils doux

Étapes :

1. **Éteignez votre MacBook** : pour plus de sécurité, éteignez toujours le MacBook avant de nettoyer l'extérieur.

2. **Dépoussiérez le dessous** : à l'aide d'une brosse à poils doux, vous enlevez délicatement la poussière ou les débris du bas du MacBook, en particulier autour des bouches d'aération et des pieds.

3. **Essuyez l'extérieur** : Humidifiez un chiffon en microfibre avec une petite quantité d'alcool isopropylique ou d'eau. Essuyez le bas du MacBook, en prenant soin d'éviter de mettre de l'humidité près des évents ou des ports.

4. **Séchez le boîtier** : Utilisez un chiffon en microfibre sec pour éliminer toute humidité et polir l'extérieur du boîtier.

Nettoyage du pavé tactile

Le pavé tactile de votre MacBook Air M4 est un périphérique d'entrée essentiel, et le garder propre garantira une utilisation fluide et réactive. C'est une zone très touchée qui peut accumuler rapidement des huiles et des taches.

Ce dont vous aurez besoin :

- Chiffon en microfibre

- Alcool isopropylique à 70 % (facultatif)

Étapes :

1. **Éteignez votre MacBook** : Comme pour les autres pièces, il est préférable d'éteindre le MacBook avant de le nettoyer.

2. **Essuyez le pavé tactile** : Utilisez un chiffon en microfibre imbibé d'une petite quantité d'alcool isopropylique ou d'eau pour essuyer doucement le pavé tactile en mouvements circulaires.

3. **Sécher le pavé tactile** : Polissez le pavé tactile avec une section sèche du chiffon en microfibre pour vous assurer qu'il ne reste pas d'humidité sur la surface.

Entretien du MacBook Air M4 pour la longévité

Maintenant que votre MacBook est propre, passons en revue quelques conseils d'entretien et de maintenance à long terme pour qu'il fonctionne au mieux :

1. **Utilisez un étui ou une housse** : Bien que le MacBook Air M4 soit conçu pour être durable, l'utilisation d'un étui ou d'une housse aidera à le protéger des rayures et des bosses, en particulier lorsque vous voyagez ou que vous le rangez.

2. **Restez au frais** : évitez d'utiliser votre MacBook sur des surfaces molles comme des lits ou des canapés qui peuvent bloquer la circulation de l'air et provoquer une surchauffe du système. Utilisez-le sur des surfaces dures et planes pour aider le système de refroidissement à fonctionner efficacement.

3. **Mises à jour logicielles régulières** : assurez-vous que votre macOS est mis à jour régulièrement pour assurer la sécurité et l'optimisation de votre système. L'activation des mises à jour automatiques est un excellent moyen de vous assurer que vous êtes toujours à jour.

4. **Sauvegardez vos données** : sauvegardez régulièrement vos fichiers importants à l'aide de Time Machine ou d'iCloud. De cette façon, si quelque chose arrive à votre MacBook, vous ne perdrez pas vos documents et données importants.

Mise à jour logicielle : comment garder votre MacBook sécurisé et à jour

Lorsque vous allumez votre MacBook Air M4 pour la première fois, il est passionnant de se plonger dans tout ce qu'il a à offrir, qu'il s'agisse de la dernière version de macOS ou de toutes les nouvelles fonctionnalités de la puce M4. Mais tout aussi important que l'excitation des nouvelles technologies est le besoin continu de garder votre appareil à jour. Les mises à jour logicielles sont l'élément vital des performances et de la sécurité de votre MacBook, et voici pourquoi vous ne devez jamais les ignorer.

Pourquoi les mises à jour logicielles sont-elles importantes ?

Vous vous demandez peut-être : « Pourquoi devrais-je m'embêter avec des mises à jour chaque fois que je vois une notification ? » Eh bien, voici le problème : les mises à jour de macOS ne consistent pas seulement à ajouter de nouvelles fonctionnalités ou à changer l'apparence des choses. Ils sont essentiels pour quelques raisons principales :

- **Améliorations de la sécurité** : Les pirates informatiques trouvent toujours de nouvelles façons d'exploiter les vulnérabilités des logiciels. À chaque mise à jour, Apple publie des correctifs qui corrigent des problèmes de sécurité connus, contribuant ainsi à protéger vos données personnelles et votre vie privée. Garder votre MacBook Air M4 à jour est l'une des meilleures défenses contre les logiciels malveillants, les violations de données et autres menaces de cybersécurité.

- **Corrections de bogues** : Aucun logiciel n'est parfait, et même macOS peut avoir des bogues. Les mises à jour corrigent ces bogues pour améliorer la stabilité et la fiabilité globales de votre système. Qu'il s'agisse d'un problème dans le système, d'une application lente ou d'une fonctionnalité qui ne se comporte tout simplement pas comme elle le devrait, les mises à jour résolvent souvent ces problèmes.

- **Améliorations des performances** : en plus des correctifs de sécurité et des corrections de bogues, les mises à jour s'accompagnent souvent d'optimisations qui peuvent rendre votre MacBook plus fluide. Apple améliore constamment la façon dont macOS interagit avec le matériel, de sorte qu'à chaque mise à jour, votre MacBook Air M4 peut fonctionner plus efficacement, consommer moins d'énergie et se sentir globalement plus rapide.

- **Nouvelles fonctionnalités** : Les mises à jour logicielles s'accompagnent souvent de nouvelles fonctionnalités intéressantes ou d'améliorations apportées à des fonctionnalités existantes. Il peut s'agir de nouvelles fonctionnalités macOS ou de nouvelles fonctionnalités pour des applications telles que Safari, Mail ou Photos. La puce M4, par exemple, peut voir des optimisations qui améliorent sa puissance et son efficacité après chaque mise à jour de macOS.

Activation des mises à jour automatiques

Pour ceux qui veulent s'assurer que leur MacBook Air M4 reste à jour sans avoir à s'en soucier, macOS offre une fonctionnalité très pratique : **les mises à jour automatiques**. En activant les mises à jour automatiques, votre MacBook Air M4 téléchargera et installera les mises à jour par lui-même, tant qu'il est connecté à Internet. Voici comment vous pouvez activer cette fonctionnalité :

1. **Cliquez sur le menu Apple :** dans le coin supérieur gauche de votre écran, cliquez sur le logo Apple.

2. **Pour ouvrir les Préférences Système** : Dans le menu déroulant, sélectionnez « Préférences Système ».

3. **Allez dans Mise à jour** logicielle : Dans la fenêtre Préférences Système, cliquez sur l'icône « Mise à jour logicielle ».

4. **Activer les mises à jour automatiques** : Dans la section Mise à jour logicielle, vous devriez voir une case à cocher indiquant « Maintenir automatiquement mon Mac à jour ». Assurez-vous que cette case est cochée. Si ce n'est pas le cas, cliquez dessus pour activer les mises à jour automatiques.

Lorsque vous activez les mises à jour automatiques, votre MacBook se charge du processus de mise à jour pour vous, en téléchargeant les dernières mises à jour de macOS en arrière-plan et en les installant au moment qui vous convient, généralement lorsque votre MacBook n'est pas utilisé. Cela garantit que votre MacBook reste toujours à jour avec les dernières améliorations, correctifs de sécurité et corrections de bogues, sans intervention manuelle.

Mais ne nous arrêtons pas là ; Vous pouvez personnaliser la façon dont les mises à jour sont gérées.

Personnalisation des paramètres de mise à jour

macOS offre quelques options pour personnaliser la façon dont les mises à jour sont installées. Si vous souhaitez avoir un peu plus de contrôle sur le moment et la manière dont les mises à jour sont téléchargées ou installées, procédez comme suit :

1. **Ouvrez les Préférences Système** : Revenez aux Préférences Système, comme mentionné précédemment.

2. **Paramètres de mise à jour logicielle** : Dans la section Mise à jour logicielle, cliquez sur le bouton « Avancé » (il se trouve en bas à droite).

3. **Choisissez vos préférences** : dans cette section, vous pouvez choisir les types de mises à jour qui sont installées automatiquement. Vous verrez généralement des options telles que :

   o **Rechercher les mises à jour** : Permet à votre MacBook de rechercher automatiquement les mises à jour disponibles.

MACBOOK AIR M4 USER GUIDE

o **Télécharger les nouvelles mises à jour lorsqu'elles sont disponibles** : cela garantira que les mises à jour sont téléchargées automatiquement lorsqu'elles sont disponibles.

o **Installer les mises à jour macOS** : si cette option est activée, les mises à jour seront installées automatiquement sans nécessiter votre approbation.

o **Installer les mises à jour d'applications à partir de l'App Store** : cela garantit que toutes les mises à jour des applications que vous avez téléchargées à partir de l'App Store sont installées automatiquement.

4. **Confirmer les paramètres** : Une fois que vous avez défini vos préférences, cliquez sur **OK** pour les enregistrer.

Grâce à ces paramètres personnalisés, vous avez la possibilité de contrôler le moment où les mises à jour sont installées, tout en veillant à ce que les mises à jour importantes, telles que les correctifs de sécurité macOS, ne soient pas négligées.

Vérification manuelle des mises à jour

Bien que l'activation des mises à jour automatiques garantisse que votre MacBook Air M4 est toujours à jour, il peut arriver que vous souhaitiez vérifier les mises à jour vous-même. Peut-être venez-vous d'entendre parler d'une nouvelle mise à jour et souhaitez-vous l'installer immédiatement, ou peut-être rencontrez-vous des problèmes et avez-vous besoin des derniers correctifs. Voici comment vérifier manuellement les mises à jour logicielles :

1. **Cliquez sur le menu Pomme** : cliquez sur le logo Apple dans le coin supérieur gauche de votre écran.

2. **Ouvrez les Préférences Système** : Sélectionnez « Préférences Système » dans le menu déroulant.

3. **Allez dans la mise à jour du logiciel** : Cliquez sur l'option « Mise à jour du logiciel ».

4. **Rechercher les mises à jour** : Votre MacBook vérifiera automatiquement les mises à jour disponibles. Si une mise à jour est disponible, vous verrez une option pour la télécharger et l'installer. Si votre système est à jour, il vous indiquera qu'aucune mise à jour n'est disponible pour le moment.

5. **Installez la mise à jour** : Si une mise à jour est disponible, cliquez sur « Mettre à jour maintenant ». Le processus peut prendre un peu de temps en fonction de la taille de la mise à jour, et vous devrez peut-être redémarrer votre MacBook une fois qu'il est terminé.

Pendant que votre MacBook télécharge ou installe une mise à jour, vous pouvez continuer à travailler, mais sachez que certaines mises à jour peuvent nécessiter un redémarrage, vous devrez donc peut-être enregistrer votre travail avant de lancer le processus.

Pourquoi des mises à jour régulières sont essentielles pour la sécurité

Vous l'avez probablement entendu un million de fois, mais cela vaut la peine de le répéter : **la sécurité est primordiale**. Garder votre MacBook Air M4 à jour est le moyen le plus simple de protéger vos données personnelles et votre vie privée. Voici comment les mises à jour jouent un rôle crucial dans votre sécurité :

- **Correction des vulnérabilités de sécurité** : Les cybercriminels sont toujours à la recherche de moyens d'exploiter les faiblesses des logiciels, et une fois qu'ils découvrent ces vulnérabilités, ils agissent rapidement. Apple le sait, c'est pourquoi elle publie des mises à jour de sécurité pour corriger les vulnérabilités dès qu'elles sont découvertes. En gardant votre MacBook Air M4 à jour, vous rendez beaucoup plus difficile le ciblage des cybermenaces.

- **Protection contre les logiciels malveillants** : Bien que macOS soit généralement plus sécurisé que de nombreux autres systèmes d'exploitation, aucun système n'est invincible. De temps en temps, des logiciels malveillants, des logiciels publicitaires et des attaques de phishing se retrouvent sur les Mac. Les mises à jour logicielles incluent souvent des correctifs spécifiques pour faire face à ces risques, ce qui en fait un outil essentiel pour se défendre contre les logiciels malveillants.

- **Protéger votre vie privée** : de nombreuses mises à jour de macOS incluent des améliorations de confidentialité qui garantissent que vos données sont protégées selon les normes les plus élevées. Qu'il s'agisse d'améliorer le chiffrement des données ou de vous donner plus de contrôle sur les autorisations des applications, les mises à jour logicielles garantissent que votre MacBook Air M4 répond aux dernières normes de confidentialité.

Rester informé des mises à jour

Apple fournit également des **notes de version** pour chaque mise à jour. Ces notes de mise à jour incluent des détails sur ce que chaque mise à jour comprend, qu'il s'agisse de correctifs de sécurité, de nouvelles fonctionnalités ou de corrections de bogues. Pour rester informé, visitez le site officiel d'Apple ou consultez la **section Préférences Système > Mise à jour logicielle** où vous pouvez souvent trouver plus d'informations sur chaque nouvelle version.

Conclusion

Mettre à jour régulièrement votre MacBook Air M4 est l'une des étapes les plus simples et les plus importantes que vous puissiez prendre pour assurer la sécurité et le bon fonctionnement de votre appareil. Avec les mises à jour automatiques, le processus est presque sans effort. En veillant à ce que votre système soit toujours à jour, vous protégez non seulement vos données, mais vous bénéficiez également d'une performance meilleure et plus efficace.

Ainsi, que vous choisissiez de laisser macOS gérer les mises à jour pour vous, ou que vous aimiez vérifier manuellement, n'oubliez pas : garder votre MacBook Air M4 à jour est essentiel pour libérer tout son potentiel. Ne laissez pas passer une seule mise à jour, votre MacBook vous en remerciera !

Sauvegarde de vos données : utilisation de Time Machine et d'iCloud

La sauvegarde de vos données est l'une des étapes les plus importantes que vous puissiez prendre pour garantir la sûreté et la sécurité de vos fichiers. Qu'il s'agisse de précieuses photos de famille, de documents de travail importants ou de fichiers personnels que vous ne pouvez pas vous permettre de perdre, il est essentiel de disposer d'un système de sauvegarde fiable. Heureusement, avec votre MacBook Air M4, Apple propose deux options puissantes et pratiques pour la sauvegarde : **Time Machine** et **iCloud**. Dans cette section, nous allons vous expliquer comment utiliser les deux options, mettre en évidence leurs avantages et vous aider à choisir celle ou la combinaison qui vous convient le mieux.

Qu'est-ce que Time Machine ?

Time Machine est la fonction de sauvegarde intégrée d'Apple, et elle change absolument la donne. Il est conçu pour fonctionner de manière transparente avec votre MacBook afin de sauvegarder automatiquement l'intégralité de votre système, y compris vos fichiers, applications, paramètres et fichiers système. Ce qui rend Time Machine si utile, c'est sa capacité à créer des sauvegardes incrémentielles. Cela signifie qu'au fil du temps, Time Machine ne sauvegarde que les fichiers qui ont été modifiés depuis la dernière sauvegarde, ce qui rend le processus rapide et efficace.

En cas de problème avec votre MacBook, qu'il s'agisse d'une panne matérielle, d'une suppression accidentelle de fichiers ou même d'un plantage du système, Time Machine facilite incroyablement la restauration de vos données. Vous pouvez soit restaurer des fichiers individuels, soit même effectuer une récupération complète du système, en ramenant tout à ce qu'il était avant que le problème ne se produise.

Comment configurer Time Machine

La configuration de Time Machine sur votre MacBook Air M4 est simple. Voici comment commencer :

1. **Obtenez un périphérique de stockage externe** :

    o Avant de commencer la sauvegarde, vous aurez besoin d'un disque dur externe, d'un SSD ou d'un périphérique de stockage en réseau (NAS). Assurez-vous que le stockage est suffisamment grand pour contenir toutes les données que vous souhaitez sauvegarder. Apple recommande d'utiliser un disque avec au moins deux fois la capacité de stockage du disque dur de votre Mac pour un espace de sauvegarde optimal.

2. **Connectez le disque externe** :

    o Branchez votre périphérique de stockage externe sur l'un des ports USB ou Thunderbolt du MacBook Air M4. Votre Mac devrait détecter automatiquement le lecteur. Si c'est la première fois que vous connectez l'appareil, vous serez peut-être invité à le formater. Sélectionnez « Utiliser comme disque de sauvegarde » pour le configurer pour Time Machine.

3. **Activer Time Machine** :

o Allez dans le **menu Pomme** dans le coin supérieur gauche de votre écran et sélectionnez **Préférences Système**.

o Cliquez sur **Time Machine**.

o Dans la fenêtre des préférences Time Machine, cliquez sur **Sélectionner un disque de sauvegarde** et choisissez votre périphérique de stockage externe dans la liste.

o Une fois que vous avez sélectionné le lecteur, cliquez sur Utiliser le **disque**. Il peut vous être demandé si vous souhaitez crypter vos sauvegardes ; C'est une bonne idée de le faire pour plus de sécurité.

o Time Machine commencera désormais à sauvegarder automatiquement votre Mac toutes les heures.

4. **Laissez Time Machine faire le reste** :

o Après la sauvegarde initiale (qui peut prendre un certain temps en fonction de la quantité de données dont vous disposez), Time Machine continuera à sauvegarder vos données en arrière-plan. Il sauvegardera toutes les heures, tous les jours et toutes les semaines, en conservant un historique complet de vos fichiers du mois écoulé. Vous n'aurez pas besoin d'intervenir manuellement, il vous suffit de laisser Time Machine s'exécuter en arrière-plan et faire son travail.

Restauration de données avec Time Machine

Si vous avez besoin de récupérer un fichier ou de restaurer votre système, Time Machine vous simplifie la tâche :

1. **Entrez dans Time Machine** :

   o Cliquez sur l' **icône Time Machine** dans la barre de menus (elle ressemble à une horloge avec une flèche dans un cercle) et sélectionnez **Entrer dans Time Machine**.

2. **Parcourez vos sauvegardes** :

   o Vous verrez une chronologie sur le côté droit de l'écran montrant vos sauvegardes. Utilisez les flèches ou la chronologie pour remonter dans le temps et trouver la sauvegarde spécifique à partir de laquelle vous souhaitez restaurer. Vous pouvez parcourir vos fichiers comme vous le feriez dans le Finder.

3. **Restaurer les fichiers** :

   o Une fois que vous avez localisé le fichier ou le dossier que vous souhaitez récupérer, sélectionnez-le et cliquez sur le **bouton Restaurer**. Le fichier sera renvoyé à son emplacement d'origine sur votre MacBook.

4. **Restaurez l'intégralité de votre système** :

   o Si vous devez restaurer l'intégralité de votre système, peut-être en raison d'un problème majeur ou d'une défaillance du système, redémarrez votre MacBook et maintenez les **touches Commande + R** enfoncées pour accéder à **la fonctionnalité de récupération macOS**.

   o À partir de là, vous pouvez choisir l'option de restauration à partir d'une sauvegarde Time Machine et suivre les instructions à l'écran pour restaurer votre Mac à son état précédent.

Avantages de Time Machine

- **Sauvegardes automatiques** : Une fois que vous l'avez configuré, Time Machine fonctionne en arrière-plan, sauvegardant votre Mac sans nécessiter d'effort manuel. Il maintient vos fichiers à jour avec une intervention minimale de votre part.

- **Restauration granulaire** : vous pouvez restaurer des fichiers individuels, des dossiers entiers ou l'ensemble de votre système. Time Machine vous offre la possibilité de récupérer exactement ce dont vous avez besoin, qu'il s'agisse d'un fichier ou de tout.

- **Sauvegardes incrémentielles** : Time Machine ne sauvegarde pas l'intégralité de votre système à chaque fois. Au lieu de cela, il ne sauvegarde que les modifications apportées depuis la dernière sauvegarde, ce qui le rend plus rapide et plus efficace.

- **Historique des versions** : Time Machine stocke plusieurs versions de vos fichiers. Cela signifie que vous pouvez revenir en arrière et récupérer d'anciennes versions de documents, ce qui vous permet d'éviter les pertes de données accidentelles ou les erreurs.

Qu'est-ce qu'iCloud ?

Alors que Time Machine est parfait pour sauvegarder des données sur un appareil externe, iCloud est la solution de stockage basée sur le cloud d'Apple, conçue pour s'intégrer de manière transparente à votre MacBook Air M4. iCloud vous permet de stocker des fichiers, des photos, des documents et bien plus encore sur les serveurs cloud sécurisés d'Apple, ce qui facilite l'accès à vos données depuis n'importe quel appareil Apple, partout dans le monde.

L'un des principaux avantages d'iCloud est qu'il synchronise automatiquement vos fichiers sur tous les appareils. Cela signifie que vous pouvez enregistrer un document sur votre MacBook et y accéder instantanément sur votre iPhone ou iPad sans avoir à faire quoi que ce soit d'autre. De plus, iCloud vous offre 5 Go de stockage gratuit, et vous pouvez en acheter plus si vous en avez besoin.

Comment configurer la sauvegarde iCloud

1. **Connectez-vous à iCloud** :

   o Tout d'abord, assurez-vous d'être connecté avec votre identifiant Apple sur votre MacBook Air M4. Allez dans le

MACBOOK AIR M4 USER GUIDE

menu Pomme et sélectionnez **Préférences Système**, puis cliquez sur **Identifiant Apple**.

o Entrez les informations d'identification de votre identifiant Apple et assurez-vous qu'iCloud est activé.

2. **Choisissez ce que vous souhaitez synchroniser avec iCloud** :

o Dans la section **Identifiant Apple** des **Préférences Système**, cliquez sur **iCloud**.

o Vous verrez une liste de services qui peuvent être synchronisés avec iCloud. Il s'agit notamment **de Photos**, **Documents**, **iCloud Drive**, **Mail**, **Calendriers**, etc. Cochez les cases à côté des services que vous souhaitez synchroniser avec iCloud.

3. **À l'aide d'iCloud Drive** :

o iCloud Drive vous permet de stocker et d'accéder à tous vos documents. Pour y accéder, il suffit d'ouvrir **le Finder** et de cliquer sur **iCloud Drive** dans la barre latérale. Vous pouvez glisser-déposer des fichiers dans iCloud Drive pour les synchroniser automatiquement sur tous vos appareils.

Restauration de données à partir d'iCloud

1. **Restaurer des fichiers à partir d'iCloud Drive** :

o Ouvrez le **Finder** et cliquez sur **iCloud Drive** dans la barre latérale.

o Parcourez vos fichiers stockés, et si vous avez besoin de restaurer des fichiers, faites-les simplement glisser d'iCloud Drive vers votre MacBook.

2. **Restaurer des photos et des vidéos à partir d'iCloud** :

   o Ouvrez l' **application Photos** sur votre MacBook.

   o Toutes les photos que vous avez téléchargées sur iCloud seront disponibles ici. Sélectionnez simplement la photo ou la vidéo que vous souhaitez restaurer.

Avantages d'iCloud

- **Intégration transparente sur tous les appareils Apple** : iCloud synchronise vos données sur tous vos appareils Apple, de sorte que vous pouvez y accéder à tout moment et en tout lieu. Pas besoin de disques externes ou de sauvegardes manuelles.

- **Partage de fichiers facile** : partagez des fichiers avec d'autres personnes directement depuis iCloud Drive, ce qui rend la collaboration ou le partage de photos, de documents et plus simples et pratiques.

- **Mises à jour automatiques** : iCloud sauvegarde et synchronise automatiquement vos données, garantissant que tous vos fichiers sont à jour sur tous les appareils. Vous n'avez pas à vous soucier de sauvegarder manuellement les fichiers, cela se fait en arrière-plan.

- **Accès de n'importe où** : iCloud vous permet d'accéder à vos fichiers depuis n'importe quel appareil prenant en charge iCloud, y compris les PC Windows via un navigateur, ce qui en fait une option de sauvegarde polyvalente.

Quelle option choisir : Time Machine ou iCloud ?

Time Machine **et** iCloud sont **tous deux** d'excellentes options de sauvegarde, mais ils ont des objectifs légèrement différents. Voici comment choisir celui que vous souhaitez utiliser, ou si vous devez utiliser les deux :

- **Utilisez Time Machine** si vous souhaitez sauvegarder l'intégralité de votre système, y compris votre système d'exploitation, vos paramètres et tous vos fichiers. Time Machine est idéal pour se remettre d'une défaillance complète du système ou pour restaurer un grand nombre de fichiers à la fois.

- **Utilisez iCloud** si vous souhaitez un stockage cloud transparent pour les documents, les photos et les fichiers auxquels vous souhaitez accéder sur plusieurs appareils. Il est parfait pour les sauvegardes quotidiennes des fichiers avec lesquels vous travaillez régulièrement et que vous souhaitez avoir à disposition partout.

Pour le meilleur des deux mondes, vous pouvez utiliser les **deux** ! Time Machine peut sauvegarder l'intégralité de votre système sur un disque externe, tandis qu'iCloud peut conserver vos documents et photos les plus importants en toute sécurité dans le cloud pour un accès facile.

Protection de votre vie privée et de votre sécurité avec macOS

Votre MacBook Air M4 est un appareil puissant qui contient une multitude d'informations personnelles, des documents et des photos aux mots de passe et aux informations de paiement. Il est essentiel de configurer votre MacBook de manière à protéger vos données et votre vie privée. Dans cette section, nous allons vous guider à travers les fonctionnalités de sécurité essentielles offertes par macOS, notamment la configuration du chiffrement FileVault, l'activation de la protection par pare-feu et l'ajustement des paramètres de confidentialité des applications.

1. Activation du chiffrement FileVault

L'une des mesures les plus importantes que vous pouvez prendre pour protéger votre MacBook Air M4 est d'activer le chiffrement FileVault. FileVault est une fonctionnalité macOS intégrée qui crypte votre disque dur, ce qui rend presque impossible pour quiconque d'accéder à vos données sans votre mot de passe. Ce cryptage est particulièrement utile si vous perdez votre MacBook ou s'il est volé, car il garantit la sécurité de vos informations personnelles.

Voici comment activer FileVault :

1. Cliquez sur le **menu Pomme** (le logo Apple en haut à gauche de votre écran).

MACBOOK AIR M4 USER GUIDE

2. Sélectionnez **Préférences Système**, puis cliquez sur **Sécurité et confidentialité**.

3. Accédez à l' **onglet FileVault**.

4. Cliquez sur l'icône de cadenas dans le coin inférieur gauche pour apporter des modifications, puis entrez votre mot de passe administrateur.

5. Cliquez sur **Activer FileVault**.

FileVault va maintenant commencer à chiffrer votre disque en arrière-plan. Ce processus peut prendre un certain temps, en fonction de la taille de vos données. Votre MacBook vous avertira lorsque le chiffrement sera terminé. Une fois que FileVault est actif, votre MacBook vous demandera votre mot de passe à chaque démarrage, ce qui le rendra plus sûr.

Pourquoi FileVault est-il important ?

- **Empêche tout accès non autorisé** : même si quelqu'un met la main sur votre MacBook, il ne pourra pas accéder à vos fichiers sans le mot de passe de décryptage.

- **Chiffrement complet du disque** : FileVault chiffre tout ce qui se trouve sur votre disque, y compris les documents, les applications et même les fichiers système, garantissant ainsi la protection de toutes vos données.

2. Configuration de la protection par pare-feu

Un pare-feu est votre première ligne de défense contre les activités malveillantes qui tentent d'obtenir un accès non autorisé au réseau de votre MacBook. macOS comprend un pare-feu intégré qui peut être facilement activé pour bloquer les connexions indésirables et améliorer votre confidentialité.

Pour activer le pare-feu sur votre MacBook :

1. Ouvrez **les Préférences Système** et cliquez sur **Sécurité et confidentialité**.

2. Sélectionnez l' **onglet Pare-feu**.

3. Cliquez sur l'icône de cadenas pour apporter des modifications et entrez votre mot de passe administrateur.

4. Cliquez sur **Activer le pare-feu**.

Une fois le pare-feu activé, votre MacBook surveillera le trafic réseau entrant et sortant. Il bloquera toutes les connexions indésirables d'applications ou de services qui tentent d'accéder à votre appareil sans votre autorisation.

Paramètres de pare-feu supplémentaires :

- **Options de pare-feu** : si vous souhaitez personnaliser davantage les paramètres de votre pare-feu, cliquez sur **Options de pare-feu**. Ici, vous pouvez autoriser ou bloquer l'acceptation des connexions entrantes par des applications spécifiques. Par exemple, si vous utilisez une application sécurisée comme un VPN, vous pouvez l'autoriser à travers le pare-feu, tout en bloquant les autres.

- **Mode furtif** : Activez cette option pour rendre votre MacBook « invisible » sur le réseau. Cela signifie que votre appareil ne répondra pas aux requêtes réseau non sollicitées, ce qui rend plus difficile son identification par les pirates.

Le pare-feu de macOS est déjà très efficace pour la plupart des utilisateurs, mais son activation ajoute une couche de protection supplémentaire, en particulier lorsque vous êtes connecté à des réseaux Wi-Fi publics.

3. Utilisation des paramètres de confidentialité pour les applications

macOS vous donne un contrôle total sur les applications qui peuvent accéder à vos informations personnelles, telles que votre position, vos contacts, votre microphone et votre appareil photo. En ajustant ces paramètres de confidentialité, vous pouvez vous assurer que seules les applications auxquelles vous faites confiance ont accès aux données sensibles.

Voici comment régler les paramètres de confidentialité de votre MacBook :

1. Ouvrez **les Préférences Système** et cliquez sur **Sécurité et confidentialité**.

2. Sélectionnez l' onglet **Confidentialité**. Ici, vous verrez une liste de catégories qui contrôlent les applications qui ont accès à des types de données spécifiques.

3. Pour apporter des modifications, cliquez sur l'icône de cadenas dans le coin inférieur gauche et entrez votre mot de passe administrateur.

Vous pourrez désormais voir une liste d'applications et leurs autorisations. Passons en revue quelques-unes des catégories les plus importantes que vous devriez examiner :

- **Services de localisation** : cela permet aux applications d'accéder à votre position géographique. Vérifiez quelles applications ont accès à votre position et désactivez celles qui n'en ont pas besoin. Par exemple, les applications de carte ou de météo en ont généralement besoin, mais les jeux ou les applications de médias sociaux peuvent ne pas l'être.

- **Contacts** : cette section contrôle les applications qui peuvent accéder à votre liste de contacts. Si une application demande l'accès à vos contacts mais que vous ne le souhaitez pas, décochez simplement la case à côté de cette application.

- **Appareil photo et microphone** : macOS vous permet de contrôler les applications qui peuvent utiliser votre appareil photo et votre microphone. Pour protéger votre vie privée, assurez-vous que seules les applications auxquelles vous faites confiance sont autorisées à accéder à ces appareils, telles que FaceTime ou Skype pour les appels vidéo.

- **Analyses et améliorations** : vous pouvez choisir de partager ou de limiter les données sur la façon dont vous utilisez votre MacBook pour améliorer les services d'Apple. Désactivez cette option si vous préférez ne pas partager les données d'analyse.

Pourquoi les paramètres de confidentialité sont-ils importants ?

- **Protection de vos informations personnelles** : en contrôlant les autorisations des applications, vous empêchez celles-ci d'accéder à des données sensibles telles que votre emplacement ou vos conversations privées.

- **Prévention des abus** : certaines applications peuvent utiliser vos données d'une manière inattendue, comme le suivi de votre position ou l'enregistrement audio à votre insu. L'ajustement des paramètres de confidentialité empêche que cela ne se produise.

4. Activation de l'authentification à deux facteurs

Pour plus de sécurité, envisagez d'activer l'**identification à deux facteurs (2FA)** pour votre identifiant Apple. Cette fonctionnalité offre une couche de protection supplémentaire en vous obligeant à vérifier votre identité à l'aide d'un deuxième appareil ou d'un autre code lorsque vous vous connectez à votre compte Apple ID. De cette façon, même si quelqu'un accède à votre mot de passe, il ne pourra pas accéder à votre compte Apple sans votre deuxième facteur d'authentification.

Voici comment activer l'authentification à deux facteurs :

1. Ouvrez **les Préférences Système** et cliquez sur **Identifiant Apple**.

2. Dans la   section **Mot de passe et sécurité**, cliquez sur **Activer l'identification à deux facteurs**.

3. Suivez les instructions à l'écran pour le configurer.

L'activation de 2FA vous donnera la tranquillité d'esprit, sachant que votre identifiant Apple et tous les services connectés sont sécurisés.

CHAPITRE 9 : TRUCS ET ASTUCES POUR UNE UTILISATION QUOTIDIENNE

Raccourcis clavier incontournables pour travailler plus intelligemment

En tant qu'utilisateur de MacBook Air M4, la maîtrise des raccourcis clavier accélérera considérablement vos tâches quotidiennes et améliorera votre flux de travail global. macOS d'Apple est conçu dans un souci d'efficacité, et l'apprentissage de quelques raccourcis essentiels rendra votre expérience beaucoup plus fluide. Que vous soyez un débutant ou un utilisateur expérimenté de Mac, cette section vous fournira les raccourcis clavier qui vous aideront à naviguer sur macOS, à gérer les applications et à effectuer des tâches de base plus efficacement.

Plongeons dans les raccourcis que vous devez absolument connaître !

1. Navigation sur macOS

macOS du MacBook Air M4 offre de nombreuses façons intuitives de naviguer sur votre ordinateur, et l'utilisation de raccourcis clavier peut vous aider à effectuer des tâches qui prendraient autrement plus de temps avec une souris. Voici les raccourcis que vous devriez utiliser pour vous déplacer sur votre MacBook comme un pro :

Commande (⌘) + Espace

- **Ce qu'il fait :** Ouvre la recherche Spotlight.

- **Pourquoi c'est utile :** vous pouvez rechercher n'importe quoi sur votre MacBook (applications, fichiers, dossiers, recherches sur le Web, etc.) sans cliquer. Il vous suffit d'appuyer sur ce raccourci, de taper ce que vous cherchez et d'appuyer sur Entrée. Rapide, simple et qui change la donne en termes d'efficacité !

Commande (⌘) + Tab

- **Ce qu'il fait :** basculez entre les applications ouvertes.

- **Pourquoi c'est utile :** Plutôt que de cliquer sur le Dock ou de réduire les fenêtres, maintenez simplement la touche Commande enfoncée et appuyez sur Tab pour parcourir rapidement vos applications ouvertes. Cela vous fait gagner du temps lorsque vous devez passer d'une application à l'autre sans perdre votre concentration.

Commande (⌘) + ' (apostrophe inversée)

- **Ce qu'il fait :** Basculez entre les fenêtres d'une même application.

- **Pourquoi c'est utile :** Lorsque vous avez plusieurs fenêtres ouvertes dans la même application (par exemple, plusieurs fenêtres Safari), ce raccourci vous permet de basculer facilement entre elles. Pas besoin de minimiser ou de trouver la bonne fenêtre !

Contrôle + Onglet

- **Ce qu'il fait :** basculez entre les onglets de la même application (fonctionne dans des applications comme Safari, Finder, etc.).

- **Pourquoi c'est utile :** si vous avez plusieurs onglets ouverts dans une application, ce raccourci vous permet de les parcourir sans cliquer. C'est comme feuilleter les pages d'un livre en un clin d'œil.

2. Gestion des applications

Une fois que vous avez appris à naviguer sur macOS, la gestion de plusieurs applications et fenêtres devient beaucoup plus facile. Ces raccourcis vous aideront à gérer efficacement votre espace de travail :

Command (⌘) + H

- **Rôle :** Masque l'application actuelle.

- **Pourquoi c'est utile :** si vous travaillez sur quelque chose et que vous avez besoin de vider rapidement votre espace de travail sans tout fermer, Commande + H masquera l'application que vous utilisez actuellement. Vous pouvez y accéder à nouveau à partir du Dock ou en utilisant Commande + Tab pour revenir en arrière.

Commande (⌘) + Q

- **Rôle :** Quittez l'application actuelle.

- **Pourquoi c'est utile :** ce raccourci est un moyen rapide de fermer complètement n'importe quelle application. Si vous avez terminé avec une application et que vous n'avez pas besoin qu'elle s'exécute en arrière-plan, utilisez Commande + Q pour la quitter. C'est beaucoup plus rapide que de cliquer sur le bouton de sortie de l'application.

Commande (⌘) + M

- **Rôle :** Réduire la fenêtre actuelle.

- **Pourquoi c'est utile :** lorsque vous effectuez plusieurs tâches à la fois, la réduction des fenêtres peut vous aider à désencombrer votre espace de travail. Plutôt que de cliquer sur le bouton de réduction, utilisez Commande + M pour envoyer rapidement une fenêtre au Dock sans le fermer.

Commande (⌘) + W

- **Rôle :** Fermez la fenêtre actuelle.

- **Pourquoi c'est utile :** ce raccourci fermera la fenêtre actuelle sans quitter l'application. C'est particulièrement utile lorsque vous souhaitez vous débarrasser d'une fenêtre encombrée mais garder l'application ouverte pour une utilisation ultérieure.

Commande (⌘) + Option + Échap

- **Ce qu'il fait :** forcer la fermeture des applications.

- **Pourquoi c'est utile :** si une application ne répond plus et que vous ne pouvez pas la fermer normalement, ce raccourci ouvrira le menu Forcer à quitter. À partir de là, vous pouvez sélectionner l'application que vous souhaitez quitter. C'est une bouée de sauvetage quand les choses gèlent !

3. Exécution des tâches de base

Maintenant que vous avez appris à naviguer sur macOS et à gérer vos applications, plongeons dans quelques raccourcis essentiels pour gérer rapidement et efficacement les tâches de base.

Commande (⌘) + C / Commande (⌘) + V

- **Ce qu'il fait :** Copier et coller, respectivement.

- **Pourquoi c'est utile :** ces raccourcis classiques vous permettent de copier n'importe quel texte, fichier ou image sélectionné et de les coller où vous en avez besoin. C'est l'un des raccourcis les plus essentiels pour faire les choses rapidement.

Commande (⌘) + X

- **Rôle :** coupez le texte ou le fichier sélectionné.

- **Pourquoi c'est utile :** Si vous avez besoin de déplacer quelque chose plutôt que de simplement le copier, Commande + X coupera le texte ou le fichier sélectionné afin que vous puissiez le coller ailleurs. C'est idéal pour organiser rapidement vos fichiers et dossiers.

Commande (⌘) + Z

- **Ce qu'il fait :** Annulez la dernière action.

- **Pourquoi c'est utile : Vous avez** fait une erreur ? Il suffit d'appuyer sur Commande + Z pour annuler votre dernière action. Cela fonctionne dans presque toutes les applications, de l'édition de texte à la gestion de fichiers, et est essentiel pour corriger les erreurs en un clin d'œil.

Commande (⌘) + Maj + Z

- **Rôle :** Rétablir la dernière action annulée.

- **Pourquoi c'est utile :** Après avoir annulé une action, si vous souhaitez la refaire, Commande + Maj + Z vous permet de la ramener facilement. C'est comme l'opposé de Command + Z, mais tout aussi puissant.

Commande (⌘) + A

- **Rôle :** sélectionnez tous les éléments d'une fenêtre ou d'un document.

- **Pourquoi c'est utile :** Lorsque vous devez tout sélectionner, qu'il s'agisse du texte d'un document ou de tous les fichiers d'un dossier, Commande + A vous permet de le faire rapidement et facilement.

Après avoir tout sélectionné, vous pouvez copier, couper ou supprimer en une seule fois.

Commande (⌘) + Maj + 3 / Commande (⌘) + Maj + 4

- **Rôle :** prendre une capture d'écran (écran entier ou sélection).
- **Pourquoi c'est utile :** si vous avez besoin de capturer quelque chose sur votre écran, ces raccourcis sont indispensables. Commande + Maj + 3 prend une capture d'écran de l'écran entier, tandis que Commande + Maj + 4 vous permet de sélectionner une partie de l'écran. Vous pouvez l'utiliser pour capturer des visuels rapides pour le travail, les notes ou le partage.

Commande (⌘) + F

- **Rôle :** ouvrez la barre de recherche dans une app ou un document.
- **Pourquoi c'est utile :** si vous avez besoin de trouver du texte ou des éléments spécifiques dans un document, une page Web ou un dossier, Commande + F ouvre une zone de recherche pour vous aider à le localiser rapidement. C'est incroyablement utile lorsque vous traitez de grandes quantités d'informations.

4. Gestion des fichiers

Organiser efficacement les fichiers et les dossiers est essentiel pour travailler intelligemment sur votre MacBook Air M4. Ces raccourcis vous feront gagner beaucoup de temps lors de la gestion de vos documents et projets.

Command (⌘) + N

- **Rôle :** ouvrir une nouvelle fenêtre ou un nouveau document du Finder.

- **Pourquoi c'est utile :** ce raccourci ouvre une nouvelle fenêtre pour parcourir vos fichiers ou créer un document dans n'importe quelle application qui le prend en charge. C'est essentiel lorsque vous devez garder plusieurs documents ouverts ou travailler avec plusieurs fenêtres du Finder.

Commande (⌘) + Maj + N

- **Rôle :** création d'un dossier dans le Finder.

- **Pourquoi c'est utile : lors de l'organisation de** fichiers, la création d'un nouveau dossier peut s'avérer fastidieuse si vous ne connaissez pas le raccourci. Commande + Maj + N crée immédiatement un nouveau dossier, ce qui vous permet d'organiser vos fichiers sans interrompre votre flux de travail.

Commande (⌘) + Supprimer

- **Rôle :** Déplacer les éléments sélectionnés dans la corbeille.

- **Pourquoi c'est utile :** Lorsque vous devez supprimer des fichiers, Commande + Supprimer déplace rapidement les éléments sélectionnés dans la corbeille sans avoir besoin de les faire glisser. C'est beaucoup plus rapide qu'avec la souris !

5. Raccourcis système

Parfois, vous avez besoin d'accéder rapidement aux paramètres système ou d'effectuer des tâches telles que l'arrêt de votre MacBook Air M4. Voici les raccourcis qui vous aideront à gérer votre système plus efficacement.

Contrôle + Commande (⌘) + Q

- **Ce qu'il fait :** Verrouillez votre MacBook.

- **Pourquoi c'est utile :** Si vous devez vous éloigner de votre MacBook et que vous souhaitez le verrouiller rapidement, appuyez simplement sur Ctrl + Commande + Q. Cela verrouille votre écran et empêche d'autres personnes d'accéder à vos données jusqu'à ce que vous saisissiez votre mot de passe.

Commande (⌘) + Option + Bouton d'alimentation

- **Ce qu'il fait :** Mettez votre MacBook en veille.

- **Pourquoi c'est utile :** mettez rapidement votre MacBook en veille lorsque vous ne l'utilisez pas pour économiser de l'énergie. Ce raccourci est utile lorsque vous êtes en déplacement et que vous ne souhaitez pas fermer toutes vos applications.

Commande (⌘) + Option + Échap

- **Rôle :** ouvrez le menu Forcer à quitter.

- **Pourquoi c'est utile :** si une application ne répond pas et que vous ne pouvez pas la fermer, utilisez ce raccourci pour ouvrir le menu Forcer à quitter. À partir de là, vous pouvez sélectionner l'application et la forcer à se fermer, ce qui vous évite toute frustration lorsque les choses se bloquent.

Les meilleurs gestes du pavé tactile pour une expérience sans couture

Le pavé tactile du MacBook Air M4 n'est pas qu'un simple appareil de pointage, c'est un outil puissant qui vous permet d'interagir avec macOS de manière intuitive, fluide et rapide. En quelques gestes simples, vous pouvez naviguer, zoomer et effectuer plusieurs tâches à la fois de manière transparente, améliorant ainsi votre productivité et votre expérience globales.

Que vous soyez un débutant ou un utilisateur chevronné de Mac, la maîtrise de ces gestes rendra l'utilisation de votre MacBook Air plus naturelle, fluide et efficace.

Dans cette section, nous allons explorer les meilleurs gestes du pavé tactile que tout utilisateur de MacBook Air M4 devrait connaître. Nous les décomposerons en gestes de base pour vous aider à démarrer, puis nous passerons à quelques astuces avancées pour améliorer votre flux de travail.

Gestes de base du pavé tactile : maîtriser les principes fondamentaux

1. Appuyez une fois pour cliquer

Celui-ci est le plus simple de tous. Il suffit d'appuyer une fois sur le pavé tactile pour cliquer, comme si vous appuyiez sur le bouton de la souris. Ce geste est si naturel qu'il devient très vite une seconde nature. Il est parfait pour sélectionner des articles, ouvrir des applications ou confirmer votre choix.

2. Appuyez deux fois pour ouvrir ou sélectionner

Le double-tapotement est un autre geste essentiel que vous utiliserez fréquemment. C'est le geste de prédilection pour ouvrir des fichiers, des dossiers ou des applications. Lorsque vous naviguez dans le Finder ou sur votre ordinateur, il vous suffit d'appuyer deux fois sur une icône pour l'ouvrir. Ce geste fonctionne comme un double-clic avec une souris, ce qui en fait un élément crucial de votre expérience MacBook.

3. Faites un clic droit avec deux doigts

Contrairement à certains ordinateurs portables traditionnels où l'option de clic droit est cachée ou déroutante, sur le MacBook Air M4, tout ce que vous avez à faire est d'appuyer sur le pavé tactile avec **deux doigts**. Cela

MACBOOK AIR M4 USER GUIDE

ouvre un menu contextuel, vous donnant des options supplémentaires telles que copier, coller ou supprimer. Il s'agit d'une fonctionnalité clé qui vous permet d'accéder rapidement aux raccourcis et aux fonctions supplémentaires sans avoir à naviguer dans les menus.

4. Défilement avec deux doigts

Le défilement à deux doigts est un geste indispensable pour naviguer sur le Web, lire ou naviguer dans de longs documents. Il suffit de placer deux doigts sur le pavé tactile et de les faire glisser vers le haut ou vers le bas pour faire défiler. Que vous fassiez défiler une page Web ou un document, ce geste est naturel et fluide.

Zoom avant et arrière avec pincement pour zoom

5. Pincer pour zoomer

L'un des gestes les plus satisfaisants sur le MacBook Air M4 est le **pincement pour zoomer**. Que vous zoomiez sur une image, une carte ou une page Web, il vous suffit de placer deux doigts sur le pavé tactile et de les écarter (zoom avant) ou de les pincer ensemble (zoom arrière). Ce geste est parfait pour ajuster l'affichage d'images, de texte ou de sites Web, et il est particulièrement utile lorsque vous souhaitez voir de plus près un détail sans jouer avec les raccourcis clavier ou les menus.

Gestes avancés sur le pavé tactile : faites passer votre productivité au niveau supérieur

6. Glisser entre les applications en plein écran

Si vous êtes quelqu'un qui jongle régulièrement avec plusieurs applications et fenêtres, vous adorerez le geste de **balayage entre les applications en plein écran**. Il suffit de balayer **trois doigts vers la gauche ou la droite** sur le pavé tactile pour basculer rapidement entre les applications en plein écran. C'est idéal lorsque vous travaillez sur différentes applications, comme un navigateur Web, un traitement de texte ou un outil de conception, et que vous devez passer rapidement de l'une à l'autre sans perdre votre concentration.

7. Mission Control avec balayage à trois doigts vers le haut

Mission Control est une fonctionnalité essentielle de macOS qui vous permet d'afficher toutes vos fenêtres ouvertes en même temps, ce qui facilite le multitâche. Pour l'activer, il suffit de faire glisser **trois doigts vers le haut** sur le pavé tactile. Cela vous donnera une vue d'ensemble de toutes vos fenêtres, applications et postes de travail actifs. C'est un moyen fantastique de trouver une fenêtre ouverte ou de passer rapidement d'une tâche à l'autre. Une fois que vous avez activé Mission Control, vous pouvez cliquer sur n'importe quelle fenêtre pour la mettre au premier plan, ce qui rend votre flux de travail plus efficace.

8. Exposé de l'application avec balayage à trois doigts vers le bas

Vous souhaitez voir rapidement toutes les fenêtres ouvertes pour une application spécifique ? Essayez **de faire glisser trois doigts vers** le bas sur le pavé tactile. Ce geste active l'Exposé de l'application, qui affiche toutes les fenêtres de l'application que vous utilisez actuellement. Ceci est incroyablement utile si vous avez plusieurs documents ou onglets de navigateur ouverts dans la même application et que vous souhaitez passer rapidement de l'un à l'autre.

9. Montrez le bureau avec une propagation à quatre doigts

Parfois, il vous suffit de vider votre espace de travail pour avoir une meilleure vue. Pour afficher le bureau, il suffit **d'écarter quatre doigts** sur le pavé tactile. Ce geste réduit toutes les fenêtres ouvertes et vous permet de voir votre bureau. C'est un moyen pratique de désencombrer votre écran lorsque vous devez vous concentrer sur un fichier ou ouvrir une nouvelle application. Une fois que vous êtes prêt, il vous suffit de resserrer vos doigts pour restaurer vos fenêtres dans leur position précédente.

Astuces supplémentaires sur le pavé tactile pour améliorer votre expérience

10. Faire glisser des éléments avec trois doigts

Si vous organisez des fichiers ou déplacez des fenêtres sur votre bureau, le **glissement à trois doigts** peut rendre le processus beaucoup plus fluide. Pour utiliser ce geste, allez dans vos **Préférences Système** et activez « Glisser à trois doigts » dans les paramètres « Trackpad ». Une fois activé, vous pouvez cliquer et maintenir avec trois doigts pour faire glisser des éléments sur votre écran. Cela rend la réorganisation des fenêtres et l'organisation des fichiers rapides et intuitives.

11. Affichage du centre de notification

Vous souhaitez accéder rapidement à vos notifications ? Il suffit de faire glisser **deux doigts de droite à gauche** sur le pavé tactile. Ce geste ouvre le centre de notifications, où vous pouvez afficher les notifications récentes, les événements de calendrier et l'accès rapide aux widgets. Il est parfait pour rester au courant de vos messages, mises à jour et tâches sans interrompre votre flux de travail.

12. Zoom dans les applications (à l'aide de Safari, Maps, Photos, etc.)

Le zoom par pincement n'est pas réservé aux images et aux pages Web. Vous pouvez également zoomer sur des éléments tels que des cartes et des photos. Dans Safari, par exemple, pincez pour zoomer sur les pages Web afin de voir de plus près le texte ou les images. Dans Photos, vous pouvez zoomer sur les images pour mieux voir les détails. Ce geste fonctionne dans de nombreuses applications, ce qui en fait un outil polyvalent pour le travail et les loisirs.

Conseil de pro : Personnalisez les paramètres de votre pavé tactile

Saviez-vous que vous pouvez régler le comportement de votre pavé tactile ? Allez dans **Préférences Système** > **Trackpad**, et vous trouverez des options pour personnaliser vos gestes. Vous pouvez ajuster la vitesse de suivi, activer ou désactiver des gestes spécifiques, ou même désactiver la fonction tap-to-click si vous préférez cliquer de manière plus traditionnelle. Ce niveau de personnalisation vous permet d'adapter votre expérience MacBook Air M4 à vos préférences personnelles.

Utilisation de l'aperçu, des photos et des notes pour rester organisé

Dans le monde numérique d'aujourd'hui, où tout évolue rapidement, tout organiser peut souvent sembler être une tâche aux proportions herculéennes. Que vous jongliez avec des documents de travail, des photos personnelles ou vos pensées quotidiennes, la clé pour rester au courant des choses est d'utiliser les bons outils. Heureusement, avec votre MacBook Air M4, vous avez accès à trois applications puissantes (Aperçu, Photos et Notes) qui vous permettent d'organiser facilement des documents, des images et des notes personnelles.

Voyons comment ces applications peuvent vous aider à gérer votre vie numérique plus efficacement.

Aperçu : Votre organisateur de fichiers numériques

Lorsqu'il s'agit de gérer des documents, des images ou des PDF, Preview change la donne. Bien qu'il soit souvent négligé en tant que simple spectateur,

Preview est bien plus performant que la plupart des gens ne le pensent. Voici comment vous pouvez l'utiliser pour rationaliser votre flux de travail :

1. Organisation et modification des PDF

Si vous travaillez régulièrement avec des PDF, Preview est votre meilleur ami. Non seulement il peut ouvrir presque tous les fichiers PDF, mais il vous permet également d'effectuer des modifications de base, ce qui vous évite d'avoir à compter sur des logiciels tiers. Voici comment en tirer le meilleur parti :

- **Annoter des PDF** : Aperçu vous permet de surligner du texte, d'ajouter des notes ou même de dessiner directement sur un PDF. Ceci est utile pour annoter des documents ou examiner des contrats avant de les envoyer.

- **Combiner plusieurs PDF** : Si vous avez besoin de fusionner plusieurs PDF en un seul document, Preview vous simplifie la tâche. Il vous suffit d'ouvrir tous les fichiers que vous souhaitez combiner, puis de les faire glisser et de les déposer dans la barre latérale de l'aperçu pour les fusionner en un seul document homogène.

- **Réorganisation des pages** : Vous avez besoin de réorganiser les pages dans un PDF ? Il suffit de cliquer et de faire glisser les pages dans la barre latérale pour les réorganiser à votre guise. Cette fonctionnalité est incroyablement utile lorsque vous travaillez avec des documents ou des rapports numérisés.

- **Convertir des fichiers** : Preview vous permet également d'exporter des PDF sous forme d'images (JPEG, PNG) ou d'autres formats comme TIFF. Il est ainsi facile de convertir un document dans un format adapté à vos besoins, que vous partagiez une image ou que vous travailliez avec un autre logiciel.

2. Visualisation et gestion des images

L'aperçu n'est pas réservé aux documents ; C'est également un outil fantastique pour gérer les images. Qu'il s'agisse de photos haute résolution ou de simples captures d'écran, Preview vous permet de visualiser rapidement et d'apporter des modifications simples à vos images.

- **Aperçu rapide** : Si vous parcourez plusieurs images, l'aperçu vous permet de jeter un coup d'œil rapide à n'importe quel fichier image en double-cliquant simplement dessus. Vous n'avez pas à vous soucier d'ouvrir plusieurs applications, car Preview gérera les formats d'image les plus courants tels que JPEG, PNG et TIFF.

- **Recadrage et ajustement** : Vous avez besoin de recadrer une image ou d'effectuer des ajustements rapides ? L'aperçu vous permet de recadrer, de faire pivoter et d'ajuster la balance des couleurs de vos images. Il fournit également des outils de base tels que le réglage de la luminosité, du contraste et de l'exposition, ce qui est parfait pour des modifications rapides sans avoir besoin d'un programme plus complexe.

- **Annotation d'image** : si vous avez besoin de prendre des notes sur vos images, par exemple en encerclant une zone ou en ajoutant des flèches, Preview dispose d'outils d'annotation simples qui vous permettent de le faire. C'est idéal pour les moments où vous souhaitez mettre en évidence quelque chose de spécifique sur une image pour un examen ultérieur.

Photos : Garder vos souvenirs et vos photos bien organisés

L'application Photos sur votre MacBook Air M4 ne sert pas seulement à stocker des photos ; Il s'agit d'un outil robuste pour organiser et gérer l'ensemble de votre collection de photos. Que vous soyez un utilisateur occasionnel ou un passionné de photographie, Photos a tout ce dont vous avez besoin pour garder vos photos en ordre. Voici comment en tirer le meilleur parti :

1. Organisation des albums et des dossiers

L'une des meilleures fonctionnalités de l'application Photos est la possibilité d'organiser vos photos dans des albums et des dossiers, ce qui permet de tout ranger soigneusement.

- **Création d'albums** : Vous pouvez créer des albums basés sur des événements, des vacances ou tout autre thème que vous aimez. Par exemple, vous pouvez créer un album pour les réunions de famille, les photos de voyage ou simplement une collection de vos clichés préférés. La création d'albums permet de regrouper vos photos par sujet, ce qui facilite grandement la recherche ultérieure d'images spécifiques.

- **Utilisation des albums intelligents** : Si vous souhaitez que Photos organise automatiquement vos images pour vous, essayez d'utiliser les albums intelligents. Ces albums sont basés sur des critères précis tels que la date, le lieu, ou encore des mots-clés. Par exemple, vous pouvez créer un album intelligent qui rassemble toutes les photos prises à un certain endroit ou au cours d'une période spécifique.

- **Balisage et recherche** : Les balises facilitent la recherche de photos. Si vous ajoutez des balises à vos photos, telles que « vacances », « anniversaire » ou « travail », vous pouvez rapidement trouver des images spécifiques en effectuant une recherche avec ces mots-clés.

2. Améliorer vos photos

Photos n'est pas seulement un outil d'organisation, c'est aussi un excellent outil pour modifier et améliorer vos photos. Grâce aux outils d'édition intégrés, vous pouvez améliorer vos photos sans avoir à ouvrir une application d'édition complexe.

- **Édition de base** : Photos fournit des outils d'édition essentiels tels que le recadrage, la rotation et le réglage de l'exposition, du contraste et de la saturation de vos photos. Si vous avez pris une photo qui n'a pas l'air correcte, Photos vous permet de la corriger facilement.

- **Filtres et effets** : Photos est également livré avec une variété de filtres et d'effets qui peuvent aider à ajouter du style à vos photos. Que vous souhaitiez donner à votre photo un aspect vintage ou ajouter une touche de couleur vive, il existe un filtre pour cela.

- **Amélioration automatique** : Si vous êtes pressé et que vous ne voulez pas vous embêter avec des ajustements manuels, Photos dispose d'une fonction d'amélioration automatique qui analyse votre image et applique les meilleurs ajustements pour une meilleure qualité. C'est parfait pour les utilisateurs qui souhaitent simplement améliorer leurs photos rapidement avec un minimum d'effort.

3. Partage de vos photos

Une fois que vous avez organisé et amélioré vos photos, Photos vous permet de les partager très facilement avec vos amis et votre famille. Vous pouvez rapidement envoyer des photos par e-mail, les partager sur les réseaux sociaux ou utiliser AirDrop pour les envoyer à d'autres appareils Apple. Cela fait de Photos non seulement une solution de stockage, mais aussi un puissant outil de partage.

Notes : L'outil ultime pour garder une trace de tout

Si vous êtes quelqu'un qui est toujours en train de noter des idées, de garder une trace de tâches ou simplement d'écrire des pensées personnelles, l'application Notes sur votre MacBook Air M4 est votre carnet numérique. C'est simple, rapide et incroyablement flexible. Voici comment l'utiliser efficacement pour l'organisation :

1. Création et organisation des notes

Avec Notes, il est facile de créer une nouvelle note et de commencer à taper immédiatement. L'interface est propre et minimaliste, vous n'êtes donc pas distrait par des fonctionnalités inutiles. Voici comment organiser vos notes :

- **Dossiers** : tout comme avec Photos, vous pouvez organiser vos notes dans des dossiers. Par exemple, vous pouvez avoir des dossiers pour des notes personnelles, des tâches liées au travail, des listes de courses ou même des idées de projet. L'utilisation de dossiers vous permet de garder vos notes bien classées.

- **Épinglage de notes importantes** : Si vous avez une note à laquelle vous vous référez fréquemment, vous pouvez l'épingler en haut de votre application Notes. Cela garantit qu'il est toujours facile d'y accéder sans avoir à le chercher.

- **Listes de contrôle et tâches** : Notes vous permet également de créer des listes de contrôle. Si vous planifiez un projet ou faites une liste de courses, vous pouvez cocher les éléments au fur et à mesure que vous les terminez. Cela vous permet de garder le contrôle de vos tâches sans avoir à passer à une application de tâches distincte.

2. Collaborer avec les autres

Notes n'est pas seulement destiné à un usage personnel ; C'est aussi idéal pour la collaboration. Vous pouvez partager des notes avec d'autres personnes et effectuer des modifications en direct ensemble. Ceci est particulièrement utile pour les projets d'équipe ou la planification d'événements avec des amis.

- **Partage de notes** : vous pouvez partager des notes avec d'autres personnes via iCloud. Une fois partagée, les collaborateurs peuvent afficher et modifier la note en temps réel. Que vous prévoyiez un voyage, que vous travailliez sur un projet de groupe ou que vous partagiez une liste avec un membre de votre famille, Notes facilite la collaboration.

3. Ajout de contenu multimédia à Notes

Notes vous permet également d'ajouter du contenu multimédia, ce qui en fait un outil plus polyvalent pour l'organisation.

- **Insertion de photos et de documents** : Vous pouvez glisser-déposer des images, des PDF et d'autres documents directement dans vos notes. C'est idéal pour conserver toutes les informations connexes en un seul endroit. Par exemple, vous pouvez joindre une image de reçu à votre note de liste de courses ou inclure un extrait d'article dans vos notes liées au travail.

- **Croquis dans Notes** : Si vous avez besoin de dessiner ou de faire un croquis rapide, Notes comprend un outil de dessin intégré qui vous permet de créer des griffonnages, des diagrammes ou des notes manuscrites directement dans l'application.

Conseils pour utiliser efficacement Safari, Mail et Agenda

Dans le monde trépidant d'aujourd'hui, rester organisé et efficace peut faire une énorme différence dans votre productivité quotidienne. Heureusement, le MacBook Air M4, avec sa puissante puce M4 et son intégration transparente de macOS, offre d'excellents outils pour rationaliser votre flux de travail. Safari, Mail et Calendrier sont trois des applications les plus utilisées sur votre MacBook, et lorsqu'elles sont utilisées correctement, elles peuvent vous faire gagner du temps et vous garder au courant.

Plongeons dans des conseils pratiques pour tirer le meilleur parti de Safari, Mail et Calendrier, adaptés pour vous faciliter la vie.

Safari : Maîtriser le Web

Safari est plus qu'un simple navigateur ; C'est un outil qui, lorsqu'il est optimisé, peut augmenter votre productivité. Voici quelques façons de faire en sorte que Safari travaille plus fort pour vous :

1. Gérer efficacement les onglets

Vous avez probablement déjà ressenti la frustration d'avoir trop d'onglets ouverts à la fois. Il est facile de se laisser submerger et de perdre de vue ce qui est important. Voici comment garder un œil organisé :

- **Utiliser des groupes d'onglets** : macOS vous permet d'organiser vos onglets en groupes. Vous pouvez créer des groupes d'onglets pour différentes tâches, telles que « Travail », « Recherche » ou « Shopping ». Pour créer un nouveau groupe d'onglets, cliquez sur le bouton « Barre latérale » dans Safari, puis cliquez sur « Nouveau groupe d'onglets » dans les options. Cela vous aidera à rester organisé et à réduire l'encombrement.

- **Épingler des onglets** : S'il y a des sites Web que vous visitez fréquemment, tels que votre e-mail ou un outil de gestion de projet, épinglez ces onglets. Pour ce faire, faites un clic droit sur un onglet et sélectionnez « Épingler l'onglet ». Les onglets épinglés sont plus petits et toujours ouverts, ce qui les rend facilement accessibles et vous évite d'avoir à les rechercher à chaque fois que vous ouvrez Safari.

- **Utilisez la fonction « Vue d'ensemble des onglets »** : Pour une navigation rapide, utilisez la fonction « Vue d'ensemble des onglets », qui affiche tous vos onglets dans un format de grille. Vous pouvez rapidement faire défiler et trouver l'onglet dont vous avez besoin. Pour y accéder, cliquez sur l'icône de l'onglet dans le coin supérieur droit de votre fenêtre Safari.

2. Personnalisez les paramètres de Safari pour la confidentialité et la vitesse

La confidentialité et la vitesse sont deux préoccupations majeures lors de la navigation sur Internet. Voici comment ajuster les paramètres de Safari pour une utilisation optimale :

- **Activer les fonctionnalités de confidentialité** : Safari sur macOS offre de solides protections de confidentialité. Sous **Safari > Préférences > Confidentialité**, activez des fonctionnalités telles que « Empêcher le suivi intersite » et « Bloquer tous les cookies ». Cela garantira que les sites Web ne peuvent pas suivre votre comportement de navigation sur le Web, ce qui vous aidera à rester privé et sécurisé.

- **Bloquez les pop-ups et les publicités** : Les pop-ups ennuyeux et les publicités intrusives peuvent ralentir votre expérience de navigation. Accédez aux **préférences de Safari > > Sites Web** et réglez le bloqueur de fenêtres contextuelles sur « Bloquer et notifier » ou « Bloquer ». Vous pouvez également installer des extensions de blocage des publicités, ce qui réduira les distractions et améliorera les temps de chargement des pages.

- **Utiliser iCloud Sync** : Si vous utilisez Safari sur plusieurs appareils, iCloud Sync change la donne. Assurez-vous que Safari est configuré pour être synchronisé sur tous vos appareils Apple afin que vous puissiez reprendre là où vous vous étiez arrêté, que vous soyez sur votre MacBook, votre iPhone ou votre iPad.

3. Profitez du mode lecteur

Si vous lisez un article ou un blog, activez le mode Lecteur de Safari pour éliminer toutes les publicités et distractions inutiles. Pour l'activer, cliquez sur l'icône Lecteur dans la barre d'URL (elle ressemble à une série de lignes). Cela fournira un format propre et facile à lire, ce qui rendra la lecture plus agréable.

Mail : Rationalisation de la gestion de vos e-mails

Votre boîte de réception peut rapidement devenir submergée de spams, d'e-mails professionnels et de messages personnels. Mais ne vous inquiétez pas ! Voici quelques conseils pour garder votre application Mail organisée et efficace :

1. Configurer les dossiers et les règles

Pour garder votre boîte de réception bien rangée, créez des dossiers pour catégoriser vos e-mails. Vous pouvez créer un dossier pour le travail, un autre pour les e-mails personnels et même un pour les newsletters ou les abonnements. Pour créer un dossier :

- Dans l'application Mail, accédez à **Boîte aux lettres > Nouvelle boîte aux lettres**, puis nommez-la en fonction du type d'e-mails qu'elle contiendra (par exemple, « Travail », « Personnel », « Bulletins d'information »).

Ensuite, utilisez **les règles** pour trier automatiquement les e-mails entrants dans ces dossiers. Accédez à **Préférences > règles de Mail >**, puis cliquez sur **Ajouter une règle**. Par exemple, vous pouvez configurer une règle pour

MACBOOK AIR M4 USER GUIDE

déplacer tous les e-mails de votre patron directement dans le dossier « Travail ». De cette façon, vous n'avez pas besoin de trier manuellement les e-mails.

2. Utilisez les VIP pour hiérarchiser les e-mails importants

La fonctionnalité VIP de Mail vous permet de marquer des contacts importants et de recevoir des notifications lorsque vous recevez des e-mails de leur part. Cela peut vous aider à vous concentrer sur les messages prioritaires et à éviter de manquer quoi que ce soit d'urgent.

- Pour marquer quelqu'un en tant qu'VIP, ouvrez un e-mail de cette personne, cliquez avec le bouton droit de la souris sur son nom dans l'en-tête de l'e-mail, puis sélectionnez **Ajouter aux VIP.** Une fois qu'ils sont ajoutés, leurs e-mails se démarqueront dans votre boîte de réception et vous recevrez une notification chaque fois qu'ils enverront un nouveau message.

3. Rechercher plus intelligemment

La recherche d'anciens e-mails peut être pénible, surtout si votre boîte de réception est encombrée. Pour effectuer une recherche plus efficace :

- Utilisez **la barre de recherche de Mail** et saisissez des mots-clés, des adresses e-mail ou des objets spécifiques. Les résultats de la recherche seront filtrés par messages pertinents. Vous pouvez également affiner les résultats en cliquant sur les catégories telles que « Pièces jointes » ou « De ».

- En outre, vous pouvez utiliser **les suggestions de recherche** pour effectuer une recherche selon des critères spécifiques, tels que des plages de dates ou des e-mails signalés.

4. Configurer les signatures

Si vous envoyez beaucoup d'e-mails, avoir une signature professionnelle peut vous faire gagner du temps. Vous pouvez créer plusieurs signatures à des fins différentes (professionnelle, personnelle, etc.).

- Allez dans **Préférences > Mail > Signatures**, puis cliquez sur le bouton « + » pour créer une nouvelle signature. Vous pouvez également spécifier la signature à utiliser pour les nouveaux e-mails et les réponses, afin de ne pas avoir à les ajouter manuellement à chaque fois.

Calendrier : Maîtriser votre emploi du temps

L'application Calendrier sur votre MacBook Air M4 est un outil inestimable pour gérer votre temps. Voici quelques conseils pour garder votre emploi du temps organisé et rester au courant des dates importantes :

1. Créez plusieurs calendriers pour différents aspects de votre vie

L'utilisation de calendriers différents pour le travail, les événements personnels et même les activités familiales peut vous aider à rester organisé sans mélanger les événements. Vous pouvez afficher tous vos calendriers en même temps ou vous concentrer sur un seul pour rester organisé.

- Pour créer un nouveau calendrier, accédez à **Classer** > **Nouveau calendrier** dans l'app Calendrier. Choisissez une couleur pour chaque calendrier afin de pouvoir les distinguer facilement.

2. Définissez des rappels pour les événements importants

Ne vous fiez pas uniquement à la mémoire : définissez des rappels pour vous avertir avant les événements importants. Vous pouvez définir un rappel pour vous alerter quelques minutes, quelques heures ou quelques jours avant un événement. Vous pouvez également définir plusieurs rappels, comme une alerte « 10 minutes avant » et « 1 jour avant ».

- Pour définir un rappel, cliquez sur un événement, cliquez sur « Modifier » et, sous **Alerte**, choisissez le moment où vous souhaitez recevoir un rappel. Vous pouvez sélectionner des options telles que « Message avec son » ou même lui demander de vous envoyer une notification par e-mail.

3. Utilisez Siri pour ajouter des événements et définir des rappels

Avec Siri, vous n'avez même pas besoin de taper quoi que ce soit pour ajouter un nouvel événement. Il vous suffit de dire « Dis Siri, planifie une réunion pour 15 heures demain » et Siri l'ajoutera directement à votre calendrier.

4. Synchronisez votre calendrier avec iCloud et d'autres appareils

Synchronisez votre calendrier avec iCloud pour vous assurer que vos événements sont accessibles depuis tous vos appareils Apple. Si vous utilisez d'autres services d'agenda, tels que Google Agenda, vous pouvez également les ajouter à votre application Agenda.

- Pour synchroniser, accédez à **Préférences Système > Identifiant Apple > iCloud**, et assurez-vous que **l'option Calendriers** est cochée. Vous aurez désormais accès à votre calendrier sur tous vos appareils Apple.

5. Configurer les fuseaux horaires des événements

Si vous voyagez fréquemment ou si vous travaillez avec des personnes situées dans des fuseaux horaires différents, il est crucial de garder une trace du bon fuseau horaire pour vos événements. Vous pouvez définir le fuseau horaire de certains événements pour vous assurer de ne rien manquer en raison du décalage horaire.

- Pour définir le fuseau horaire, ouvrez un événement dans Calendrier, cliquez sur **Modifier**, puis sous **Fuseau horaire**, sélectionnez le bon événement.

CHAPITRE 10 : TIRER LE MEILLEUR PARTI DE MACOS

Fonctionnalités cachées que vous devriez connaître

macOS est connu pour son design élégant, ses performances fluides et son expérience conviviale. Mais au-delà de sa simplicité superficielle, macOS possède des fonctionnalités cachées qui peuvent vraiment améliorer votre productivité, votre organisation et votre flux de travail global. Ces joyaux moins connus peuvent faire une énorme différence pour les utilisateurs qui veulent travailler plus intelligemment et plus rapidement. Dans cette section, nous allons découvrir quelques-unes de ces fonctionnalités cachées que vous n'avez peut-être pas encore découvertes.

Voyons comment vous pouvez tirer le meilleur parti de **Quick Look**, **Finder Tabs** et **Stacks,** autant de fonctionnalités qui peuvent rationaliser votre flux de travail et ajouter de l'efficacité à votre journée.

Coup d'œil rapide : prévisualisez les fichiers instantanément

Combien de fois avez-vous eu besoin de vérifier rapidement un document ou une image, mais vous ne vouliez pas l'ouvrir complètement ? C'est là qu'

intervient Quick Look. Cette fonctionnalité vous permet de prévisualiser presque n'importe quel fichier d'une simple pression sur la barre d'espace, sans avoir besoin de l'ouvrir dans une application spécifique. C'est un outil simple mais puissant qui peut vous faire gagner beaucoup de temps.

Comment ça marche :

1. **Prévisualiser un fichier** : Sélectionnez n'importe quel fichier sur votre MacBook, qu'il s'agisse d'un document PDF, image, vidéo ou texte.

2. **Appuyez sur la barre d'espace** : Une fois le fichier sélectionné, il vous suffit d'appuyer sur la barre d'espace de votre clavier. Un aperçu du fichier s'affichera, vous montrant son contenu.

3. **Naviguer dans les fichiers** : Vous pouvez utiliser les touches fléchées gauche et droite pour parcourir plusieurs fichiers d'un dossier sans avoir besoin de les ouvrir un par un.

4. **Actions rapides** : pour les fichiers PDF, vous pouvez même mettre en surbrillance du texte, faire pivoter des images ou faire des annotations, directement à partir de l'aperçu Coup d'œil.

Pourquoi c'est utile :

Quick Look est fantastique pour les moments où vous n'avez pas besoin d'ouvrir complètement un fichier mais que vous avez juste besoin d'un aperçu. Besoin de vérifier le contenu d'un document ? Quick Look a ce qu'il vous faut. Vous voulez vous assurer que la bonne image est sélectionnée pour un projet ? Il suffit d'atteindre l'espace et vous êtes prêt à partir. Cette petite

MACBOOK AIR M4 USER GUIDE

fonctionnalité vous évite d'avoir à cliquer et à passer d'une application à l'autre, ce qui rend votre processus beaucoup plus fluide.

Onglets du Finder : organisez vos fichiers comme un pro

Si vous avez déjà utilisé plusieurs fenêtres dans le Finder, vous savez à quel point cela peut être salissant. Jongler avec plusieurs fenêtres et essayer de trouver la bonne peut ressembler à un jeu de cache-cache. Mais **les onglets du Finder** offrent un moyen plus propre et plus organisé de gérer plusieurs fichiers, de la même manière que les onglets fonctionnent dans les navigateurs Web comme Safari.

Comment ça marche :

1. **Ouvrir le Finder** : Tout d'abord, ouvrez une fenêtre du Finder comme vous le feriez normalement.

2. **Créer des onglets** : Pour créer un nouvel onglet, appuyez sur **Commande + T** ou sélectionnez « Nouvel onglet » dans le menu « Fichier » du Finder.

3. **Naviguer entre les onglets** : Vous pouvez facilement basculer entre les différents onglets en cliquant dessus, ou utiliser **Commande + Maj +]** pour vous déplacer vers la droite et **Commande + Maj + [** pour vous déplacer vers la gauche.

4. **Glisser-déposer des fichiers** : Vous pouvez faire glisser des fichiers d'un onglet à un autre, ce qui facilite incroyablement l'organisation et le déplacement des fichiers entre les dossiers.

Pourquoi c'est utile :

Les onglets Finder changent la donne en matière de gestion de fichiers. Au lieu d'ouvrir plusieurs fenêtres du Finder et d'encombrer votre écran, vous pouvez tout garder dans une seule fenêtre, soigneusement organisé dans différents onglets. Que vous travailliez sur un projet de recherche avec plusieurs dossiers ouverts ou que vous jongliez avec plusieurs documents pour un rapport, vous pouvez conserver tous vos fichiers au même endroit et passer facilement de l'un à l'autre. De plus, cela rend la navigation sur votre MacBook plus intuitive et moins écrasante.

Stacks : gardez votre bureau bien rangé

Si vous êtes comme de nombreux utilisateurs de MacBook, votre bureau peut devenir un dépotoir de fichiers. Vous vous retrouverez peut-être constamment à réduire les fenêtres pour trouver le fichier dont vous avez besoin, cela vous semble familier ? C'est là qu'intervient **Stacks**, une fonctionnalité conçue pour organiser votre bureau et tout ranger dans des piles bien rangées.

Comment ça marche :

1. **Activer les piles** : cliquez avec le bouton droit de la souris n'importe où sur votre bureau et sélectionnez « Utiliser les piles ». Cela permet d'organiser automatiquement tous vos fichiers en groupes par type, tels que Documents, PDF, Images, etc.

2. **Personnalisation des piles** : vous pouvez ajuster l'organisation de vos fichiers. Cliquez sur **Afficher** dans la barre de menus, puis choisissez votre méthode de regroupement préférée (par type, date ou balises).

3. **Expansion d'une pile** : Pour afficher les fichiers à l'intérieur d'une pile, cliquez simplement sur la pile, et elle s'agrandira pour afficher les fichiers qu'elle contient.

4. **Glisser des fichiers dans** des piles : Vous pouvez facilement faire glisser des fichiers dans la pile appropriée, ce qui vous permet de rester organisé pendant que vous travaillez.

Pourquoi c'est utile :

Les piles sont parfaites pour tous ceux qui ont du mal avec un bureau encombré. En organisant automatiquement vos fichiers, ils éliminent le chaos visuel, ce qui vous permet de vous concentrer sur votre travail plutôt que de chasser les fichiers. Vous n'avez pas à vous soucier de déposer accidentellement des fichiers au mauvais endroit, et vous pouvez garder votre bureau propre sans perdre l'accès à quoi que ce soit. Que vous travailliez sur un gros projet ou que vous ayez simplement besoin d'un moyen de gérer tous les fichiers qui s'accumulent, Stacks vous aidera à garder le contrôle.

Bonus Hidden Gems : quelques fonctionnalités supplémentaires que vous allez adorer

Alors que Quick Look, Finder Tabs et Stacks sont parmi les fonctionnalités les plus puissantes pour vous aider à rationaliser votre flux de travail, macOS dispose de nombreuses autres petites fonctionnalités qui peuvent vous faciliter la vie :

Recherche Spotlight

Trouvez rapidement tout ce qui se trouve sur votre Mac : fichiers, apps et même résultats de recherche sur le Web. Il vous suffit d'appuyer sur **Commande + Espace**, de saisir ce que vous cherchez et de laisser Spotlight faire le gros du travail. C'est votre assistant personnel pour tout ce qui se trouve sur votre MacBook.

Coins chauds

Attribuez des actions à chaque coin de votre écran, comme le lancement de Mission Control, l'affichage du bureau ou le démarrage d'un économiseur d'écran, en déplaçant simplement votre souris dans ce coin. Il s'agit d'un moyen rapide et efficace d'accéder à différentes fonctionnalités.

Aperçu du balisage du fichier

Dans l'application Preview, vous pouvez non seulement afficher des PDF et des images, mais aussi les annoter avec des formes, du texte et même des signatures. C'est parfait pour réviser des documents ou ajouter des commentaires à une présentation.

Raccourcis clavier

macOS regorge de raccourcis clavier qui peuvent vous aider à accélérer votre flux de travail. Par exemple, si vous appuyez sur **Commande + Option +**

Échap , vous ouvrez le menu Forcer à quitter, et **Commande + Tab** vous permet de basculer rapidement entre les applications ouvertes.

Synchronisation et partage avec d'autres appareils

L'une des caractéristiques les plus puissantes du MacBook Air M4 est son intégration transparente avec l'écosystème Apple. Que vous utilisiez un iPhone, un iPad, une Apple Watch ou tout autre appareil Apple, la synchronisation et le partage de contenu entre ces appareils n'ont jamais été aussi faciles. Avec quelques réglages simples, vous pouvez vous assurer que vos photos, contacts, fichiers et même les données du presse-papiers sont automatiquement synchronisés et facilement partagés sur tous vos appareils Apple.

Ce chapitre vous expliquera comment synchroniser et partager du contenu entre votre MacBook Air M4 et d'autres appareils Apple, à l'aide d'iCloud, d'AirDrop et du presse-papiers universel. À la fin de cette section, vous serez en mesure de passer sans effort d'un appareil à l'autre, en vous assurant que votre contenu important est toujours accessible où que vous alliez.

1. iCloud : synchronisation de vos données entre les appareils

iCloud est le service de stockage en nuage d'Apple qui vous permet de stocker des photos, des vidéos, des documents et d'autres contenus en ligne et d'y accéder depuis n'importe quel appareil Apple. Il s'agit de l'épine dorsale de la synchronisation des données dans votre écosystème Apple. Avec iCloud, tous vos appareils restent automatiquement mis à jour, ce qui garantit que le contenu que vous enregistrez sur un appareil apparaît sur tous vos autres, qu'il s'agisse d'un Mac, d'un iPhone ou d'un iPad.

Voici comment configurer iCloud et commencer à synchroniser vos données :

1. **Pour se connecter à iCloud** :

   o Sur votre MacBook Air M4, accédez à **Préférences Système** > **l'identifiant Apple**. Si vous n'êtes pas déjà connecté, saisissez votre identifiant Apple et votre mot de passe pour vous connecter à iCloud.

   o Une fois connecté, vous verrez une liste d'options de synchronisation sur vos appareils, telles que **Photos**, **Contacts**, **Calendriers**, **Rappels**, **Notes**, etc.

2. **Choisissez les éléments à synchroniser** :

   o Dans les paramètres iCloud, cochez les cases à côté des éléments que vous souhaitez synchroniser. Par exemple, si vous souhaitez synchroniser vos photos sur tous vos appareils Apple, assurez-vous que **Photos iCloud** est activé.

   o Pour synchroniser **les contacts**, les **calendriers** et **les notes**, il vous suffit de cocher les cases correspondantes.

3. **Accéder au contenu iCloud sur d'autres appareils** :

   o Tout contenu que vous synchronisez via iCloud apparaîtra automatiquement sur vos autres appareils Apple. Par exemple, toutes les photos que vous prenez sur votre iPhone apparaîtront dans l' **application Photos** sur votre MacBook Air M4 une fois que Photos iCloud sera activé.

   o De même, vos contacts, vos calendriers et même vos signets Safari seront synchronisés sur tous les appareils, ce qui vous permettra d'y accéder quel que soit l'appareil que vous utilisez.

4. **Lecteur iCloud** :

   o iCloud Drive est un service de stockage en nuage qui vous permet de stocker des documents, des présentations et d'autres fichiers dans le cloud, tout comme Dropbox ou Google Drive.

   o Pour synchroniser des fichiers via iCloud Drive, faites-les simplement glisser dans le **dossier iCloud Drive** de votre Mac. Ces fichiers seront ensuite disponibles sur tout autre appareil connecté à iCloud.

5. **Sauvegarde iCloud** :

   o iCloud ne se contente pas de synchroniser les fichiers, il peut également sauvegarder vos appareils. Vous pouvez sauvegarder les données de votre iPhone ou iPad sur iCloud, en vous assurant que toutes vos applications, photos et paramètres sont stockés en toute sécurité et facilement restaurés en cas de perte de données.

2. AirDrop : partagez instantanément des fichiers entre appareils Apple

AirDrop est l'un des moyens les plus rapides et les plus simples de transférer des fichiers entre appareils Apple. Que vous envoyiez une photo de votre iPhone vers votre MacBook Air M4 ou que vous partagiez un document de votre Mac vers votre iPad, AirDrop fait tout cela en quelques clics.

Voici comment utiliser AirDrop :

1. **Activer AirDrop** :

   o Sur votre MacBook Air M4, ouvrez **le Finder** et cliquez sur **AirDrop** dans la barre latérale. Alternativement, vous pouvez cliquer sur l' **icône du centre de contrôle** dans la barre de menu et sélectionner **AirDrop** pour l'activer.

   o Sur votre iPhone ou iPad, balayez vers le bas depuis le coin supérieur droit pour ouvrir le centre de **contrôle**, puis appuyez sur **AirDrop**. Vous pouvez choisir d'autoriser AirDrop à partir de **Contacts uniquement** ou **de Tout le monde**.

2. **Envoyez des fichiers via AirDrop** :

   o Sur votre MacBook Air M4, localisez le fichier que vous souhaitez partager. Faites un clic droit dessus et choisissez

Partager > **AirDrop**. Vous verrez une liste des appareils à proximité qui sont connectés à AirDrop.

o   Sélectionnez l'appareil auquel vous souhaitez envoyer le fichier. Par exemple, vous pouvez voir votre iPhone ou un iPad dans la liste. Après avoir sélectionné l'appareil, le destinataire recevra une notification lui demandant s'il souhaite accepter le fichier.

o   Sur votre iPhone ou iPad, appuyez sur **Accepter** pour recevoir le fichier.

3. **Envoyer des photos ou des vidéos** :

o   AirDrop fonctionne également de manière transparente avec l' **application Photos**. Ouvrez l' application **Photos** sur votre iPhone ou iPad, sélectionnez la photo ou la vidéo que vous souhaitez partager, puis touchez le **bouton Partager**. Choisissez **AirDrop** dans les options, puis sélectionnez votre MacBook Air M4 pour envoyer instantanément le fichier.

AirDrop fonctionne rapidement et ne nécessite pas de connexion Internet, ce qui le rend idéal pour transférer des fichiers volumineux en un instant. Il est particulièrement utile lorsque vous déplacez des photos, des vidéos, des documents ou même des données d'application entre plusieurs appareils.

3. Presse-papiers universel : copiez et collez sur plusieurs appareils

L'une des fonctionnalités les plus impressionnantes de l'écosystème Apple est Universal **Clipboard**, qui vous permet de copier le contenu d'un appareil Apple et de le coller sur un autre. Cette fonctionnalité fonctionne sur votre iPhone, iPad et MacBook Air M4, donc si vous travaillez sur un projet sur votre iPhone, vous pouvez facilement transférer le contenu sur votre MacBook avec un simple copier-coller.

Voici comment utiliser le presse-papiers universel :

1. **Assurez-vous qu'iCloud est configuré et connecté** :

   o Le presse-papiers universel exige que tous vos appareils soient connectés au même identifiant Apple et qu'iCloud soit activé. Assurez-vous d'être connecté à iCloud à la fois sur votre MacBook Air M4 et sur l'appareil à partir duquel vous souhaitez copier du contenu (par exemple, votre iPhone ou votre iPad).

2. **Activez le Bluetooth et le Wi-Fi** :

   o Assurez-vous que le **Bluetooth** et **le Wi-Fi** sont activés sur tous les appareils que vous prévoyez d'utiliser avec le presse-papiers universel. Cela est nécessaire pour que les appareils puissent communiquer et partager du contenu dans l'écosystème.

3. **Copie sur un seul appareil** :

    ○   Il vous suffit de copier le contenu sur un appareil comme vous le feriez normalement, qu'il s'agisse de texte, d'un lien ou même d'une image. Par exemple, sur votre iPhone, vous pouvez copier un paragraphe de texte ou un lien à partir de Safari.

4. **Coller sur un autre appareil** :

    ○   Passez à votre MacBook Air M4, ouvrez l'application dans laquelle vous souhaitez coller le contenu et collez-le comme vous le feriez normalement. Le contenu copié de votre iPhone pourra être collé directement sur votre MacBook.

Le presse-papiers universel est incroyablement utile pour tous ceux qui travaillent sur plusieurs appareils Apple. Il permet des transitions fluides entre les appareils sans avoir besoin d'applications ou de câbles supplémentaires, ce qui rend votre flux de travail plus fluide et plus efficace.

Utilisation d'AirDrop et du presse-papiers universel pour des transferts fluides

Dans le monde trépidant d'aujourd'hui, l'efficacité est essentielle, et les fonctionnalités AirDrop et Universal Clipboard d'Apple sont deux des meilleurs outils pour rendre votre expérience MacBook Air M4 plus fluide et plus rapide. Que vous déplaciez un fichier de votre MacBook vers votre iPhone ou que vous copiiez un paragraphe de votre iPad pour le coller sur votre MacBook, ces fonctionnalités sont conçues pour que les choses restent simples, rapides et totalement transparentes. Plongeons dans le vif du sujet et explorons comment vous pouvez utiliser à la fois AirDrop et Universal Clipboard pour rationaliser vos tâches quotidiennes.

AirDrop : partagez instantanément des fichiers entre appareils Apple

Qu'est-ce qu'AirDrop ? AirDrop est la fonctionnalité de partage de fichiers peer-to-peer d'Apple qui vous permet d'envoyer des photos, des documents, des vidéos et plus encore entre des appareils Apple sans avoir besoin d'une connexion Internet ou de câbles. C'est comme de la magie, mais il est en fait alimenté par la technologie Bluetooth et Wi-Fi. AirDrop détecte automatiquement les appareils à proximité, et tant que les appareils sont à proximité, vous pouvez instantanément envoyer des fichiers dans les deux sens.

Comment utiliser AirDrop : Voici un guide étape par étape pour vous aider à commencer à utiliser AirDrop sur votre MacBook Air M4 :

1. **Activez AirDrop sur votre MacBook Air M4 :**

   o   Ouvrez **le Finder** (l'icône du visage souriant sur votre Dock).

   o   Dans la fenêtre du Finder, cliquez sur **AirDrop** dans la barre latérale.

o Si c'est la première fois que vous utilisez AirDrop, il se peut qu'un message vous invitant à activer le Bluetooth et le Wi-Fi s'affiche. Assurez-vous que les deux sont activés.

o Si votre Mac est configuré pour être détectable uniquement par les contacts, vous pouvez modifier ce réglage en cliquant sur **Autoriser ma découverte et** en sélectionnant **Tout le monde**. Cela garantira que d'autres appareils peuvent facilement trouver votre MacBook lorsque vous souhaitez envoyer ou recevoir des fichiers.

2. **Envoyez un fichier via AirDrop :**

o Localisez le fichier que vous souhaitez partager (qu'il s'agisse d'une photo, d'un document ou d'une vidéo).

o Cliquez avec le bouton droit de la souris (ou cliquez en maintenant la touche Ctrl enfoncée) sur le fichier et sélectionnez **Partager**.

o Dans les options de partage, sélectionnez **AirDrop**.

o Votre Mac commencera à rechercher des appareils à proximité. Les appareils disponibles apparaîtront sous forme d'icônes sur votre écran.

o Sélectionnez l'appareil auquel vous souhaitez envoyer le fichier.

o Le destinataire recevra une notification lui demandant d'accepter ou de refuser le transfert. Une fois qu'ils ont accepté, le fichier sera envoyé instantanément.

3. **Recevoir un fichier via AirDrop :**

   o Si quelqu'un vous envoie un fichier via AirDrop, vous verrez une notification entrante sur votre MacBook.

   o Choisissez **Accepter** pour recevoir le fichier. Il sera automatiquement enregistré dans votre **dossier Téléchargements**, ou vous pouvez spécifier un emplacement où vous souhaitez le stocker.

   o AirDrop vous permet même de recevoir des fichiers pendant que votre MacBook est en veille, à condition que le Wi-Fi et le Bluetooth soient activés.

Conseils de pro pour l'utilisation d'AirDrop :

- **Proximité** : AirDrop fonctionne mieux lorsque les appareils sont à moins de 30 pieds l'un de l'autre, alors assurez-vous que les deux appareils sont à proximité.

- **Types de fichiers** : AirDrop prend en charge la plupart des types de fichiers, y compris les photos, les vidéos, les contacts, les PDF, etc. Cependant, il existe quelques restrictions sur certains types ou tailles de fichiers, alors vérifiez le format du fichier si vous rencontrez des difficultés pour l'envoyer.

- **AirDrop sur iPhone/iPad** : pour utiliser AirDrop sur votre iPhone ou iPad, balayez simplement vers le bas depuis le coin supérieur droit (sur les modèles plus récents) ou balayez vers le haut depuis le bas (sur les modèles plus anciens) pour ouvrir le centre de **contrôle**. Appuyez sur **AirDrop** et choisissez **Contacts uniquement** ou **Tout le monde** pour rendre votre appareil détectable.

Presse-papiers universel : copier et coller sur plusieurs appareils

Qu'est-ce que le presse-papiers universel ? Universal Clipboard va encore plus loin en vous permettant de copier du contenu (texte, images, liens, etc.) à partir d'un appareil Apple et de le coller instantanément sur un autre, qu'il s'agisse de votre MacBook, iPhone ou iPad. Il fonctionne dans l'ensemble de votre écosystème Apple, ce qui signifie que vous pouvez facilement passer d'un appareil à l'autre sans perdre les données de votre presse-papiers.

Comment fonctionne le presse-papiers universel ? Cette fonctionnalité utilise les mêmes technologies Bluetooth et Wi-Fi qu'AirDrop pour synchroniser les données de votre presse-papiers sur tous les appareils Apple. Tant que vos appareils sont connectés au même identifiant Apple et à portée Bluetooth et Wi-Fi, vous pouvez copier le contenu d'un appareil et le coller sur un autre. C'est presque comme si votre presse-papiers vous suivait, où que vous alliez.

Comment utiliser le presse-papiers universel :

1. **Assurez-vous que les appareils sont correctement configurés :**

   o   Assurez-vous que tous vos appareils (MacBook, iPhone, iPad) sont connectés au même **identifiant Apple**. Ceci est crucial pour que Universal Clipboard fonctionne correctement.

   o   Assurez-vous que **le Bluetooth** et **le Wi-Fi** sont activés pour chaque appareil.

   o   Tous les appareils doivent être relativement proches les uns des autres.

2. **Copier le contenu sur un seul appareil :**

   o   Sur votre MacBook, iPhone ou iPad, sélectionnez le texte, l'image ou le lien que vous souhaitez copier.

   o   Sur Mac, vous pouvez utiliser **Commande + C** pour copier, ou cliquer avec le bouton droit de la souris et choisir **Copier**. Sur iPhone/iPad, appuyez longuement sur le contenu sélectionné et choisissez **Copier** dans le menu contextuel.

3. **Coller sur un autre appareil :**

   o   Basculez vers votre autre appareil Apple (par exemple, de votre iPhone vers votre MacBook Air M4).

   o   Placez le curseur à l'endroit où vous souhaitez coller le contenu.

- o Sur votre Mac, utilisez **Commande + V** ou cliquez avec le bouton droit de la souris et sélectionnez **Coller**. Sur iPhone/iPad, appuyez longuement sur le champ de texte et sélectionnez **Coller**.

- o Le contenu que vous avez copié à partir du premier appareil apparaîtra instantanément sur le deuxième appareil.

Conseils de pro pour l'utilisation du presse-papiers universel :

- **Limitations** : Le presse-papiers universel fonctionne sur tous les appareils Apple, mais il présente certaines limitations. Le contenu reste dans votre presse-papiers pendant une courte période (environ deux minutes), vous devez donc le coller rapidement sur votre deuxième appareil avant qu'il n'expire.

- **Idéal pour copier des liens** : Cette fonctionnalité est particulièrement utile pour copier des liens depuis votre téléphone et les coller sur votre MacBook Air M4 pour les ouvrir dans un navigateur. Vous n'avez pas besoin de taper à nouveau l'URL ; Il suffit de copier et coller.

- **Fonctionne avec des images et du texte** : vous pouvez utiliser le presse-papiers universel pour plus que du texte. Copiez des images, des liens Web ou même des captures d'écran, et collez-les facilement sur plusieurs appareils.

Pourquoi AirDrop et Universal Clipboard changent la donne

Ensemble, AirDrop et Universal Clipboard rendent l'écosystème d'Apple incroyablement puissant, en particulier pour les utilisateurs qui possèdent plusieurs appareils Apple. Plus besoin de s'envoyer des fichiers par e-mail, plus de câbles pour connecter des appareils et plus besoin de passer d'une application à l'autre pour transférer manuellement du contenu. Grâce à ces deux fonctionnalités, vous pouvez travailler plus efficacement, rester organisé et partager des fichiers plus rapidement que jamais.

Imaginez le scénario suivant : vous travaillez sur un document sur votre MacBook Air M4 et vous vous rendez compte que vous avez besoin d'une photo de votre iPhone. Au lieu de le télécharger manuellement sur un service cloud ou de vous l'envoyer par e-mail, il vous suffit de le déposer par AirDrop de votre iPhone vers votre Mac. Vous poursuivez la modification de votre document, puis copiez une section de texte du Web sur votre iPad et collez-la directement dans le document sur votre MacBook, le tout sans perdre de temps.

Il s'agit de simplifier votre vie numérique et de rationaliser des tâches qui prendraient autrement plus de temps. Ces fonctionnalités sont conçues pour vous aider à rester connecté et productif, quel que soit l'appareil Apple que vous utilisez.

CHAPITRE 11 : TRAVAILLER AVEC DES PÉRIPHÉRIQUES EXTERNES

Connexion de moniteurs externes, d'imprimantes et d'accessoires

Le MacBook Air M4 offre un ensemble robuste de ports et de capacités sans fil qui permettent aux utilisateurs de connecter facilement des périphériques externes tels que des moniteurs, des imprimantes et des disques de stockage. Que vous cherchiez à étendre votre espace de travail avec un écran supplémentaire, à imprimer des documents importants ou à sauvegarder vos données, ce guide vous guidera à travers tout ce que vous devez savoir pour que ces connexions soient transparentes.

Connexion d'un moniteur externe

Les moniteurs externes peuvent considérablement améliorer votre productivité, en offrant plus d'espace d'écran pour le multitâche, le travail créatif ou les présentations. Heureusement, la connexion d'un moniteur à votre MacBook Air M4 est un processus simple. Voici comment procéder :

Étape 1 : Choisissez le bon câble ou adaptateur Le MacBook Air M4 est livré avec **deux ports Thunderbolt 4 (USB-C),** capables de piloter des écrans externes. Selon le type de moniteur dont vous disposez, vous aurez peut-être besoin d'un adaptateur :

- **Moniteurs HDMI** : si votre moniteur utilise un port HDMI, vous aurez besoin d'un **adaptateur USB-C vers HDMI** ou d'un **câble USB-C vers HDMI**.

- **Moniteurs DisplayPort** : pour les moniteurs dotés d'entrées DisplayPort, vous pouvez utiliser un **adaptateur USB-C vers DisplayPort** ou un **câble USB-C vers DisplayPort**.

- **Moniteurs USB-C** : Si vous utilisez un moniteur USB-C moderne, vous pouvez vous connecter directement avec un **câble USB-C vers USB-C**.

Étape 2 : Connectez le câble au moniteur et au MacBook Air M4 Une fois que vous avez le bon câble ou adaptateur, connectez une extrémité à votre moniteur et l'autre extrémité au port Thunderbolt de votre MacBook Air M4.

Étape 3 : Ajustez les paramètres d'affichage Une fois le moniteur connecté, votre MacBook Air devrait le détecter automatiquement. Si ce n'est pas le cas, procédez comme suit :

1. Ouvrez **les Préférences Système** à partir du menu Pomme.

2. Cliquez sur **Affichages**.

3. Sous l' onglet **Affichage**, votre moniteur doit être répertorié. Si ce n'est pas le cas, cliquez sur **Détecter les écrans** pour inviter manuellement votre MacBook à rechercher le moniteur externe.

Vous pouvez maintenant ajuster vos paramètres d'affichage :

- **Affichages miroir** : Cette option duplique l'écran de votre MacBook sur le moniteur externe.

- **Étendre les affichages** : cela vous donne un bureau étendu à la fois sur votre MacBook et sur le moniteur externe, idéal pour le multitâche.

Choisissez l'option qui correspond le mieux à vos besoins.

Étape 4 : Définir la résolution et l'orientation Si nécessaire, vous pouvez affiner la résolution, le taux de rafraîchissement et l'orientation du moniteur externe. Il suffit de cliquer sur l' **onglet Affichage** dans **les Préférences Système** et de sélectionner l' **option Mise à** l'échelle dans la section Résolution. Choisissez la meilleure résolution pour votre moniteur.

Connexion d'une imprimante

L'impression à partir de votre MacBook Air M4 est aussi simple que de connecter votre imprimante via **USB** ou **Wi-Fi**. Voici comment vous pouvez faire les deux :

Étape 1 : Connectez-vous via USB Si vous disposez d'une imprimante USB, il vous suffit de la brancher sur l'un des ports USB-C de votre MacBook à l'aide d'un **adaptateur USB-C vers USB-A**. Après la connexion, votre

MacBook devrait reconnaître automatiquement l'imprimante. Si ce n'est pas le cas :

1. Allez dans **Préférences Système** dans le menu Pomme.

2. Cliquez sur **Imprimantes et scanners**.

3. Cliquez sur le **signe** + pour ajouter une imprimante.

4. Votre imprimante doit apparaître dans la liste. Sélectionnez-le et cliquez sur **Ajouter**.

Étape 2 : Connexion via Wi-Fi Pour connecter une imprimante via Wi-Fi, assurez-vous que votre imprimante et votre MacBook Air sont connectés au même réseau Wi-Fi. De nos jours, de nombreuses imprimantes prennent en charge l'impression sans fil via AirPrint, la technologie d'impression d'Apple.

1. Assurez-vous que votre imprimante est sous tension et connectée au même réseau Wi-Fi que votre MacBook.

2. Ouvrez **les Préférences Système** et sélectionnez **Imprimantes et scanners**.

3. Cliquez sur le **signe** + pour ajouter une imprimante.

4. Votre imprimante doit apparaître sous l' **onglet Par défaut**. Sélectionnez-la et cliquez sur **Ajouter**.

Si votre imprimante ne prend pas en charge AirPrint, vous devrez peut-être installer le logiciel de l'imprimante à partir du site Web du fabricant. Il suffit de suivre les instructions à l'écran pour installer les pilotes nécessaires.

Étape 3 : Imprimer une page de test Pour vous assurer que tout fonctionne correctement, imprimez une page de test à partir de n'importe quelle application. Ouvrez un document, cliquez sur **Fichier**, puis sélectionnez **Imprimer**. Choisissez votre imprimante dans la liste, ajustez les paramètres si nécessaire et appuyez sur **Imprimer**.

Connexion de périphériques de stockage externes

Les périphériques de stockage externes tels que les clés USB, les disques durs externes ou les SSD sont parfaits pour étendre le stockage de votre MacBook Air M4 ou pour sauvegarder vos données. Voici comment connecter ces appareils :

Étape 1 : Branchez le périphérique de stockage Si vous disposez d'une **clé USB-A** (le port USB traditionnel), vous aurez besoin d'un **adaptateur USB-C vers USB-A**. Branchez le lecteur sur l'adaptateur, puis connectez-le à l'un des ports Thunderbolt 4 du MacBook.

Si vous avez une **clé USB-C**, il vous suffit de la brancher directement sur le port Thunderbolt 4.

Étape 2 : Accéder au lecteur Une fois connecté, votre MacBook devrait reconnaître automatiquement le stockage externe. Il apparaîtra sous la forme d'une icône sur votre **bureau** ou sous **Emplacements** dans le **Finder**.

Cliquez sur l'icône pour ouvrir le lecteur et commencer à transférer des fichiers.

Étape 3 : Éjection du disque Éjectez toujours correctement votre disque externe avant de le débrancher pour éviter la corruption des données. Pour éjecter :

1. Faites glisser l'icône du disque externe vers la **corbeille** (l'icône de la corbeille se transformera en symbole d'éjection).

2. Vous pouvez également cliquer avec le bouton droit de la souris (ou Ctrl-clic) sur l'icône du lecteur et sélectionner **Éjecter**.

Dépannage des problèmes courants liés aux périphériques externes

Bien que la connexion d'appareils externes à votre MacBook Air M4 soit généralement facile, vous pouvez parfois rencontrer des problèmes. Voici quelques problèmes courants et des solutions :

1. Le moniteur externe n'affiche rien

- Assurez-vous que le moniteur est allumé et correctement connecté.

- Essayez d'utiliser un autre câble ou adaptateur.

- Accédez à **Préférences Système > Moniteurs**, puis cliquez sur **Détecter les écrans** pour rechercher manuellement le moniteur.

2. L'imprimante ne s'affiche pas

- Assurez-vous que votre imprimante est correctement connectée à votre réseau ou à votre port USB.

- Pour les imprimantes Wi-Fi, vérifiez si elles sont connectées au même réseau que votre MacBook.

- Rendez-vous sur le site Web du fabricant de l'imprimante pour télécharger les derniers pilotes ou logiciels pour macOS.

3. Disque externe non reconnu

- Essayez de débrancher le disque et de le brancher sur un autre port.

- Vérifiez la connexion pour vous assurer que le disque est correctement connecté.

- Utilisez **l'utilitaire de disque** (qui se trouve dans **Applications > Utilitaires**) pour réparer le disque s'il ne s'affiche pas.

Utilisation de votre MacBook Air M4 pour le montage vidéo et audio

Le **MacBook Air M4** n'est pas seulement destiné à la navigation sur le Web et au traitement de texte, c'est aussi une machine étonnamment performante pour le montage vidéo et audio. Grâce à la puissante **puce M4**, cet ordinateur portable peut gérer des tâches exigeantes telles que **le montage vidéo, la production audio** et même **la conception graphique**, tout en conservant sa forme élégante et ultra-portable. Que vous soyez un débutant cherchant à monter vos vidéos YouTube ou un professionnel travaillant sur des films complets, le MacBook Air M4 est conçu pour vous suivre. Dans cette section, nous allons voir comment vous pouvez tirer le meilleur parti de votre MacBook Air M4 pour vos tâches créatives, optimiser ses performances pour un montage fluide et vous assurer que votre travail brille.

La puissance de la puce M4 dans les flux de travail créatifs

Le cœur des performances impressionnantes du MacBook Air M4 est la **puce M4**. Le silicium personnalisé d'Apple a transformé le MacBook Air en une centrale électrique, en particulier pour les professionnels de la création. Avec **des configurations CPU 8 cœurs** et **GPU 10 cœurs**, la puce M4 offre une vitesse, une efficacité et des performances graphiques exceptionnelles, ce qui la rend idéale pour le montage vidéo et audio.

Pourquoi la puce M4 est-elle si bonne pour les tâches créatives ?

- **Rendu plus rapide** : La puce M4 accélère les temps de rendu dans les logiciels de montage vidéo comme **Adobe Premiere Pro** ou **Final Cut Pro**. Que vous travailliez avec de **la vidéo 4K**, des **effets multicouches** ou de l'**audio haute résolution**, la puce M4 gère facilement les tâches de rendu complexes.

- **GPU amélioré pour les graphiques** : Le montage vidéo nécessite souvent un traitement graphique lourd, en particulier lors de l'ajout d'effets spéciaux ou de transitions. Le **GPU 10 cœurs de la M4** permet une **lecture fluide** des séquences haute résolution, même avec l'étalonnage des couleurs et d'autres tâches intensives.

- **Mémoire unifiée** : la puce M4 utilise **une mémoire unifiée**, ce qui signifie que votre MacBook n'a pas besoin de mélanger constamment les données entre les différentes parties du système. Cela se traduit par un accès plus rapide à vos fichiers vidéo, moins de décalage et un multitâche plus fluide.

Dans l'ensemble, la puce M4 offre des **performances ultra-rapides,** même pour les projets de montage vidéo et audio les plus exigeants, ce qui en fait un choix fantastique pour les créatifs en déplacement.

Choisir le bon logiciel pour le montage vidéo et audio

Pour libérer tout le potentiel du MacBook Air M4 pour le montage vidéo et audio, vous aurez besoin du bon logiciel. Heureusement, le MacBook Air M4 est compatible avec une large gamme d'outils de qualité professionnelle pour les professionnels de la création. Voici quelques options :

- **Adobe Premiere Pro** : l'un des outils de montage vidéo les plus populaires, **Premiere Pro** offre un ensemble complet de fonctionnalités pour tout, des montages de base aux montages complexes et multipistes. Les performances du MacBook Air M4 avec Premiere Pro sont fluides, grâce à la puissante **accélération GPU** de la puce M4.

- **Final Cut Pro** : Si vous êtes un passionné d'Apple ou un monteur professionnel, **Final Cut Pro** est un choix de premier ordre. Il est optimisé pour macOS, ce qui signifie que vous bénéficiez d'une **expérience transparente** avec des temps de rendu plus rapides, une lecture fluide et une excellente intégration avec d'autres logiciels et services Apple.

- **DaVinci Resolve** : Si l'étalonnage des couleurs est une partie importante de votre flux de travail, **DaVinci Resolve** est indispensable. Grâce à la puissance de traitement du MacBook Air M4, DaVinci Resolve peut gérer facilement des tâches complexes de correction et d'étalonnage des couleurs.

- **GarageBand** et **Logic Pro X** : Pour l'édition audio, **GarageBand** est un outil gratuit fantastique pour les débutants, tandis que **Logic Pro X** offre des fonctionnalités plus avancées pour les professionnels. Les deux fonctionnent sans problème sur le MacBook Air M4, grâce à la puissance de traitement de la puce M4.

Conseils pour optimiser votre MacBook Air M4 pour le montage vidéo et audio

Bien que le MacBook Air M4 soit puissant en soi, il existe plusieurs façons d'optimiser votre système pour tirer le meilleur parti de vos sessions de montage.

1. Gardez votre macOS et vos logiciels d'édition à jour

Assurez-vous toujours que votre macOS et votre logiciel d'édition sont à jour. Les mises à jour incluent souvent des améliorations de performances, des corrections de bogues et des optimisations qui peuvent améliorer la stabilité et les performances. Activez les **mises à jour automatiques** pour macOS et gardez un œil sur les mises à jour de votre logiciel de montage.

2. **Utiliser un SSD externe pour le stockage vidéo**

Les fichiers vidéo, en particulier en **4K** ou en **HD**, peuvent occuper une quantité importante d'espace. Pour éviter de rencontrer des limitations de stockage et de ralentir vos performances d'édition, envisagez d'utiliser un **SSD externe** pour stocker des fichiers vidéo. Les SSD offrent des vitesses de lecture/écriture beaucoup plus rapides que les disques durs traditionnels, garantissant un accès rapide aux fichiers volumineux.

3. **Libérer de l'espace de stockage système**

Alors que le MacBook Air M4 est livré avec de nombreuses options de stockage, les logiciels d'édition et les fichiers multimédias peuvent rapidement consommer cet espace. Assurez-vous de nettoyer régulièrement votre système en supprimant les fichiers et applications inutilisés. Utilisez la **fonctionnalité de gestion du stockage** de macOS pour identifier et supprimer les fichiers volumineux ou les applications dont vous n'avez plus besoin.

4. **Augmentez la RAM et optimisez l'utilisation de la mémoire**

Le MacBook Air M4 est livré avec **8 Go ou 16 Go de mémoire unifiée** (RAM), ce qui est suffisant pour la plupart des tâches de montage vidéo. Toutefois, si vous travaillez sur des projets très volumineux, vous pouvez vous assurer qu'aucune autre application ne s'exécute en arrière-plan pendant que vous effectuez des modifications. Fermez les applications inutiles et les processus d'arrière-plan pour libérer de la mémoire pour votre logiciel de montage.

5. **Utilisez des fichiers proxy pour une édition en douceur**

Lorsque vous travaillez avec des séquences haute résolution (telles que des vidéos 4K), le montage peut être lent car votre MacBook doit traiter des fichiers vidéo volumineux. **Les fichiers proxy** sont des copies de résolution inférieure de vos clips vidéo qui vous permettent de les modifier de manière plus fluide. Une fois que vous avez terminé vos montages, vous pouvez remplacer les fichiers proxy par le métrage haute résolution d'origine pour le rendu final.

6. **Désactiver les applications et les notifications en arrière-plan**

Avant de vous lancer dans une session de montage intensive, désactivez les applications et les notifications en arrière-plan qui peuvent interrompre votre flux de travail. Pour ce faire, vous pouvez utiliser le **mode Focus** ou fermer manuellement les applications qui ne sont pas nécessaires. Cela minimise les distractions et garantit que toutes les ressources de votre MacBook sont concentrées sur le processus d'édition.

7. **Surveillez les performances du système avec le moniteur d'activité**

Si vous remarquez un décalage ou un problème de performances, ouvrez le Moniteur d' **activité** pour voir quels processus utilisent le plus de processeur ou de mémoire. Cela peut vous aider à identifier les applications ou les tâches d'arrière-plan qui consomment des ressources système et qui peuvent affecter vos performances de modification.

Gestion des périphériques externes pour le montage vidéo et audio

Bien que votre MacBook Air M4 soit une machine performante, vous devrez probablement connecter des périphériques externes pour maximiser votre flux de travail. Voici quelques appareils qui peuvent améliorer votre expérience de montage :

- **Moniteurs externes** : Le fait de disposer d'un deuxième écran peut considérablement améliorer votre flux de travail d'édition en offrant plus d'espace à l'écran. Le MacBook Air M4 prend en charge **les moniteurs externes** via ses ports Thunderbolt/USB-C, ce qui vous permet d'étendre votre espace de travail.

- **Interfaces audio externes** : Pour un enregistrement audio de haute qualité, utilisez une **interface audio externe** telle que **Focusrite Scarlett** ou **PreSonus AudioBox**. Ces appareils vous permettent de connecter des microphones, des instruments et du matériel audio professionnels à votre MacBook Air M4 pour une qualité sonore supérieure.

- **Disques de stockage externes** : Comme mentionné précédemment, un **SSD** ou un **disque dur externe** peut améliorer considérablement votre expérience d'édition, en particulier lorsque vous travaillez avec des fichiers vidéo volumineux. Recherchez des disques avec des vitesses de transfert rapides, tels que ceux avec prise en **charge de Thunderbolt 3**, pour garantir un accès transparent aux données.

- **Hubs USB-C** : le MacBook Air M4 dispose de **deux ports Thunderbolt 3 (USB-C),** parfaits pour connecter plusieurs appareils à la fois. Un **hub USB-C** vous permettra de connecter vos disques externes, vos interfaces audio et vos moniteurs via un seul port, ce qui permet à votre configuration de rester propre et organisée.

Rendu et exportation : tirer le meilleur parti des performances de votre MacBook Air M4

Une fois votre projet terminé, le rendu et l'exportation constituent l'étape finale. La puce M4 du MacBook Air M4 vous permet de rendre vos vidéos rapidement sans compromettre la qualité. Voici quelques conseils pour améliorer vos temps de rendu :

1. **Choisissez les bons paramètres d'exportation** : Faites attention à vos paramètres d'exportation. Si vous ne diffusez pas de séquences 4K, l'exportation en **1080p** peut réduire considérablement le temps de rendu sans sacrifier la qualité.

2. **Rendu par étapes** : si vous travaillez sur un projet vidéo complexe, envisagez le rendu par étapes. Cela réduit la pression sur votre MacBook et peut vous aider à repérer les erreurs dès le début du processus.

3. **Utiliser l'accélération matérielle** : Final Cut Pro **et** Premiere Pro **prennent** en charge l'**accélération matérielle**, qui utilise le GPU de votre MacBook pour accélérer le rendu. Assurez-vous que cette option est activée pour obtenir les meilleures performances.

Gaming sur le MacBook Air M4 : performances et graphismes

Le MacBook Air M4 est connu depuis longtemps pour son design élégant et ultra-portable, l'autonomie exceptionnelle de sa batterie et ses performances robustes pour les tâches quotidiennes. Mais qu'en est-il des jeux ? Si vous êtes un joueur occasionnel ou quelqu'un qui apprécie occasionnellement une session de jeu, vous vous demandez peut-être si le MacBook Air M4 résiste à l'exécution de jeux modernes. Plongeons dans le vif du sujet et explorons les performances de jeu de cette centrale électrique, en nous concentrant sur la puce M4 et les graphiques intégrés.

1. La puce M4 : alimentez votre expérience de jeu

Au cœur du MacBook Air M4 se trouve la puce révolutionnaire M4. Le silicium conçu sur mesure par Apple apporte un monde d'améliorations aux utilisateurs de MacBook. La puce M4 est équipée d'un processeur puissant, d'un GPU et d'un moteur neuronal, qui fonctionnent tous en harmonie pour offrir des performances exceptionnelles. Bien que le MacBook Air M4 ne soit pas nécessairement conçu comme une machine de jeu haut de gamme, sa puce M4 offre des améliorations significatives par rapport aux précédents modèles de MacBook à processeur Intel, en particulier en ce qui concerne le traitement graphique.

Le **GPU** de la puce M4 a été optimisé pour son efficacité et ses performances. Il est capable de gérer facilement les jeux légers à modérés, offrant de bonnes fréquences d'images et des visuels fluides. Pour les jeux occasionnels, cela fait du MacBook Air M4 un appareil étonnamment performant pour la plupart des titres populaires.

2. Performances graphiques : une expérience de jeu sans faille

En ce qui concerne les graphismes, Apple a fait des progrès substantiels dans l'intégration de son propre GPU dans la puce M4. Bien que le MacBook Air M4 ne dispose pas d'un GPU dédié et performant comme ses homologues Pro ou Max, les graphiques intégrés à la puce M4 sont plus que capables pour les jeux occasionnels. Les jeux qui reposent sur une combinaison de puissance CPU et GPU fonctionneront sans problème, avec des graphismes époustouflants et des mouvements fluides.

Le MacBook Air M4 offre de bonnes performances avec les jeux qui n'ont pas d'exigences graphiques élevées. Des titres comme **Fortnite**, **Minecraft** et **Stardew Valley** fonctionneront sans effort avec des paramètres élevés, offrant une expérience immersive sans compromettre les fréquences d'images. D'un autre côté, les jeux plus exigeants graphiquement comme **Cyberpunk 2077** ou **Shadow of the Tomb Raider** peuvent nécessiter des ajustements des paramètres pour maintenir un gameplay fluide.

La clé pour maximiser les performances de jeu est d'équilibrer **les paramètres graphiques**. Pour des performances plus fluides sur le MacBook Air M4, vous devrez peut-être ajuster des paramètres tels que la résolution, la qualité des textures et les effets. La réduction de certains de ces

MACBOOK AIR M4 USER GUIDE

paramètres peut aider à maintenir une fréquence d'images cohérente et jouable, en particulier pour les jeux AAA qui exigent plus du matériel.

3. Des jeux qui fonctionnent sans problème sur le MacBook Air M4

Entrons dans quelques-uns des meilleurs jeux que le MacBook Air M4 gère bien. La puce M4, avec son efficacité et ses optimisations de performances, ouvre un monde de possibilités de jeu :

Jeux occasionnels et indépendants

- **Stardew Valley** - Ce simulateur d'agriculture bien-aimé fonctionne parfaitement sur le MacBook Air M4. C'est un jeu léger qui nécessite un minimum de ressources mais qui offre des heures de plaisir avec des graphismes vibrants et un scénario captivant.

- **Minecraft** - Que vous construisiez une forteresse ou que vous exploriez de vastes paysages, Minecraft fonctionne sans problème avec des paramètres élevés sur le MacBook Air alimenté par M4. Les graphismes en blocs du jeu sont faciles à gérer pour le GPU M4, et le gameplay est fluide.

- **Celeste** – Ce jeu de plateforme indépendant est visuellement magnifique mais peu exigeant. Le MacBook Air M4 gère facilement ses graphismes de style pixel art et son gameplay rapide.

Jeux multijoueurs populaires

- **Fortnite** – Le MacBook Air M4 gère bien Fortnite, surtout lorsque les paramètres graphiques sont ajustés à moyen. Le jeu fonctionne sans problème avec une fréquence d'images stable, ce qui vous permet de profiter de batailles intenses sans décalage.

- **League of Legends** - Un favori pour les joueurs du monde entier, League of Legends est un jeu hautement optimisé pour divers systèmes. Sur le MacBook Air M4, vous pouvez vous attendre à un gameplay fluide avec des paramètres moyens-élevés, offrant une expérience agréable dans les matchs multijoueurs rapides.

- **Rocket League** – Ce jeu rapide qui combine le football avec des véhicules acrobatiques fonctionne étonnamment bien sur le MacBook Air M4. Réglez les graphismes sur moyen et vous aurez une excellente expérience de jeu.

Jeux de simulation et de stratégie

- **Les Sims 4** – Que vous construisiez des maisons ou que vous créiez des histoires virtuelles, Les Sims 4 est un excellent jeu pour le MacBook Air M4. Le gameplay décontracté du jeu et ses exigences graphiques faibles à modérées en font un choix parfait.

- **Civilization VI** - Ce jeu de stratégie fonctionne bien sur le MacBook Air M4, bien que vous deviez peut-être ajuster les paramètres pour des fréquences d'images plus élevées. La nature plus lente de ce jeu signifie qu'il est plus facile à manipuler pour la puce M4 sans trop de perte de performances.

4. Optimiser les paramètres pour une meilleure expérience de jeu

Maintenant que vous savez quels jeux fonctionnent bien sur votre MacBook Air M4, concentrons-nous sur l'optimisation de vos paramètres pour obtenir la meilleure expérience de jeu possible. Le MacBook Air M4 peut offrir de bonnes performances, mais la clé pour les maximiser réside dans des ajustements intelligents des paramètres. Voici quelques conseils :

Ajustez les paramètres de jeu pour des performances optimales

Pour les jeux graphiquement exigeants, il est toujours judicieux de réduire certains des paramètres les plus intensifs :

- **Résolution** – Réduire la résolution augmentera les performances. Essayez de le baisser à 1080p ou moins, selon le jeu, pour un gameplay plus fluide.

- **Qualité de la texture** – La réduction de la qualité de la texture peut avoir un impact significatif sur les performances sans sacrifier trop de fidélité visuelle.

- **Qualité des ombres et des effets** – Les ombres et les effets complexes (comme les reflets et l'éclairage dynamique) peuvent être très exigeants. En abaissant ces paramètres, vous augmenterez vos performances avec un effet minimal sur l'expérience de jeu.

Désactiver les processus d'arrière-plan inutiles

Avant de commencer votre jeu, assurez-vous de fermer les applications inutiles qui s'exécutent en arrière-plan. Cela libérera des ressources système et garantira que le jeu reçoit autant de puissance que possible. Vous pouvez utiliser **le Moniteur d'activité** (disponible dans Applications > Utilitaires) pour vérifier et fermer les processus inutiles qui consomment du processeur et de la mémoire.

Gardez votre MacBook Air M4 au frais

Les jeux peuvent générer de la chaleur, et le MacBook Air M4 étant un ordinateur portable fin et léger, il est essentiel de le garder au frais. La surchauffe peut entraîner un étranglement, c'est-à-dire que le système réduit ses performances pour gérer la chaleur. Assurez-vous que votre MacBook dispose d'une ventilation adéquate en le maintenant sur une surface dure. Vous pouvez également investir dans un coussin de refroidissement pour ordinateur portable pour aider à la gestion de la température pendant les longues sessions de jeu.

Activer le mode basse consommation si nécessaire

Si vous êtes préoccupé par l'autonomie de la batterie pendant que vous jouez, l'activation du **mode économie d** 'énergie peut vous aider à économiser de l'énergie. Gardez à l'esprit, cependant, que cela peut réduire légèrement les performances, il est donc préférable de l'utiliser lorsque vous jouez à des jeux moins exigeants graphiquement.

5. Le verdict : le MacBook Air M4 est-il une machine de jeu ?

Bien que le MacBook Air M4 ne soit pas conçu pour être un ordinateur portable de jeu dédié, sa puissante puce M4 et ses graphiques intégrés offrent une expérience de jeu étonnamment bonne pour les jeux occasionnels et indépendants. Les titres qui nécessitent moins de ressources fonctionneront sans problème et, avec quelques ajustements, des jeux encore plus exigeants peuvent être jouables. Si vous êtes quelqu'un qui aime les jeux comme passe-temps, vous trouverez le MacBook Air M4 capable de gérer un large éventail de titres.

Pour les joueurs qui privilégient les performances et les graphismes de pointe, vous voudrez peut-être vous tourner vers des machines haut de gamme comme le MacBook Pro M4 ou d'autres ordinateurs portables de jeu dédiés. Mais pour les jeux quotidiens et les sessions décontractées, le MacBook Air M4 offre un excellent rapport qualité-prix, offrant des performances solides sans encombrement.

Jouer sur le MacBook Air M4 peut être une expérience agréable tant que vous êtes conscient de vos paramètres de jeu et que vous ajustez occasionnellement les performances. Il ne remplacera peut-être pas un PC de jeu dédié, mais pour de nombreux utilisateurs, c'est plus que suffisant pour plonger dans des mondes amusants et immersifs.

Comment se connecter à des réseaux Wi-Fi et résoudre les problèmes de connectivité

Votre MacBook Air M4 est conçu pour se connecter au Wi-Fi sans effort, mais il peut arriver que vous rencontriez quelques bosses en cours de route. Que vous essayiez de vous connecter à un nouveau réseau Wi-Fi ou de

MACBOOK AIR M4 USER GUIDE

dépanner un réseau existant, cette section vous guidera tout au long du processus avec des étapes et des conseils faciles à suivre pour améliorer votre expérience Wi-Fi.

Connexion aux réseaux Wi-Fi

Se connecter au Wi-Fi sur votre MacBook Air M4 est un processus simple, et une fois que vous êtes configuré, tout se fait en douceur. Voici comment connecter votre MacBook Air M4 à un réseau Wi-Fi :

1. **Allumez votre MacBook Air M4** :Tout d'abord, allumez votre MacBook s'il n'est pas déjà allumé. Attendez que le bureau se charge et assurez-vous que macOS est entièrement opérationnel.

2. **Accéder aux paramètres Wi-Fi** :Dans le coin supérieur droit de votre écran, vous trouverez l'icône Wi-Fi. Il ressemble à une série de lignes courbes empilées les unes sur les autres. Si l'icône est grisée, cela signifie que vous n'êtes pas encore connecté à un réseau Wi-Fi. Cliquez sur l'icône Wi-Fi pour ouvrir le menu Wi-Fi.

3. **Sélectionnez votre réseau** :Une fois le menu ouvert, vous verrez une liste des réseaux Wi-Fi disponibles. Il s'agit des réseaux à votre portée, qu'il s'agisse de votre réseau domestique, d'un point d'accès Wi-Fi public ou d'un réseau au travail. Recherchez et cliquez sur le nom de votre réseau Wi-Fi.

4. **Entrez le mot de passe** :Si votre réseau est protégé par un mot de passe (ce qui devrait être le cas), une invite s'affichera pour vous demander le mot de passe Wi-Fi. Saisissez-le avec soin, notez que

les mots de passe sont sensibles à la casse. Une fois que vous avez saisi le bon mot de passe, cliquez sur **Rejoindre**.

5. **Confirmation de la connexion** :Après quelques instants, votre MacBook se connectera au réseau Wi-Fi. L'icône Wi-Fi deviendra noire, indiquant que vous êtes connecté avec succès. Vous verrez également une notification si vous êtes connecté à Internet.

À ce stade, vous êtes prêt à commencer à naviguer, à diffuser ou à travailler depuis votre MacBook Air M4 !

Dépannage des problèmes de connectivité courants

Bien que les connexions Wi-Fi sur le MacBook Air M4 soient généralement fluides, vous pouvez parfois rencontrer des problèmes. Voici comment dépanner et résoudre les problèmes courants.

1. Le Wi-Fi ne se connecte pas ou continue de se déconnecter

Cela peut être un problème frustrant, surtout lorsque vous avez besoin d'une connexion stable. Voici ce que vous pouvez faire :

Étape 1 : Vérifiez votre routeur Wi-Fi

Tout d'abord, assurez-vous que le problème ne provient pas du routeur Wi-Fi. Votre routeur est-il allumé ? Est-il correctement branché ? Essayez de redémarrer votre routeur en l'éteignant pendant environ 10 secondes, puis en le rallumant. Cela peut souvent résoudre des problèmes de connectivité temporaires.

Étape 2 : Oubliez le réseau et reconnectez-vous

Parfois, la connexion peut être « bloquée ». Accédez à Préférences Système > Réseau > Wi-Fi. Cliquez sur le bouton « Avancé », où vous verrez une liste des réseaux enregistrés. Sélectionnez votre réseau Wi-Fi et cliquez sur -" pour l'oublier. Maintenant, revenez au menu Wi-Fi en haut de l'écran et essayez de vous connecter à nouveau en sélectionnant votre réseau et en saisissant le mot de passe.

Étape 3 : Redémarrez votre MacBook

Si votre MacBook ne se connecte toujours pas après avoir essayé les étapes ci-dessus, redémarrez votre ordinateur. Parfois, un redémarrage rapide peut aider à résoudre les problèmes logiciels ou les problèmes temporaires empêchant le Wi-Fi de se connecter.

Étape 4 : Vérifier les mises à jour logicielles

Dans certains cas, un logiciel macOS obsolète peut entraîner des problèmes de connectivité. Pour vérifier les mises à jour, cliquez sur le menu Pomme en haut à gauche de votre écran et sélectionnez **À propos de cette mise à jour logicielle > Mac**. S'il y a des mises à jour disponibles, installez-les. Cela peut souvent résoudre des bogues sous-jacents causant des problèmes Wi-Fi.

Étape 5 : Vérifiez les paramètres Wi-Fi sur le routeur

Si le problème persiste, vérifiez les paramètres de votre routeur. Assurez-vous que le routeur n'est pas configuré sur un mode incompatible avec votre MacBook (par exemple, une autre bande de fréquence Wi-Fi). Vous devrez peut-être accéder à la page d'administration du routeur pour ajuster les paramètres. Vous pouvez vous référer au manuel de votre routeur ou au site Web d'assistance pour obtenir des instructions sur la façon de procéder.

2. Signal faible ou vitesses Internet lentes

Si votre connexion Wi-Fi fonctionne, mais que le signal est faible ou qu'Internet est lent, il est judicieux de vérifier quelques points :

Étape 1 : Rapprochez-vous du routeur

Les obstacles physiques tels que les murs, les objets métalliques ou même les appareils peuvent interférer avec le signal Wi-Fi. Si vous êtes trop éloigné du routeur, vous risquez de rencontrer des signaux faibles ou intermittents. Essayez de vous rapprocher du routeur pour voir si votre connexion s'améliore.

Étape 2 : Passez à un réseau 5 GHz (si disponible)

De nombreux routeurs modernes proposent à la fois des réseaux 2,4 GHz et 5 GHz. La bande 5 GHz offre généralement des vitesses plus rapides et moins d'interférences que la bande 2,4 GHz. Si votre routeur le prend en charge, essayez de vous connecter au réseau 5 GHz pour de meilleures performances. Dans le menu Wi-Fi, vérifiez s'il existe plusieurs options de réseau et connectez-vous à celui de 5 GHz.

Étape 3 : Vérifiez les interférences d'autres appareils

D'autres appareils électroniques de votre maison, tels que les micro-ondes, les moniteurs pour bébé ou même les réseaux Wi-Fi voisins, peuvent provoquer des interférences. Essayez d'éloigner votre routeur d'autres appareils électroniques et de modifier le canal Wi-Fi dans les paramètres de votre routeur si nécessaire.

Étape 4 : Utilisez un répéteur Wi-Fi ou un réseau maillé

Si votre maison est grande ou si le routeur est loin de votre lieu de travail, envisagez d'investir dans un répéteur Wi-Fi ou un réseau maillé. Ces appareils peuvent aider à amplifier le signal et à fournir une couverture plus fiable dans toute votre maison ou votre bureau.

3. La connexion Wi-Fi ne cesse de baisser

Si votre MacBook se déconnecte constamment du Wi-Fi, le problème peut être lié aux paramètres logiciels, à l'encombrement du réseau ou à des problèmes avec le routeur :

Étape 1 : Réinitialisez vos paramètres réseau

Parfois, les paramètres réseau peuvent être corrompus, ce qui peut entraîner des interruptions de connexion. Pour les réinitialiser, accédez à Préférences Système > Réseau, sélectionnez **Wi-Fi** et cliquez sur le bouton moins pour le supprimer. Ensuite, cliquez sur le bouton plus, sélectionnez Wi-Fi et reconnectez-vous à votre réseau. Cela actualisera vos paramètres réseau.

Étape 2 : Vérifiez le micrologiciel de votre routeur

Un micrologiciel de routeur obsolète peut entraîner des problèmes de connectivité, notamment des déconnexions fréquentes. Connectez-vous au panneau d'administration de votre routeur et vérifiez les mises à jour du micrologiciel disponibles. Le processus de mise à jour du micrologiciel varie selon la marque du routeur, reportez-vous donc au manuel de votre routeur ou au site Web du fabricant pour obtenir des instructions détaillées.

Étape 3 : Vérifiez l'encombrement du réseau

Si de nombreux appareils sont connectés à votre Wi-Fi, celui-ci peut devenir encombré, provoquant des ralentissements ou des déconnexions fréquentes. Essayez de déconnecter les appareils inutiles et voyez si cela améliore la stabilité de votre connexion.

4. Conseils généraux sur les performances Wi-Fi

Pour tirer le meilleur parti des performances Wi-Fi de votre MacBook, suivez ces conseils supplémentaires :

- **Activer la connexion automatique** : Si votre MacBook ne se connecte pas automatiquement à des réseaux connus, accédez à **Préférences Système > Réseau > Wi-Fi > Avancé.** Assurez-vous que l' option **Connexion automatique** est cochée pour vos réseaux préférés.

- **Réduire l'utilisation des applications en arrière-plan** : si votre MacBook exécute plusieurs applications qui utilisent Internet (comme des vidéos en streaming, des sauvegardes dans le cloud ou des mises à jour), cela peut ralentir votre connexion Wi-Fi. Fermez toutes les applications inutiles pour libérer de la bande passante.

- **Utilisez Ethernet pour une connexion stable** : Si vous avez besoin d'une connexion plus stable, envisagez d'utiliser un adaptateur USB-C vers Ethernet pour vous connecter directement à votre routeur. Cela

MACBOOK AIR M4 USER GUIDE

permettra de contourner les interférences Wi-Fi et de fournir une connexion plus rapide et plus fiable.

- **Vérifiez les paramètres DNS** : La lenteur d'Internet peut parfois être causée par des problèmes DNS. Vous pouvez remplacer votre serveur DNS par un serveur plus rapide, tel que le DNS de Google (8.8.8.8) ou celui de Cloudflare (1.1.1.1). Allez dans **Préférences Système > Réseau > Avancé > DNS,** puis ajoutez les serveurs DNS préférés.

CHAPITRE 12 : VOTRE MACBOOK AIR M4 POUR L'ÉDUCATION ET LE TRAVAIL

Comment le MacBook Air M4 peut vous aider dans vos études ou vos tâches professionnelles

Que vous soyez un étudiant qui se lance dans un semestre d'études intenses ou un professionnel chargé de tâches complexes, le **MacBook Air M4** est conçu pour être votre compagnon idéal. De son profil mince à sa puissante puce M4, cet ordinateur portable est plus que capable de prendre en charge vos tâches quotidiennes, que vous rédigiez des essais, fassiez des recherches, assistiez à des réunions vidéo ou gériez des projets. Dans cette section, nous allons voir comment le MacBook Air M4 peut vous aider à rester productif, organisé et efficace dans les établissements d'enseignement et les milieux professionnels.

Portabilité : une puissance légère

L'une des caractéristiques les plus remarquables du **MacBook Air M4** est sa portabilité. Que vous soyez un étudiant qui se déplace d'un amphithéâtre à l'autre ou un professionnel qui se déplace entre deux réunions, ce MacBook

MACBOOK AIR M4 USER GUIDE

est conçu pour être léger et ultra-mince sans compromettre les performances. Pesant seulement **1,24 kg (2,7 livres) et mesurant seulement** 1,61 cm (0,63 pouce), le MacBook Air M4 se glisse facilement dans n'importe quel sac, ce qui le rend parfait pour la productivité en déplacement.

Que vous étudiiez à la bibliothèque, que vous travailliez dans un café ou que vous vous déplaciez entre deux bureaux, le **MacBook Air M4 ne** vous alourdira pas. Sa portabilité vous permet de l'emporter avec vous toute la journée, de sorte que vous êtes toujours prêt à vous plonger dans votre travail ou votre matériel d'apprentissage. Oubliez l'époque où vous deviez trimballer un ordinateur portable encombrant ou vous sentir confiné à un bureau, ce MacBook est conçu pour s'adapter à votre style de vie, en vous offrant un confort sans sacrifier la puissance.

Autonomie de la batterie : restez alimenté toute la journée

Dans l'éducation et le travail, le temps est précieux, et il n'y a rien de plus frustrant que de voir son ordinateur portable à court de batterie juste au moment où vous êtes plongé dans un projet ou une conférence. Heureusement, le **MacBook Air M4** excelle dans ce domaine, offrant une autonomie de **batterie** impressionnante. Avec jusqu'à **15 heures de navigation sans fil** sur le Web et **18 heures de lecture vidéo**, le MacBook Air M4 peut facilement vous transporter pendant une journée complète de travail ou d'étude sans avoir besoin d'être branché.

Pour les étudiants, cela signifie que vous pouvez assister à des cours consécutifs, prendre des notes et faire des recherches sans vous soucier de trouver un exutoire pendant les cours. Pour les professionnels, cela signifie que vous pouvez assister à des réunions virtuelles, travailler sur des présentations et examiner des documents sans vous bousculer constamment pour trouver votre chargeur. Que vous soyez à la maison, sur le campus ou dans un café, vous pouvez compter sur votre MacBook Air M4 pour vous garder alimenté tout au long de la journée. La longue durée de vie de la batterie vous permet de rester productif, peu importe où la vie vous mène.

Performance : prêt pour toutes les tâches

Sous l'extérieur élégant du **MacBook Air M4** se cache un concentré de puissance conçu à la fois pour l'efficacité et la vitesse. La **puce M4** permet d'accomplir les tâches quotidiennes avec facilité, offrant des **performances exceptionnelles** pour tout, de la prise de notes et de la recherche au montage vidéo et au codage. L'impressionnant **processeur à 8 cœurs** et le **GPU à 10 cœurs du MacBook Air M4** fonctionnent ensemble pour gérer plusieurs applications sans transpirer. Que vous rédigiez un document de recherche dans **Microsoft Word**, que vous effectuiez des recherches approfondies dans un **navigateur** ou que vous analysiez des données dans **Excel**, ce MacBook peut tout gérer.

Pour les étudiants qui misent fortement sur le multitâche, le MacBook Air M4 offre des transitions fluides entre les applications. Vous pouvez ouvrir plusieurs onglets, passer d'un document de recherche à l'autre et prendre des notes sans subir de décalage. Le **système d'exploitation macOS Sequoia** garantit également une expérience utilisateur fluide, avec des optimisations qui rendent la navigation entre les applications intuitive et efficace. Les **16 Go de mémoire unifiée** permettent également au MacBook de gérer des fichiers volumineux et des applications exigeantes, ce qui permet aux étudiants d'exécuter des programmes de recherche, des environnements de codage et des logiciels d'édition multimédia sans ralentir.

Vidéoconférence : parfaite pour les cours et les réunions en ligne

À l'ère de l'apprentissage à distance et des environnements de travail virtuels, la **vidéoconférence** est devenue un élément essentiel de l'éducation et du travail. Que vous assistiez à une conférence en ligne, à une réunion Zoom ou à un entretien virtuel, le **MacBook Air M4** est conçu pour offrir une expérience de visioconférence fluide.

La **webcam Center Stage de 12 Mpx** est une mise à niveau significative, offrant une qualité vidéo plus claire et plus éclatante. Il ajuste automatiquement le cadre, vous gardant centré lorsque vous vous déplacez pendant un appel vidéo. Cela fait de la participation à des classes, des réunions et des discussions virtuelles une expérience plus immersive et professionnelle. Associé au **microphone de qualité studio** et aux **haut-parleurs audio spatiaux de l'ordinateur portable**, votre audio et votre vidéo seront nets et clairs, ce qui vous permettra d'être toujours entendu et vu, qu'il s'agisse d'un groupe d'étude ou d'une réunion avec un client.

Pour les étudiants, cela signifie qu'ils n'ont plus à s'inquiéter des vidéos floues et de mauvaise qualité lorsqu'ils assistent à des cours en ligne. Pour les professionnels, il s'agit d'avoir l'air bien lors des appels vidéo avec des clients, des collègues ou des supérieurs. Le **MacBook Air M4** offre d'excellentes performances pour la visioconférence, même dans des environnements où le bruit de fond peut être un problème. Grâce à sa

MACBOOK AIR M4 USER GUIDE

configuration de micro et de haut-parleurs de haute qualité, vous aurez toujours une communication claire, que vous discutiez d'un projet de groupe ou que vous négociiez un accord commercial.

Prise de notes et recherche : un flux de travail sans faille

Que vous rédigiez des notes pendant un cours, que vous réfléchissiez à un essai ou que vous effectuiez des recherches pour un projet de travail, le **MacBook Air M4** est un compagnon idéal pour la prise de notes et la recherche. Grâce au **Magic Keyboard réactif**, la saisie de longs documents et de notes est naturelle, confortable et rapide. La course des touches est satisfaisante et la mise en page est optimisée pour une expérience de frappe fluide, ce qui facilite grandement la rédaction de documents, d'essais ou de notes de réunion.

L **'écran Retina** est un autre point fort, offrant un texte clair et des couleurs vives pour votre travail. Lors de vos recherches, qu'il s'agisse de lire des articles, de consulter des documents ou de regarder des vidéos pédagogiques, l'écran du MacBook Air M4 offre une expérience lumineuse, nette et immersive. Ceci est particulièrement utile pour les étudiants qui ont besoin de lire de longs manuels ou de réviser des documents pendant des heures.

Pour les professionnels, le **MacBook Air M4** est parfait pour gérer des documents volumineux, des feuilles de calcul et des présentations. Que vous analysiez des données dans Excel, que vous créiez des rapports dans Word ou que vous conceviez des présentations dans PowerPoint, le MacBook Air M4 peut tout gérer. Ses performances sont idéales pour le multitâche, vous pouvez donc exécuter plusieurs applications sans vous soucier du décalage, que vous fassiez des recherches, écriviez ou gériez un projet en même temps.

Collaboration et partage de fichiers : travaillez ensemble sans effort

La collaboration est au cœur des tâches éducatives et professionnelles. Le **MacBook Air M4** excelle dans ce domaine en s'intégrant parfaitement à l'**écosystème Apple**. Si vous travaillez sur un projet de groupe, le partage de fichiers ou la collaboration en temps réel est plus simple que jamais. Avec **iCloud**, vous pouvez stocker vos notes, vos documents de recherche et vos fichiers en toute sécurité et y accéder sur tous vos appareils Apple. Partagez des fichiers, des dossiers et des documents avec des camarades de classe, des coéquipiers ou des collègues en quelques clics.

Pour les professionnels, ce niveau d'intégration est inestimable. Vous pouvez instantanément partager des documents avec vos collègues, collaborer sur des projets dans **Pages** ou **Numbers**, et accéder à votre travail de n'importe où via **iCloud Drive**. Qu'il s'agisse d'un projet d'équipe ou d'un travail client, les capacités transparentes de partage de fichiers et de collaboration rendent le travail d'équipe facile et efficace.

Applications de productivité pour l'éducation et le travail

Que vous soyez un étudiant jonglant avec des devoirs et des échéances, ou un professionnel gérant plusieurs projets et réunions, le MacBook Air M4 regorge de fonctionnalités qui peuvent vous aider à augmenter votre productivité et à rester sur la bonne voie. L'une des plus grandes forces de macOS est la large gamme d'applications conçues pour prendre en charge votre flux de travail, ce qui rend vos tâches plus efficaces et organisées. Dans ce chapitre, nous allons examiner les meilleures applications de productivité disponibles pour l'éducation et le travail, vous aidant à naviguer facilement dans votre journée.

1. Microsoft Office 365 : la suite incontournable pour le travail et les études

En matière de productivité, **Microsoft Office 365** est probablement le premier nom qui vient à l'esprit. Ce n'est pas seulement pour les professionnels, c'est aussi un outil essentiel pour les étudiants. La suite comprend Word, Excel, PowerPoint, Outlook, OneNote, etc., ce qui en fait une solution complète pour tous vos besoins en matière de création de documents, d'analyse de données, de présentations et de gestion des e-mails.

- **Word** : Parfait pour la rédaction d'essais, de documents de recherche, de rapports et de tout ce qui nécessite une documentation textuelle. Les outils de Word, tels que les modèles intégrés, la vérification orthographique et les options de formatage, garantissent que vos documents ont l'air soignés.

- **Excel** : Un outil puissant pour la gestion des données. Que vous suiviez vos budgets personnels, meniez des recherches ou organisiez des projets, les feuilles de calcul d'Excel facilitent la gestion de grandes quantités d'informations. Vous pouvez créer des graphiques détaillés, exécuter des formules complexes et analyser des données sans tracas.

- **PowerPoint** : Que ce soit pour des présentations en classe ou des réunions de travail, PowerPoint vous permet de concevoir facilement des diaporamas visuellement époustouflants. Grâce à des modèles personnalisables et à une intégration transparente du multimédia, vous pouvez engager votre public plus efficacement.

- **OneNote** : idéal pour organiser les notes sur différents sujets, projets ou réunions. OneNote se synchronise sur tous les appareils, de sorte que que vous preniez des notes sur votre MacBook ou sur votre téléphone, vous ne perdrez jamais de vue les informations importantes.

- **Outlook** : un client de messagerie complet avec une excellente intégration pour gérer votre emploi du temps, vos contacts et vos e-mails. C'est idéal pour les professionnels, surtout lorsque vous devez garder la communication avec les clients, les collègues et les professeurs en un seul endroit.

Pourquoi c'est génial pour vous : Office 365 est une suite éprouvée qui fournit tout, de la rédaction d'articles à la gestion des données. De plus, grâce à l'intégration dans le cloud, vos fichiers sont toujours accessibles, où que vous soyez.

2. Notion : l'espace de travail tout-en-un

Notion devient rapidement un favori des fans parmi les étudiants et les professionnels. Il s'agit d'un espace de travail tout-en-un qui combine des notes, des tâches, des bases de données, des calendriers et la gestion de projet dans une interface unique et élégante. Cela en fait un outil puissant pour tous ceux qui ont besoin d'organiser efficacement leur travail, leurs notes de cours et leurs listes de tâches.

- **Notes et bases de données** : Organisez vos notes par sujet, créez des bases de données pour vos devoirs ou tâches de travail, et conservez tout au même endroit. Vous pouvez facilement classer et étiqueter vos notes, ce qui les rend plus faciles à retrouver plus tard.

- **Gestion des tâches** : utilisez les outils de gestion des tâches personnalisables de Notion pour garder le contrôle de vos missions, réunions et projets. Fixez des échéances, ajoutez des priorités et suivez votre progression dans un tableau de bord visuellement attrayant.

- **Fonctionnalités collaboratives** : Si vous travaillez sur un projet de groupe, Notion vous permet de collaborer avec d'autres personnes en temps réel, ce qui facilite le partage de notes, le suivi des progrès et l'organisation de tout dans un seul espace partagé.

Pourquoi c'est génial pour vous : Que vous gériez un projet de recherche, que vous suiviez des tâches ou que vous preniez des notes de cours, la flexibilité de Notion en fait une application essentielle pour rester organisé, concentré et productif.

3. Evernote : votre carnet numérique

Pour ceux qui préfèrent une application de prise de notes simple et facile à utiliser avec de solides fonctionnalités d'organisation, **Evernote** est un choix solide. Cette application est conçue pour capturer toutes vos idées, tâches et notes dans un format simple d'accès et de recherche.

- **Notes de texte, d'audio et d'image** : Evernote vous permet de prendre des notes dans plusieurs formats, du texte dactylographié aux mémos vocaux, en passant par l'ajout d'images et de PDF. Il est ainsi facile de tout capturer, des notes de cours aux procès-verbaux de réunion.

- **Recherche et tags** : Evernote vous permet de trouver incroyablement facilement ce que vous cherchez, même si vous avez des milliers de notes. Vous pouvez effectuer une recherche dans le texte de vos notes et les organiser à l'aide de balises pour une meilleure catégorisation.

- **Synchronisation entre les appareils** : Comme OneNote, Evernote se synchronise sur tous vos appareils, ce qui signifie que vos notes sont accessibles, que vous soyez sur votre MacBook, votre téléphone ou votre tablette.

Pourquoi c'est génial pour vous : Evernote est parfait pour tous ceux qui ont besoin d'un carnet numérique pour tout conserver, des notes de cours aux idées de projets, en un seul endroit facile à rechercher. La synchronisation multi-appareils vous permet de ne jamais avoir à vous soucier de perdre l'accès à votre travail.

4. Trello : Gestion de projet visuelle

Si vous travaillez sur des projets, que ce soit à l'école ou professionnellement, **Trello** est un excellent outil pour gérer les tâches visuellement. Il utilise un système de tableau et de carte qui vous permet de suivre facilement l'avancement de vos projets et d'organiser les tâches.

- **Tableaux Kanban** : Les tableaux de style Kanban de Trello vous permettent de décomposer vos projets en tâches gérables. Vous pouvez créer des tableaux pour différents projets et, dans chaque tableau, ajouter des cartes pour des tâches spécifiques, attribuer des échéances et déplacer des cartes entre les listes pour suivre la progression.

- **Collaboration** : Les fonctionnalités de collaboration en temps réel de Trello vous permettent d'inviter d'autres personnes à vos tableaux. Cela le rend idéal pour les projets de groupe, les collaborations d'équipe ou même les tâches de travail.

- **Listes de contrôle et dates d'échéance** : Vous pouvez créer des listes de contrôle dans les cartes et définir des dates d'échéance pour vous assurer que les tâches sont terminées à temps. C'est simple, mais incroyablement efficace pour rester organisé.

Pourquoi c'est génial pour vous : Trello est parfait pour ceux qui préfèrent une approche visuelle et glisser-déposer de la gestion de projet. Que vous coordonniez une mission de groupe ou que vous gériez plusieurs tâches au travail, Trello conserve tout au même endroit et vous permet de respecter les délais.

5. Google Keep : notes rapides et rappels

Pour ceux qui préfèrent la simplicité, **Google Keep** est une application fantastique pour noter rapidement des idées ou créer des rappels. Il s'agit d'une application de prise de notes facile à utiliser qui est particulièrement utile pour les étudiants qui ont besoin de capturer des idées ou des rappels en déplacement.

- **Notes simples** : vous pouvez rapidement prendre des notes textuelles, vocales ou photo et ajouter des étiquettes pour une meilleure organisation. Keep est parfait pour capturer des pensées fugaces, des listes de tâches ou des idées que vous ne voulez pas oublier.

- **Rappels et codage couleur** : Google Keep vous permet de définir des rappels pour les notes, ce qui vous permet de rester au courant des tâches importantes. Vous pouvez également attribuer un code couleur à vos notes pour organiser différents types d'informations.

- **Intégration avec Google Drive** : Keep s'intègre parfaitement à Google Drive, ce qui vous permet d'enregistrer et de partager facilement vos notes avec d'autres. Cela en fait une option pratique pour les projets collaboratifs.

Pourquoi c'est génial pour vous : Google Keep est idéal pour tous ceux qui ont besoin de capturer rapidement des notes ou des rappels sans la complexité

MACBOOK AIR M4 USER GUIDE

d'autres applications. Il est rapide, efficace et se synchronise avec votre compte Google pour un accès facile sur tous les appareils.

Organisation de documents et de fichiers avec Finder et Spotlight

Lorsque vous installerez votre nouveau MacBook Air M4, le Finder est l'un des outils les plus puissants que vous aurez à portée de main pour rester organisé. Finder est essentiellement votre système de gestion de fichiers, et c'est là que vous passerez beaucoup de temps, d'autant plus que vous accumulez plus de documents, de projets et de fichiers au fil du temps. Mais ne vous inquiétez pas, macOS offre une gamme d'outils et de techniques pour vous assurer de ne plus jamais vous sentir perdu dans une mer de documents. Voyons comment vous pouvez garder vos fichiers bien organisés et faciles d'accès à l'aide **du Finder** et de **Spotlight**.

Découvrir Finder : votre hub de gestion de fichiers

Lorsque vous ouvrez le Finder, vous affichez la passerelle vers tous vos documents et fichiers sur votre MacBook Air M4. Pensez-y comme au classeur de votre ordinateur, mais en beaucoup plus puissant et intuitif. Finder est simple à utiliser, mais il offre de nombreuses façons de le personnaliser selon vos besoins. Voici comment commencer :

1. La fenêtre du Finder : un aperçu rapide

Lorsque vous ouvrez **le Finder**, une fenêtre s'affiche avec plusieurs éléments clés :

- **Barre latérale** : sur le côté gauche, vous verrez des liens vers vos dossiers, appareils et emplacements tels que iCloud Drive, Téléchargements, Documents, Applications, etc. Cette barre latérale est votre menu d'accès rapide. Vous pouvez ajouter ou supprimer les dossiers ou les emplacements que vous utilisez le plus souvent pour les garder à portée de main.

- **Visionneuse** de fichiers : Dans la zone principale de la fenêtre, vous verrez tous les fichiers et dossiers de l'emplacement sélectionné. Les fichiers apparaîtront sous forme d'icônes ou de liste, selon la vue que vous préférez.

- **Barre d'**outils : en haut, la barre d'outils contient des boutons utiles pour des choses comme la création de nouveaux dossiers, la gestion des fichiers et la modification de l'affichage de vos fichiers.

2. Tri des fichiers dans le Finder

Pour que tout reste bien rangé, le tri de vos fichiers est indispensable. Heureusement, Finder simplifie les choses :

- **Trier par nom** : C'est la façon la plus courante de garder vos fichiers en ordre, surtout lorsque vous traitez beaucoup de documents. Il vous suffit de cliquer sur la colonne « Nom » du Finder pour les trier par ordre alphabétique.

MACBOOK AIR M4 USER GUIDE

- **Trier par date** : Si vous préférez que vos fichiers soient organisés par les plus récents ou les plus anciens, cliquez sur la colonne « Date » pour trier en fonction de la date de la dernière modification des fichiers.

- **Trier par type ou taille** : Vous pouvez également organiser vos fichiers par type de fichier (par exemple, PDF, Word, Excel) ou par taille. C'est idéal pour trier les documents en fonction de leur format ou identifier les fichiers qui occupent le plus d'espace sur votre MacBook.

Vous pouvez également personnaliser votre Finder pour afficher les fichiers de manière spécifique, comme **des icônes** ou une **vue en liste**. Si vous travaillez sur un projet qui implique un grand nombre de fichiers similaires (comme des documents de recherche ou des notes), vous pouvez passer en **mode Colonnes** pour faciliter la navigation et la prévisualisation des fichiers.

3. Utilisation de balises pour faciliter l'identification des fichiers

L'une des fonctionnalités les plus sous-estimées du Finder est la possibilité d'utiliser **des balises** pour catégoriser et coder vos fichiers. Les balises sont comme des surligneurs virtuels qui peuvent vous aider à repérer rapidement les documents importants ou les fichiers liés à un projet spécifique. Voici comment vous pouvez les utiliser :

- **Attribution de balises** : cliquez avec le bouton droit de la souris sur n'importe quel fichier ou dossier dans le Finder et choisissez une balise de couleur. Vous pouvez même ajouter des balises personnalisées telles que « Important », « À réviser » ou « Terminé ».

- **Personnalisation des balises** : Vous voulez créer votre propre système ? Rendez-vous dans **Préférences Système > Balises**, et vous pouvez renommer, réorganiser ou ajouter des balises personnalisées en fonction de vos besoins.

- **Recherche par balises** : Les balises facilitent grandement la recherche de fichiers dans le Finder. Si vous avez étiqueté tous vos documents liés au travail comme « Travail », vous pouvez simplement cliquer sur la balise « Travail » dans la barre latérale pour afficher tout ce qui concerne ce projet.

Organisation des fichiers en dossiers : les bases de la structure

Bien que les fonctions de tri et de balisage du Finder soient puissantes, le meilleur moyen de s'assurer que tout reste bien rangé à long terme, c'est de garder vos fichiers organisés dans des dossiers logiques et faciles à naviguer.

1. Créez des dossiers pour regrouper les fichiers associés

Considérez les **dossiers** comme la structure principale de votre système d'organisation de fichiers. Vous pouvez créer des dossiers basés sur des catégories telles que « École », « Travail » ou « Projets personnels ». Pour créer un nouveau dossier, appuyez simplement sur **Commande + Maj + N** ou cliquez avec le bouton droit de la souris et sélectionnez **Nouveau dossier**. Vous pouvez également créer des sous-dossiers à l'intérieur de dossiers plus grands, comme un dossier « Travail » qui contient des sous-dossiers pour différents projets.

- **Nommage des dossiers** : donnez à chaque dossier un nom clair et concis, comme « Recherche mathématique » ou « Fichiers du projet X », afin de savoir exactement ce qu'il contient sans avoir à l'ouvrir.

- **Codage couleur des dossiers** : Vous pouvez également attribuer des balises de couleur aux dossiers, tout comme vous le faites avec les fichiers. Cela ajoute une couche supplémentaire d'organisation et permet de repérer facilement certains dossiers en un coup d'œil.

2. Dossiers intelligents : organisez automatiquement les fichiers

Pour une organisation plus avancée, vous pouvez créer **des dossiers intelligents** dans le Finder. Il s'agit de dossiers qui se mettent automatiquement à jour pour inclure des fichiers qui répondent à certains critères, tels que le type de fichier ou des mots-clés. Par exemple, vous pouvez créer un dossier intelligent qui rassemble tous vos fichiers PDF ou tous vos documents liés à un projet spécifique.

Pour créer un dossier intelligent :

1. Ouvrez le Finder et allez dans **Fichier > Nouveau dossier intelligent**.

2. Utilisez la barre de recherche pour filtrer les fichiers par type de fichier, date de modification ou mots-clés.

3. Enregistrez le dossier intelligent et il sera automatiquement mis à jour avec les fichiers pertinents au fur et à mesure que vous travaillez.

Spotlight Search : votre outil d'accès rapide

Bien que Finder soit idéal pour l'organisation et le tri, il vous suffit parfois de trouver rapidement un fichier sans passer au crible plusieurs dossiers. C'est là que **Spotlight** entre en jeu.

Spotlight est un outil de recherche incroyablement rapide intégré à votre MacBook Air M4, et il est idéal pour localiser rapidement n'importe quel fichier, document ou application sur votre ordinateur. Voici comment l'utiliser efficacement :

1. Utilisation de Spotlight pour rechercher des fichiers

- Appuyez sur **Commande + Espace** pour afficher Spotlight (ou cliquez sur la loupe dans le coin supérieur droit de votre écran).

- Commencez à taper le nom du fichier que vous recherchez. Spotlight recherchera une correspondance dans tous vos fichiers et documents, y compris ceux stockés dans iCloud.

- Spotlight affiche également des suggestions d'applications, d'e-mails et même de recherches sur le Web en fonction de votre requête. Si vous recherchez un document, il apparaîtra dans les résultats de recherche avec l'application que vous avez utilisée pour l'ouvrir.

2. Affiner votre recherche

Spotlight est excellent pour trouver rapidement des fichiers, mais vous voudrez peut-être affiner davantage vos résultats. Pour ce faire :

- **Recherche par type de fichier** : saisissez une extension de fichier dans Spotlight, par exemple « .pdf » ou « .docx », et seuls les fichiers portant cette extension s'afficheront.

- **Utiliser des mots-clés** : si vous avez utilisé des balises pour vos fichiers, Spotlight affichera également des fichiers avec des balises correspondantes. Par exemple, si vous avez marqué vos fichiers comme « Urgent », si vous tapez « Urgent » dans Spotlight, vous verrez tous les fichiers avec cette balise.

3. Recherche à l'aide du langage naturel

La meilleure partie de Spotlight est qu'il comprend le langage naturel. Vous pouvez taper des choses comme :

- « Documents modifiés la semaine dernière »

- « Photos de vacances »

- « E-mails de John Doe »

Spotlight triera vos documents, e-mails et fichiers pour vous donner ce que vous cherchez en fonction des phrases que vous tapez.

4. Utilisation de Spotlight pour les applications et les paramètres

En plus de rechercher des fichiers, vous pouvez également utiliser Spotlight pour trouver des applications ou ouvrir les préférences système. Par exemple, si vous tapez « Safari », vous ouvrez le navigateur Safari, tandis que si vous tapez « Préférences Système », vous ouvrez les paramètres système où vous pouvez ajuster les paramètres de votre MacBook.

CHAPITRE 13 : LE MACBOOK AIR M4 DANS L'ÉCOSYSTÈME APPLE

Intégration avec votre iPhone, iPad et Apple Watch

L'écosystème d'Apple est construit autour de l'idée d'une intégration transparente entre ses appareils, et le MacBook Air M4 est au cœur de cette expérience. Que vous utilisiez un iPhone, un iPad ou une Apple Watch, votre MacBook peut fonctionner sans effort avec ces appareils pour rendre vos tâches quotidiennes plus faciles, plus efficaces et plus agréables.

Ce chapitre vous expliquera comment tirer le meilleur parti des fonctionnalités de Continuity telles que **Handoff**, **AirDrop** et **Universal Control**, et comment elles peuvent vous aider à rester connecté et productif sur tous vos appareils Apple. Considérez ces fonctionnalités comme un pont qui relie tout dans votre monde Apple, vous permettant de passer en douceur d'un appareil à l'autre sans perdre de temps.

Qu'est-ce que la continuité ?

La continuité est le terme utilisé par Apple pour décrire la façon dont ses appareils fonctionnent ensemble pour offrir une expérience fluide et transparente. Il permet à votre MacBook Air M4 de détecter et de fonctionner automatiquement avec votre iPhone, iPad ou Apple Watch. Cette intégration s'étend à une variété d'applications et de fonctions, de sorte que vous pouvez reprendre là où vous vous étiez arrêté sans vous soucier de la compatibilité des appareils ou des interruptions. La continuité donne vie à la magie de l'écosystème Apple.

Transfert : reprenez là où vous vous étiez arrêté

L'une des fonctionnalités les plus remarquables de Continuity est **Handoff**. Avez-vous déjà commencé à rédiger un e-mail sur votre iPhone et souhaité pouvoir le terminer sur votre MacBook Air M4 ? Ou peut-être naviguez-vous sur un site Web sur votre iPad et souhaitez-vous passer à votre MacBook pour lire un article plus en détail ? C'est là que Handoff entre en jeu.

Fonctionnement de Handoff : Handoff vous permet de démarrer une tâche sur un appareil Apple et de la reprendre sur un autre sans perdre de temps. Que vous travailliez sur un e-mail, que vous naviguiez sur le Web, que vous rédigiez un document ou même que vous rédigiez un message, Handoff vous montrera une petite icône sur vos autres appareils Apple, signalant que vous pouvez reprendre là où vous vous étiez arrêté.

Voici comment utiliser Handoff :

1. **Activer Handoff** : assurez-vous que tous vos appareils sont connectés avec le même identifiant Apple et au même réseau Wi-Fi. Sur votre MacBook Air M4, accédez à **Préférences Système > Général** et

cochez la case « Autoriser Handoff entre ce Mac et vos appareils iCloud ».

2. **Démarrer une tâche** : Démarrez votre tâche sur votre iPhone ou iPad. Par exemple, si vous rédigez un e-mail dans l'app Mail ou si vous naviguez dans Safari, votre appareil stockera la tâche en arrière-plan.

3. **Pour passer à votre MacBook :** Sur votre MacBook Air M4, recherchez l'icône Handoff dans le dock de l'application. Une petite icône de l'application que vous utilisiez s'affiche, comme un onglet Safari ou un brouillon d'e-mail.

4. **Continuer sur Mac** : cliquez sur l'icône pour accéder instantanément à cette tâche sur votre MacBook, et vous êtes prêt à partir !

Exemple de cas d'utilisation : Supposons que vous rédigiez un long e-mail sur votre iPhone. À mi-chemin, vous vous rendez compte que vous devez ajouter des pièces jointes et effectuer un formatage plus détaillé, mais vous préférez utiliser l'écran et le clavier plus grands de votre MacBook. Grâce à Handoff, vous pouvez ouvrir l'application Mail sur votre MacBook et continuer à taper là où vous vous étiez arrêté sur votre iPhone.

AirDrop : envoyez des fichiers instantanément sur tous les appareils

L'une des fonctionnalités les plus utiles de l'écosystème Apple est **AirDrop**. Il s'agit d'un moyen rapide et sans fil d'envoyer des fichiers entre vos appareils sans avoir besoin d'e-mails, de stockage dans le cloud ou de câbles. Que vous envoyiez des photos, des vidéos, des documents ou des liens vers des sites Web, AirDrop facilite le partage de fichiers de votre MacBook Air

M4 vers votre iPhone, iPad ou Apple Watch (bien que l'Apple Watch ait une gestion de fichiers plus limitée).

Comment utiliser AirDrop : AirDrop est incroyablement simple à utiliser. Voici un guide rapide sur son fonctionnement :

1. **Activer AirDrop** : assurez-vous qu'AirDrop est activé. Sur votre MacBook, ouvrez le **Finder**, cliquez sur **AirDrop** dans la barre latérale et réglez-le sur « Autoriser ma découverte par : Contacts » ou « Tout le monde ». Sur votre iPhone ou iPad, balayez vers le haut depuis le bas pour ouvrir le **centre de contrôle** et appuyez sur l'icône AirDrop. Réglez-le sur « Tout le monde » ou « Contacts uniquement ».

2. **Sélectionnez les fichiers** : Sur votre MacBook Air M4, sélectionnez le fichier que vous souhaitez partager. Il peut s'agir d'une image, d'un document ou même d'une page Web que vous souhaitez envoyer à votre iPhone ou iPad.

3. **Envoyer via AirDrop** : Faites un clic droit sur le fichier et sélectionnez **Partager > AirDrop**. Vos appareils Apple à proximité apparaîtront dans le menu AirDrop. Sélectionnez l'appareil auquel vous souhaitez envoyer le fichier, et le transfert commencera instantanément.

4. **Recevoir sur iPhone/iPad** : Sur votre iPhone ou iPad, vous verrez une fenêtre contextuelle vous demandant si vous souhaitez accepter le fichier. Une fois que vous avez appuyé sur **Accepter**, le fichier est

automatiquement enregistré dans l'application appropriée, telle que Photos, Notes ou Fichiers.

Exemple de cas d'utilisation : imaginez que vous travaillez sur une présentation sur votre MacBook et que vous souhaitez partager rapidement quelques diapositives avec un collègue à l'aide de son iPhone. Au lieu de passer par e-mail ou par stockage en nuage, il suffit d'AirDrop les diapositives. Ils apparaîtront instantanément sur leur téléphone, prêts à être consultés, sans avoir besoin de câbles ou d'étapes supplémentaires.

Contrôle universel : maîtrisez plusieurs appareils avec une souris et un clavier

Le contrôle universel est une fonctionnalité révolutionnaire pour les utilisateurs qui possèdent plusieurs appareils Apple, tels qu'un MacBook Air M4, un iPad et même un autre Mac. Il vous permet d'utiliser la souris et le clavier de votre MacBook pour contrôler votre iPad ou un autre Mac de manière transparente. Vous pouvez même glisser-déposer des fichiers entre les appareils comme s'ils faisaient partie d'un grand bureau.

Comment utiliser le contrôle universel :

1. **Activer le contrôle universel** : Tout d'abord, assurez-vous que votre MacBook Air M4, votre iPad et tout autre appareil Apple sont connectés au même identifiant Apple. Sur le Mac, accédez à **Préférences Système > Moniteurs** et cliquez sur **Contrôle universel**. Cochez les options « Autoriser votre curseur et votre clavier à se déplacer entre n'importe quel Mac ou iPad à proximité ».

2. **Placez vos appareils côte à côte** : Disposez votre MacBook Air M4 et votre iPad sur votre bureau de manière à ce qu'ils soient physiquement côte à côte, ou placez-les sur les côtés opposés de votre écran, en fonction de l'endroit où vous souhaitez que le curseur se déplace.

3. **Déplacez le curseur entre les appareils** : Lorsque le contrôle universel est activé, il suffit de déplacer le pointeur de votre souris sur le bord de l'écran du MacBook, et il passera en douceur à votre iPad. Vous pouvez cliquer, glisser et déposer des fichiers entre les appareils comme vous le feriez s'ils faisaient partie du même écran.

Exemple d'utilisation : si vous travaillez sur un rapport sur votre MacBook Air M4, mais que vous souhaitez dessiner des diagrammes ou prendre des notes sur votre iPad, vous pouvez simplement déplacer votre curseur de votre Mac vers votre iPad. Utilisez votre MacBook pour taper et votre iPad pour dessiner. Vous pouvez même faire glisser des fichiers du MacBook directement dans une application sur l'iPad, comme si vous faisiez glisser un PDF dans l'application Notes pour l'annoter.

Pourquoi cette intégration est importante

Ces caractéristiques ne sont pas seulement une question de commodité ; Il s'agit d'améliorer la productivité et la créativité. En intégrant votre MacBook Air M4 à vos autres appareils Apple, vous créez un espace de travail unifié où les frontières entre les appareils s'estompent. Les tâches qui nécessiteraient normalement plusieurs étapes sur différentes applications ou même plateformes sont simplifiées et rationalisées. Cette intégration vous permet de vous concentrer sur ce qui compte vraiment : faire votre travail, rester connecté et tirer le meilleur parti des outils à votre disposition.

Exemple de scénario : imaginez que vous travaillez sur un projet et que vous passez d'un iPhone pour une réponse rapide à un message, à votre MacBook pour rédiger un rapport, puis à votre iPad pour prendre des notes ou dessiner des diagrammes. Tout cela se passe sans perdre le contexte ni avoir à répéter les étapes. C'est comme si vous disposiez d'un espace de travail suralimenté et flexible qui s'adapte à votre façon de travailler le mieux.

Synchronisation de photos, de fichiers et de notes sur plusieurs appareils

Dans le monde trépidant d'aujourd'hui, il est essentiel de rester connecté sur tous vos appareils, et l'écosystème d'Apple rend cela incroyablement facile. La synchronisation transparente des photos, des fichiers et des notes entre votre MacBook Air M4 et d'autres appareils Apple, comme votre iPhone, iPad ou Apple Watch, est optimisée par iCloud. Il garantit que tout votre contenu important est facilement disponible, où que vous soyez ou quel que soit l'appareil que vous utilisez. Ce chapitre vous guidera tout au long du processus de synchronisation des photos, des fichiers et des notes, ce qui vous aidera à maintenir une expérience unifiée sur tous vos appareils Apple.

Qu'est-ce qu'iCloud ?

Avant de plonger dans la synchronisation, comprenons d'abord ce qu'est iCloud. iCloud est le service de stockage en nuage d'Apple qui vous permet de stocker vos photos, documents, notes et plus sûrement dans le cloud. Une fois le contenu stocké sur iCloud, vous pouvez y accéder à partir de n'importe quel appareil connecté au même compte iCloud, qu'il s'agisse de votre MacBook Air M4, de votre iPhone ou de votre iPad.

Ce qui est encore mieux, c'est qu'iCloud maintient automatiquement votre contenu à jour sur tous les appareils. Ainsi, si vous ajoutez une photo sur votre iPhone, elle apparaîtra instantanément sur votre MacBook Air M4, et vice versa. Plus besoin de vous soucier du transfert manuel de fichiers entre appareils ou de la perte de trace du contenu !

Comment configurer iCloud sur votre MacBook Air M4

La configuration d'iCloud sur votre MacBook Air M4 est simple. Voici comment vous pouvez commencer :

1. **Ouvrez les Préférences Système** :

   o Sur votre MacBook Air M4, cliquez sur le **menu Pomme** (□) dans le coin supérieur gauche de votre écran et sélectionnez **Préférences Système**.

2. **Connectez-vous avec votre identifiant Apple** :

   o Dans la fenêtre Préférences Système, recherchez et cliquez sur **Identifiant Apple**. Si vous n'êtes pas connecté, vous serez invité à saisir votre identifiant Apple et votre mot de passe. Il s'agit du même identifiant Apple que celui que vous utilisez sur votre iPhone, iPad et tout autre appareil Apple.

3. **Activer les services iCloud** :

   o Après vous être connecté, cliquez sur **iCloud** dans la barre latérale. Ici, vous verrez une liste de services que vous pouvez synchroniser à l'aide d'iCloud, tels que **Photos**, **iCloud Drive**, **Notes** et autres.

   o Assurez-vous de cocher la case à côté de **Photos**, **iCloud Drive** et **Notes** (ou tout autre service que vous souhaitez synchroniser). Cela garantit que votre contenu est automatiquement stocké et synchronisé avec iCloud.

4. **Stockage et paramètres** :

   o En bas du panneau iCloud, vous verrez votre utilisation du stockage iCloud. Si vous avez besoin de plus d'espace de stockage, cliquez sur **Gérer** pour voir les options de mise à niveau de votre plan de stockage.

   o Vous pouvez également gérer la synchronisation des applications individuelles ici. Par exemple, si vous souhaitez uniquement synchroniser **les photos** et non **Mail**, vous pouvez décocher la case à côté de **Mail** pour libérer de l'espace sur iCloud.

Synchronisation des photos entre les appareils

L'une des fonctionnalités les plus précieuses d'iCloud est la possibilité de synchroniser des photos de manière transparente sur vos appareils. Que vous preniez une photo sur votre iPhone ou que vous modifiiez une photo sur votre MacBook, iCloud veille à ce que tout reste à jour. Voici comment vous assurer que vos photos sont synchronisées :

1. **Activer les photos iCloud sur votre MacBook Air M4** :

    o Ouvrez l' **app Photos** sur votre MacBook Air M4.

    o Dans la barre de menu en haut, cliquez sur **Photos**, puis sélectionnez **Préférences**.

    o Sous l' onglet **iCloud**, cochez la case à côté de **Photos iCloud**. Cela commencera à synchroniser l'ensemble de votre photothèque avec iCloud.

    o Vous pouvez choisir de **télécharger les originaux sur ce Mac** ou d'**optimiser le stockage Mac**. Si vous choisissez ce dernier, vos photos seront stockées en pleine résolution sur iCloud, mais votre MacBook ne conservera que des versions plus petites et peu encombrantes, ce qui vous permettra d'économiser de l'espace de stockage local.

2. **Synchronisation entre l'iPhone et l'iPad** :

    o Sur votre iPhone ou iPad, ouvrez l' **application Paramètres**.

o Touchez votre nom en haut de l'écran, puis sélectionnez **iCloud**.

o Faites défiler l'écran vers le bas et assurez-vous que l 'option Photos est activée. Cela garantira que toutes les photos que vous prenez sur votre iPhone ou iPad seront automatiquement téléchargées sur iCloud et synchronisées avec votre MacBook Air M4.

3. **Accéder à vos photos** :

o Une fois que Photos iCloud est activé, toutes les modifications que vous apportez à vos photos sur un appareil, qu'il s'agisse de les modifier, de les ajouter ou de les supprimer, seront automatiquement synchronisées sur tous vos appareils. Vous pouvez afficher et gérer l'intégralité de votre photothèque à partir de l' **application Photos** sur votre MacBook, iPhone et iPad.

Synchronisation de fichiers entre appareils avec iCloud Drive

iCloud Drive est votre solution de prédilection pour synchroniser et gérer des documents sur tous les appareils. Que vous travailliez sur un document Word, un PDF ou une feuille de calcul, iCloud Drive synchronise tous vos fichiers et les rend accessibles depuis n'importe quel appareil Apple.

1. **Activez iCloud Drive sur votre MacBook Air M4** :

o Dans **les Préférences Système**, cliquez sur **Identifiant Apple**, puis sélectionnez **iCloud**.

o Assurez-vous que **iCloud Drive** est coché. Cela permettra à iCloud Drive de synchroniser vos documents et fichiers sur tous les appareils Apple.

2. **Organisation des fichiers dans iCloud Drive** :

   o Ouvrez le **Finder** sur votre MacBook et sélectionnez **iCloud Drive** dans la barre latérale. Cela affichera tous les fichiers et dossiers stockés dans iCloud.

   o Vous pouvez créer des dossiers, glisser-déposer des fichiers et les organiser selon vos besoins. Toutes les modifications apportées ici seront répercutées sur vos autres appareils Apple.

3. **Synchronisation des fichiers sur votre iPhone et iPad** :

   o Sur votre iPhone ou iPad, ouvrez l' **application Paramètres**.

   o Appuyez sur votre nom, puis accédez à **iCloud** et activez **iCloud Drive**.

   o Vous pouvez accéder à vos fichiers synchronisés en ouvrant l' **application Fichiers** sur votre iPhone ou iPad. Tout fichier enregistré sur iCloud Drive sur votre MacBook s'affichera ici.

4. **Accès aux fichiers sur plusieurs appareils** :

   o Avec iCloud Drive, vous pouvez accéder à vos fichiers depuis n'importe quel appareil connecté à votre compte iCloud. Il vous suffit d'ouvrir l' **app Fichiers** sur votre iPhone ou iPad, puis

MACBOOK AIR M4 USER GUIDE

d'accéder à **Parcourir** > **iCloud Drive** pour trouver vos fichiers.

o Vous pouvez ouvrir des documents, les modifier, et ils seront automatiquement enregistrés sur iCloud, prêts à être consultés depuis n'importe quel autre appareil.

Synchronisation des notes entre les appareils

Si vous utilisez Notes pour noter des idées ou garder une trace d'informations importantes, iCloud veille à ce que vos notes soient toujours synchronisées, quel que soit l'appareil que vous utilisez.

1. **Activer les notes iCloud sur votre MacBook Air M4** :

   o Ouvrez **Préférences Système**, cliquez sur **Identifiant Apple** et sélectionnez **iCloud**.

   o Assurez-vous que **Notes** est coché pour synchroniser vos notes sur tous les appareils.

2. **Utilisation de Notes sur l'iPhone et l'iPad** :

   o Sur votre iPhone ou iPad, accédez à **Réglages** > [votre nom] > **iCloud**.

   o Assurez-vous que **Notes** est activé.

3. **Création et accès aux notes** :

   o Ouvrez l' **application Notes** sur n'importe lequel de vos appareils. Que vous soyez sur votre MacBook, iPhone ou iPad, vos notes s'afficheront automatiquement et toutes les modifications seront synchronisées sur tous les appareils.

o Vous pouvez même créer des dossiers pour organiser vos notes, et iCloud veille à ce que tout reste à jour, où que vous soyez.

Gestion des paramètres de synchronisation

Bien qu'iCloud fonctionne automatiquement en arrière-plan, il est judicieux de revoir régulièrement vos paramètres pour vous assurer que tout se synchronise comme vous le souhaitez.

1. **Vérifiez les paramètres iCloud** :

   o Sur votre MacBook Air M4, accédez à **Préférences Système** > **l'identifiant Apple** > **iCloud** pour gérer les éléments synchronisés.

   o Vous pouvez activer ou désactiver la synchronisation d'applications spécifiques, telles que Photos, Notes et iCloud Drive, en fonction de vos besoins.

2. **Libérer de l'espace de stockage iCloud** :

   o Si votre espace de stockage iCloud est saturé, accédez à **Préférences Système** > **Identifiant Apple** > **iCloud** > **Gérer** pour voir ce qui prend de la place.

   o Vous pouvez supprimer les anciens fichiers ou mettre à niveau votre forfait de stockage si nécessaire.

Utilisation de Handoff, Universal Control et AirDrop pour une expérience fluide

L'écosystème d'Apple est une fonctionnalité puissante qui intègre de manière transparente tous ses appareils, créant ainsi une expérience unifiée sur les iPhones, iPads, Mac et même les Apple Watches. Le MacBook Air M4, avec ses capacités avancées, est conçu pour rendre ces intégrations plus fluides que jamais, permettant aux utilisateurs de passer d'un appareil à l'autre sans effort. Dans cette section, nous allons nous pencher sur trois fonctionnalités essentielles (**Handoff**, **Universal Control** et **AirDrop**), en expliquant comment elles vous aident à passer facilement d'un appareil Apple à l'autre, à rationaliser vos tâches quotidiennes et à rendre votre flux de travail plus efficace.

Handoff : continuité transparente entre les appareils

Qu'est-ce que Handoff ? Handoff est une fonctionnalité qui vous permet de démarrer une tâche sur un appareil Apple et de la reprendre sur un autre sans perdre de temps. Il peut s'agir de commencer un e-mail sur votre iPhone et de le terminer sur votre MacBook Air M4, ou de commencer un document sur votre iPad et de continuer à le modifier sur votre MacBook Air M4. Handoff tire parti du fait que vos appareils sont liés via iCloud, afin qu'ils sachent sur quoi vous travaillez, quel que soit l'appareil avec lequel vous avez commencé.

Comment fonctionne Handoff ? Lorsque vous êtes connecté à iCloud sur plusieurs appareils Apple, Handoff fonctionne automatiquement. Vous n'avez rien de spécial à faire pour le configurer ; Commencez simplement à utiliser une application, et elle apparaîtra sur vos autres appareils. Par exemple, si vous ouvrez Safari sur votre MacBook Air M4 et que vous commencez à parcourir une page, vous pouvez facilement continuer à naviguer sur votre iPhone en balayant vers le haut depuis le bas de l'écran de verrouillage, où Safari apparaîtra avec la même page Web.

Scénario d'utilisation : Supposons que vous travaillez sur un e-mail sur votre iPhone pendant que vous vous rendez au travail. Vous commencez à taper l'objet, mais vous vous rendez compte que vous devez joindre des documents de votre MacBook. Dès que vous vous asseyez à votre bureau avec votre MacBook Air M4, l'e-mail que vous étiez en train d'écrire apparaît dans l'application Mail sur votre MacBook. Tout ce que vous avez à faire est de cliquer dessus, de terminer la composition et de joindre vos fichiers. Pas besoin de chercher dans l'application de messagerie de votre iPhone ou de perdre du temps à copier et coller du texte. C'est une transition en douceur qui permet d'économiser du temps et des efforts.

Handoff ne se limite pas non plus aux e-mails ou aux documents. Il fonctionne avec de nombreuses applications, notamment Safari, Mail, Messages, Notes, Pages, etc. La flexibilité qu'il offre vous permet d'être productif en déplacement, sans vous sentir attaché à un seul appareil.

Contrôle universel : contrôlez sans effort plusieurs appareils

Qu'est-ce que le contrôle universel ? Le contrôle universel est une fonctionnalité qui va plus loin dans l'intégration entre vos appareils Apple en vous permettant de contrôler plusieurs appareils avec un seul clavier et une seule souris (ou trackpad). Si vous possédez un iPad ou un deuxième Mac, le contrôle universel vous permet d'utiliser le clavier et le trackpad de votre MacBook Air M4 pour contrôler l'autre appareil de manière transparente.

Comment fonctionne le contrôle universel ? La beauté d'Universal Control réside dans la fluidité avec laquelle il vous permet de passer d'un appareil à l'autre. Si vous avez votre MacBook Air M4 et un iPad à proximité, par exemple, il vous suffit de déplacer votre curseur d'un écran à l'autre d'un appareil, et le curseur suivra. Vous pouvez glisser-déposer des fichiers de votre MacBook vers votre iPad et vice versa, comme s'ils faisaient partie du même écran. Tout cela se fait sans fil, et aucune configuration supplémentaire n'est requise - cela fonctionne tout simplement.

Scénario d'utilisation : Imaginez que vous êtes un designer qui travaille à la fois avec un MacBook et un iPad pour esquisser des idées. Avec Universal Control, vous pouvez utiliser le clavier et le trackpad de votre MacBook pour contrôler l'écran de l'iPad sans avoir à toucher l'iPad. Vous pouvez faire glisser des images de votre MacBook vers l'iPad ou copier du texte à partir d'un document et le coller directement dans une application de dessin sur l'iPad. Cette possibilité de passer facilement d'un appareil à l'autre change la donne pour les multitâches ou les créatifs qui doivent travailler sur plusieurs appareils simultanément.

Par exemple, si vous rédigez un rapport sur votre MacBook Air M4, mais que vous souhaitez annoter des graphiques ou des images sur votre iPad, Universal Control vous permet de le faire sans effort. Vous pouvez faire glisser le graphique depuis votre MacBook, le déposer sur l'écran de votre iPad, faire vos annotations et le faire glisser à nouveau sur votre MacBook, le tout à l'aide d'un seul clavier et d'un seul trackpad. La facilité d'utilisation fait d'Universal Control un outil essentiel pour améliorer l'efficacité et la productivité.

AirDrop : Partage de fichiers rapide et facile

Qu'est-ce qu'AirDrop ? AirDrop est la méthode d'Apple pour transférer rapidement des fichiers entre appareils sur une courte distance, en utilisant à la fois Bluetooth et Wi-Fi. Que vous ayez besoin d'envoyer une photo, un document ou même un dossier entier, AirDrop rend le processus rapide et facile, sans avoir besoin de câbles ou d'une connexion Internet. Tout ce dont vous avez besoin, c'est de votre MacBook Air M4 et d'un autre appareil Apple à proximité.

Comment fonctionne AirDrop ? Pour utiliser AirDrop, AirDrop doit être activé sur les deux appareils. Sur votre MacBook Air M4, ouvrez le Finder, puis cliquez sur « AirDrop » dans la barre latérale. L'application affichera une liste des appareils à proximité qui utilisent également AirDrop. Pour envoyer un fichier, il suffit de le faire glisser et de le déposer sur l'icône de l'appareil auquel vous souhaitez l'envoyer. Sur l'appareil récepteur, une notification s'affiche pour vous demander si vous souhaitez accepter le fichier. Une fois accepté, le fichier sera transféré presque instantanément.

Scénario d'utilisation : Imaginez que vous éditez une présentation sur votre MacBook Air M4 et que vous devez l'envoyer rapidement à votre collègue qui utilise un iPhone. Au lieu d'envoyer le fichier par e-mail ou d'utiliser un service cloud, vous pouvez simplement utiliser AirDrop pour transférer le fichier. C'est beaucoup plus rapide et plus pratique. Vous n'avez même pas besoin de vous soucier des connexions Internet ou des temps de chargement/téléchargement lents - AirDrop fonctionne instantanément tant que les deux appareils sont proches l'un de l'autre.

Un autre scénario est lorsque vous êtes en déplacement et que vous capturez une belle photo sur votre iPhone. Vous pouvez instantanément le déposer sur votre MacBook Air M4 pour le modifier davantage dans Photoshop ou directement dans votre présentation. Pas de câbles, pas d'attente. Il s'agit d'un moyen transparent et sans friction de déplacer rapidement des fichiers entre les appareils.

L'écosystème Apple : une expérience unifiée

En utilisant **Handoff**, **Universal Control** et **AirDrop**, le MacBook Air M4 fait partie intégrante de l'écosystème Apple au sens large. Ces fonctionnalités fonctionnent ensemble pour garantir que tous vos appareils Apple fonctionnent en harmonie, ce qui vous permet de passer de l'un à l'autre sans perdre de temps.

Que vous travailliez sur un projet, que vous retouchiez des photos ou que vous déplaciez simplement des fichiers, ces fonctionnalités éliminent le besoin de processus compliqués, ce qui rend votre flux de travail plus rapide et plus efficace. Ce sont de parfaits exemples de la façon dont l'écosystème d'Apple améliore votre productivité, en vous permettant de rester dans le flux, quel que soit l'appareil que vous utilisez.

L'intégration de ces fonctionnalités dans votre routine quotidienne ne consiste pas seulement à utiliser la technologie, mais aussi à améliorer votre expérience, à faire en sorte que vos appareils fonctionnent pour vous et à éliminer les frictions de vos tâches. Une fois que vous vous serez habitué à cette intégration transparente, vous vous demanderez comment vous avez pu travailler sans elle.

CHAPITRE 14 : CONCLUSION

Résumé : Le MacBook Air M4 dans votre vie quotidienne

Le **MacBook Air M4** est plus qu'un simple ordinateur portable, c'est un mélange harmonieux de performances, de portabilité et de praticité. Apple est connu depuis longtemps pour créer des appareils qui non seulement sont beaux, mais qui fonctionnent aussi exceptionnellement bien, et le MacBook Air M4 ne fait pas exception. Pour ceux qui apprécient un appareil léger et ultra-portable sans compromettre la puissance, le MacBook Air M4 change la donne. Dans ce chapitre, nous allons explorer comment cet ordinateur portable s'intègre dans votre vie quotidienne, rendant les tâches plus faciles, plus rapides et plus agréables.

Portabilité : emportez votre alimentation partout

S'il y a une chose qui distingue le MacBook Air M4 de nombreux autres ordinateurs portables, c'est sa **portabilité**. Pesant environ 2,7 livres et mesurant moins de 0,6 pouce d'épaisseur, c'est l'un des ordinateurs portables les plus légers de sa catégorie. Que vous soyez un étudiant qui se précipite entre deux cours, un professionnel qui saute d'une réunion à l'autre ou un voyageur disposant d'un espace limité pour ses bagages, le MacBook Air M4 est conçu pour la vie en déplacement.

Cette portabilité n'est pas seulement une question de taille ; Il s'agit du fait que vous n'avez pas à sacrifier les performances pour cela. La puce M4 d'Apple offre une puissance qui rivalise avec celle de nombreux ordinateurs de bureau, ce qui vous permet de travailler sur vos projets, de regarder des films ou de retoucher des photos et des vidéos sans vous soucier du décalage ou des ralentissements de performances, même lorsque vous êtes dans un train ou dans un café. Avec un design aussi compact, il se glisse facilement dans les sacs à dos et les sacs, et vous pouvez le transporter toute la journée sans jamais vous sentir alourdi.

Performance : plus de puissance que jamais

Alors que le MacBook Air a toujours été connu pour sa portabilité, ce qui élève vraiment le modèle M4, ce sont ses **performances**. Alimenté par la nouvelle **puce M4**, ce MacBook offre une expérience plus rapide et plus fluide que ses prédécesseurs. La puce M4 est conçue pour gérer facilement des tâches exigeantes, telles que le montage vidéo, la conception graphique et le codage, tout en offrant une efficacité énergétique exceptionnelle.

Pour les tâches quotidiennes comme naviguer sur le Web, consulter ses e-mails ou travailler sur des documents, le MacBook Air M4 est rapide comme l'éclair. Il démarre en quelques secondes, les applications se lancent instantanément et le basculement entre plusieurs onglets ou programmes est un jeu d'enfant. Que vous l'utilisiez pour la productivité, la créativité ou le divertissement, vous remarquerez la différence de performances par rapport

MACBOOK AIR M4 USER GUIDE

aux modèles plus anciens ou aux autres ordinateurs portables de la même catégorie.

Il convient également de noter que la puce M4 est spécialement conçue pour fonctionner en harmonie avec macOS, offrant des performances fluides avec un minimum d'effort. Cette intégration garantit que le MacBook Air M4 est optimisé pour tout ce que vous faites, ce qui en fait le compagnon idéal pour le travail et les loisirs.

Autonomie de la batterie : une puissance qui dure toute la journée

Une autre caractéristique clé qui distingue le MacBook Air M4 est l'autonomie de sa **batterie**. Apple promet jusqu'à 18 heures de lecture vidéo et jusqu'à 15 heures de navigation sur le Web sur une seule charge. Dans le monde réel, cela signifie que vous pouvez facilement passer une journée de travail entière sans avoir besoin de vous brancher. Que vous soyez au milieu d'une réunion, lors d'un long vol ou que vous vous prélassiez simplement à la maison, le MacBook Air M4 est là pour vous.

L'autonomie impressionnante de la batterie est due à l'efficacité énergétique de la puce M4. Même s'il offre des performances haut de gamme, il est conçu pour consommer moins d'énergie, ce qui signifie que vous tirez le meilleur parti de chaque charge. Il s'agit d'un avantage non négligeable pour les utilisateurs qui sont toujours en déplacement et qui ont besoin d'un ordinateur portable capable de suivre leurs emplois du temps chargés.

Expérience utilisateur globale : tout ce dont vous avez besoin, rien de plus

Le **MacBook Air M4** n'est pas seulement une machine puissante, il est conçu pour offrir une **expérience utilisateur exceptionnelle** du début à la fin. Dès l'instant où vous ouvrez la boîte, vous êtes accueilli par un appareil qui semble haut de gamme. L'écran Retina, avec ses couleurs époustouflantes et sa résolution nette, rend tout ce que vous faites plus immersif, que vous lisiez, regardiez des vidéos ou naviguiez sur le Web.

Le **clavier** est confortable et réactif, parfait pour les longues sessions de frappe. De plus, le **trackpad** est grand et précis, offrant un moyen intuitif de naviguer dans macOS. Que vous balayiez les applications, zoomiez sur une photo ou fassiez défiler une page Web, tout semble naturel et sans effort.

Le MacBook Air M4 s'intègre également de manière transparente dans l'**écosystème Apple**, ce qui vous permet de synchroniser votre contenu sur tous les appareils. Que vous déplaciez des fichiers entre votre iPhone, iPad ou MacBook, le processus est rapide et indolore grâce à des fonctionnalités telles que **Handoff**, **AirDrop** et le **presse-papiers universel**.

Pour ceux qui ont besoin d'une sécurité supplémentaire, la **fonction Touch ID** vous permet de déverrouiller facilement votre MacBook et d'effectuer des paiements d'un simple scan d'empreintes digitales. Il s'agit d'une caractéristique petite mais importante qui ajoute une couche supplémentaire de commodité et de sécurité.

Enfin, le MacBook Air M4 est parfait pour tous ceux qui ont besoin d'une machine qui fonctionne bien avec les tâches personnelles et professionnelles. Que vous assistiez à des réunions virtuelles, que vous créiez des présentations, que vous travailliez sur des feuilles de calcul ou que vous regardiez la dernière série Netflix, le MacBook Air M4 fait tout cela sans perdre de temps.

Pourquoi le MacBook Air M4 est parfait pour la plupart des utilisateurs

Lorsque vous combinez **la portabilité**, **les performances**, **l'autonomie** de la batterie et **l'expérience utilisateur**, le MacBook Air M4 s'impose comme **l'ordinateur portable ultime** pour la plupart des utilisateurs. Ce n'est pas seulement pour les passionnés de technologie ou les professionnels ; C'est pour tous ceux qui ont besoin d'un appareil capable de suivre le rythme rapide de la vie moderne.

Pour les étudiants, c'est l'outil parfait pour la prise de notes, la recherche et la réalisation de devoirs. Pour les professionnels, il s'agit d'un outil efficace qui peut tout gérer, des tâches de bureau aux travaux créatifs complexes. Et pour les utilisateurs occasionnels, il s'agit d'un appareil léger et élégant qui offre le divertissement et la productivité nécessaires dans la vie quotidienne.

Ce qui rend le MacBook Air M4 vraiment spécial, c'est la façon dont il équilibre ces éléments. Apple a créé un ordinateur portable qui convient à tout le monde, quels que soient vos besoins ou votre style de vie. Que vous soyez un étudiant, un professionnel, un créateur de contenu ou quelqu'un qui aime simplement regarder un bon film ou passer un appel vidéo en famille, le MacBook Air M4 s'adapte à votre vie, le rendant plus facile, plus efficace et plus agréable.

En conclusion, le **MacBook Air M4** est un appareil qui s'intègre sans effort dans votre routine quotidienne, offrant de la puissance lorsque vous en avez besoin, une portabilité lorsque vous êtes en déplacement et une expérience utilisateur inégalée. C'est un ordinateur portable qui fonctionne pour vous, afin que vous puissiez vous concentrer sur ce qui compte le plus.

Derniers trucs et astuces pour améliorer votre expérience

Maintenant que vous avez appris à connaître votre MacBook Air M4 sur le bout des doigts, plongeons dans quelques derniers trucs et astuces qui vous aideront à améliorer votre expérience et à vraiment libérer tout le potentiel de votre appareil. Que vous soyez un utilisateur chevronné de Mac ou que vous noviciez dans le monde d'Apple, ces conseils vous permettront de faciliter vos tâches quotidiennes, d'accélérer vos flux de travail et de rendre votre expérience globale plus agréable.

Voici quelques fonctionnalités avancées, raccourcis et outils pour optimiser les performances, gagner du temps et faire passer votre MacBook Air M4 au niveau supérieur :

MACBOOK AIR M4 USER GUIDE

1. Raccourcis clavier maître

Si vous cherchez à augmenter votre productivité et à accélérer votre flux de travail, la maîtrise des raccourcis clavier est l'un des moyens les plus simples et les plus efficaces de le faire. En voici quelques-uns qui vous feront gagner d'innombrables minutes chaque jour :

- **Commande + Espace** : Ouvrez **la recherche Spotlight** instantanément. C'est votre référence pour trouver des fichiers, des applications et même effectuer des calculs rapides ou des recherches sur le Web sans ouvrir de navigateur.

- **Commande + Tab** : basculez rapidement entre les applications ouvertes. Si vous avez plusieurs programmes en cours d'exécution, ce raccourci vous permet de passer de l'un à l'autre plus rapidement que jamais. Plus besoin de tâtonner avec la souris !

- **Commande + H** : Masquer la fenêtre actuelle. Si vous êtes dans une application et que vous ne souhaitez pas la réduire, utilisez simplement ce raccourci pour la masquer, en laissant votre bureau ou une autre application bien en vue.

- **Commande + Maj + 4** : Prenez une capture d'écran d'une zone spécifique de votre écran. Une fois que vous avez appuyé sur ces touches, votre curseur se transforme en réticule et vous pouvez le faire glisser pour capturer exactement ce dont vous avez besoin.

- **Commande + Option + Échap** : Forcer la fermeture d'une application qui ne répond pas. Si une application se bloque, ne vous inquiétez pas : ce raccourci est votre sortie de secours pour fermer rapidement les applications qui ne répondent pas.

En maîtrisant ces raccourcis et en les intégrant à votre routine quotidienne, vous gagnerez beaucoup de temps qui serait autrement consacré à naviguer dans les menus ou à cliquer.

2. Utilisez Mission Control et plusieurs postes de travail

Lorsque vous jonglez avec plusieurs projets ou applications, avoir un écran encombré peut vous ralentir. Heureusement, **le centre de contrôle de mission** est là pour sauver la situation. Cette fonctionnalité macOS vous permet d'organiser vos fenêtres d'une manière à la fois intuitive et efficace :

- **Mission Control** : balayez vers le haut avec trois doigts (ou appuyez sur **F3**) pour activer Mission Control. Cela vous montre toutes vos fenêtres ouvertes en un coup d'œil, ce qui vous aide à trouver rapidement ce dont vous avez besoin.

- **Plusieurs bureaux** : avec **Mission Control**, vous pouvez créer plusieurs bureaux virtuels. Il suffit de faire glisser une fenêtre vers le haut de l'écran, où elle créera un nouvel espace de bureau. C'est idéal si vous souhaitez garder certaines applications ouvertes, mais séparées de votre espace de travail principal, ce qui est parfait pour garder vos applications personnelles et professionnelles organisées.

Une fois que vous aurez commencé à utiliser plusieurs ordinateurs de bureau, vous vous demanderez comment vous avez pu vivre sans eux. Vous pouvez facilement passer d'un bureau à l'autre en balayant vers la gauche ou la droite

MACBOOK AIR M4 USER GUIDE

avec trois doigts. C'est comme si vous aviez plusieurs moniteurs, le tout sans la configuration physique supplémentaire.

3. Personnalisez les gestes du pavé tactile pour une meilleure navigation

Le pavé tactile du MacBook Air M4 est l'un des meilleurs du marché, offrant une variété de gestes pour vous aider à naviguer facilement. Mais saviez-vous que vous pouvez personnaliser les gestes du pavé tactile pour mieux répondre à vos besoins ? Voici quelques gestes et ajustements pour améliorer votre expérience :

- **Préférences du trackpad** : accédez à **Préférences Système** > **Trackpad** pour personnaliser les gestes. Par exemple, vous pouvez configurer un balayage à trois doigts pour basculer entre les applications en plein écran ou ouvrir Mission Control. Vous pouvez même régler la sensibilité du pavé tactile à votre guise.

- **Appuyer pour cliquer** : Si vous préférez une touche plus légère, activez **Appuyer pour cliquer** sous **Paramètres du trackpad**. Cela vous permet d'appuyer sur le pavé tactile au lieu d'appuyer dessus, ce qui vous fait gagner du temps et réduit la tension sur vos doigts.

- **Clic droit** : Par défaut, le MacBook Air M4 prend en charge le **clic droit** avec deux doigts. Vous pouvez modifier ce paramètre selon vos préférences, que vous le souhaitiez sur le côté droit ou gauche du trackpad.

Une fois que vous aurez maîtrisé ces gestes, vous constaterez que la navigation dans macOS devient plus rapide et plus intuitive. De plus, la personnalisation du pavé tactile en fonction de votre style ajoute une touche personnelle à votre appareil.

4. Gérer et optimiser les éléments de démarrage

Une frustration courante pour les utilisateurs est que les MacBook peuvent sembler lents à démarrer, surtout si vous avez beaucoup d'applications configurées pour être lancées lorsque vous vous connectez. Heureusement, vous pouvez facilement gérer et réduire le nombre d'éléments de démarrage pour accélérer votre temps de démarrage :

- **Préférences Système** > **Utilisateurs et groupes** > **Éléments de connexion** : Ici, vous verrez une liste d'applications qui s'ouvrent automatiquement lorsque vous démarrez votre Mac. Désactivez toutes les applications que vous n'avez pas besoin d'ouvrir immédiatement en les sélectionnant et en cliquant sur le bouton moins (-).

Cette petite modification peut faire une différence notable dans la rapidité de démarrage de votre MacBook Air M4, ce qui vous permet de vous mettre au travail plus rapidement sans attendre le chargement de programmes inutiles.

5. Profitez d'iCloud et de Handoff pour une synchronisation transparente de l'appareil

L'une des meilleures choses à propos de posséder un MacBook Air M4 est la façon dont il s'intègre au reste de l'écosystème Apple. Avec **iCloud** et **Handoff**, vous pouvez synchroniser tous vos appareils et passer facilement de l'un à l'autre.

- **iCloud** : assurez-vous qu'iCloud est configuré de manière à ce que vos documents, photos et fichiers soient automatiquement synchronisés sur tous vos appareils. Ceci est particulièrement utile si vous travaillez sur plusieurs appareils Apple comme un iPhone, un iPad ou une Apple Watch. Vous pouvez accéder à vos fichiers n'importe où, n'importe quand, sans vous soucier de perdre des données.

- **Handoff** : avec Handoff, vous pouvez démarrer une tâche sur un appareil et la reprendre sur un autre. Par exemple, si vous rédigez un e-mail sur votre iPhone, vous pouvez le terminer instantanément sur votre MacBook Air M4. Il vous suffit d'ouvrir l'application sur votre Mac et vous verrez une notification vous invitant à poursuivre la tâche.

Ces fonctionnalités simplifieront votre flux de travail et vous faciliteront la vie, car vous pourrez passer facilement d'un appareil à l'autre sans perdre votre progression.

6. Organisez efficacement les fichiers avec des balises et des piles

Avec autant de fichiers et d'applications sur votre MacBook Air M4, il peut être difficile de garder les choses organisées. Heureusement, macOS offre de puissants outils d'organisation tels que **les balises** et **les piles** pour vous aider à garder votre vie numérique en ordre :

- **Balises** : vous pouvez attribuer des balises à code couleur à vos fichiers et dossiers, ce qui les rend faciles à identifier et à regrouper. Par exemple, utilisez une étiquette rouge pour les tâches urgentes ou une étiquette verte pour les projets terminés. Vous pouvez ensuite effectuer une recherche ou filtrer par ces balises dans le Finder pour un accès plus rapide.

- **Piles** : les piles organisent automatiquement les fichiers de votre bureau en groupes en fonction du type de fichier, de la date ou des balises. Pour activer les piles, cliquez avec le bouton droit de la souris sur votre bureau et sélectionnez **Utiliser les piles**. C'est un excellent moyen de garder votre bureau propre et de faciliter la recherche de fichiers sans avoir à fouiller dans l'encombrement.

7. Utilisez Night Shift et True Tone pour une expérience d'écran plus saine

Passer des heures devant votre MacBook peut nuire à vos yeux, mais heureusement, macOS dispose de fonctionnalités intégrées qui peuvent réduire la fatigue oculaire :

- **Night Shift** : Cette fonction ajuste la température de couleur de votre écran à des tons plus chauds le soir, réduisant ainsi l'exposition à la lumière bleue. Pour l'activer, allez dans **Préférences Système** > **Affichages** > **Night Shift** et configurez-le pour qu'il s'allume automatiquement au coucher du soleil.

- **True Tone** : si votre MacBook Air M4 est doté de la technologie True Tone, il ajuste automatiquement la balance des couleurs de l'écran en fonction de l'éclairage de votre environnement. Cela se traduit par une expérience visuelle plus naturelle et peut réduire la fatigue oculaire pendant les longues heures de travail.

8. Sauvegardez régulièrement vos données avec Time Machine

Enfin, ne sous-estimez jamais l'importance de la sauvegarde de vos données. En cas de problème avec votre MacBook Air M4, vous devez vous assurer de disposer d'une sauvegarde fiable à partir de laquelle effectuer la restauration :

- **Time Machine** : utilisez Time Machine pour sauvegarder régulièrement votre Mac. Il est facile à configurer et créera automatiquement des sauvegardes incrémentielles de l'ensemble de votre système. Cela signifie que vous pouvez restaurer des fichiers individuels ou l'ensemble de votre système en cas de problème.

Pour le configurer, il vous suffit de brancher un disque dur externe, d'aller dans **Préférences Système** > **Time Machine** et de suivre les instructions. N'oubliez pas qu'une sauvegarde régulière pourrait vous épargner beaucoup de stress à l'avenir.

Ressources pour l'apprentissage et le soutien continus

Même si votre voyage avec le MacBook Air M4 ne fait que commencer, il existe une multitude de ressources disponibles pour vous assurer de continuer à tirer le meilleur parti de votre appareil. Que vous cherchiez à explorer de nouvelles fonctionnalités, à résoudre un problème délicat ou simplement à découvrir des trucs et astuces cachés, l'aide ne manque pas. Le monde de macOS est vaste, mais avec les bons outils, vous pouvez y naviguer facilement. Explorons quelques-unes des meilleures ressources où vous pouvez continuer à apprendre et obtenir de l'aide en cas de besoin.

1. Site officiel d'assistance d'Apple

Le site officiel **d'assistance d'Apple** est le premier arrêt pour la plupart des utilisateurs de MacBook Air M4. Que vous rencontriez un problème ou que vous souhaitiez simplement en savoir plus sur une fonctionnalité spécifique, le site d'assistance offre une mine d'informations. Vous trouverez ici des guides détaillés, des étapes de dépannage et des réponses aux questions courantes.

- **Lien :** https://support.apple.com

- **Ce que vous trouverez** :

  - **Guides de dépannage étape par étape** pour les problèmes courants tels que les problèmes Wi-Fi, les problèmes d'autonomie de la batterie et les problèmes logiciels.

  - **Manuels d'utilisation** pour macOS et votre MacBook Air M4, expliquant tout, de la configuration de base aux fonctionnalités avancées.

  - **Des mises à jour logicielles téléchargeables** et des instructions détaillées sur la façon d'assurer la sécurité et le bon fonctionnement de votre appareil.

Non seulement ce site propose des articles d'assistance, mais il propose également des outils interactifs qui peuvent vous aider avec les diagnostics. Si vous ne pouvez pas résoudre le problème à l'aide d'un simple guide, l'assistance Apple vous permet de planifier un appel, de discuter avec un représentant ou même de prendre rendez-vous dans l'Apple Store le plus proche pour obtenir de l'aide en personne.

2. Communautés Apple

Les **communautés d'assistance Apple** sont un endroit idéal pour entrer en contact avec d'autres utilisateurs de MacBook Air M4 et obtenir des conseils d'autres passionnés d'Apple. Il s'agit d'un vaste forum axé sur les utilisateurs où vous pouvez poser des questions, partager des conseils et apprendre d'autres personnes qui ont vécu des expériences similaires.

- **Lien :** https://discussions.apple.com

- **Ce que vous trouverez** :

  o **Des discussions animées par** les utilisateurs où les gens partagent leurs expériences avec les problèmes qu'ils ont rencontrés et comment ils les ont résolus.

  o **Conseils de dépannage** pour un large éventail de problèmes, des paramètres de base de macOS aux problèmes logiciels et matériels plus complexes.

  o **Des fils de discussion consultables** sur pratiquement tous les produits et services Apple, y compris le MacBook Air M4, il y a donc de fortes chances que, si vous avez une question, quelqu'un d'autre l'ait déjà posée et ait obtenu une réponse !

L'une des meilleures choses à propos des communautés Apple est la variété des niveaux d'expérience. Que vous soyez un professionnel chevronné ou que vous utilisiez Mac pour la première fois, vous trouverez des réponses qui correspondent à votre niveau d'expertise. Vous pourriez même tomber sur des guides utiles créés par l'utilisateur qui expliquent les choses d'une manière qui vous convient.

3. Chaînes YouTube

YouTube est une excellente ressource pour les apprenants visuels qui préfèrent voir les choses en action. Il existe d'innombrables chaînes dédiées aux tutoriels, astuces et conseils de dépannage du MacBook. Certains des meilleurs créateurs YouTube proposent des tutoriels approfondis et faciles à comprendre sur tout, de la prise en main de macOS à l'utilisation des fonctionnalités avancées de votre MacBook Air M4.

Voici quelques chaînes YouTube qui sont particulièrement précieuses :

- **Assistance Apple** : La chaîne YouTube officielle de l'assistance Apple propose des tutoriels concis sur la façon de tirer le meilleur parti de votre MacBook Air M4, avec des vidéos sur tout, de la configuration de base à l'exploration de fonctionnalités spécifiques de macOS.

  o **Lien de la chaîne** : YouTube de l'assistance Apple

- **MacMost** : Il s'agit de l'une des chaînes les plus populaires pour les utilisateurs de Mac, offrant des conseils, des astuces et des guides de

MACBOOK AIR M4 USER GUIDE

dépannage spécifiquement pour macOS et tous les appareils Apple. La chaîne propose un contenu qui s'adresse à tous les niveaux d'expérience.

- o **Lien vers la chaîne** : MacMost

- **iJustine** : Bien qu'iJustine soit connue pour ses déballages et ses critiques technologiques, elle crée également des tutoriels et des guides conviviaux pour tout ce qui concerne Apple, y compris des conseils spécifiques à macOS et MacBook.

- o **Lien vers la chaîne** : iJustine

Ces chaînes offrent des guides visuels de haute qualité qui vous guident à travers les fonctionnalités étape par étape. Vous pouvez trouver tout, des tutoriels de base aux conseils et astuces plus avancés pour optimiser votre expérience MacBook.

4. Blogs et communautés de tiers

Parfois, la meilleure façon d'approfondir macOS est d'utiliser **des blogs et des sites Web tiers** spécialisés dans le contenu lié à Mac. Ces sites offrent souvent une nouvelle perspective et des conseils pratiques qui ne sont pas disponibles dans les ressources officielles d'Apple.

- **MacRumors** : Un site de référence de longue date pour tout ce qui concerne Apple, MacRumors propose des actualités, des critiques et des guides pour les utilisateurs qui souhaitent rester à jour avec les dernières fonctionnalités et mises à jour de macOS.

- o **Lien vers le site Web** : MacRumors

- o **Ce que vous trouverez** :

  - **Analyse approfondie** des nouvelles fonctionnalités et mises à jour de macOS.

  - **Conseils de dépannage** pour résoudre des problèmes complexes.

  - **Les commentaires et les discussions des utilisateurs** fournissent souvent des informations supplémentaires sur les problèmes courants.

- **9to5Mac** : Une autre excellente source d'informations de dernière minute, de critiques de produits et de guides détaillés sur la façon d'utiliser efficacement les produits macOS et Apple. Ils publient également des tutoriels adaptés aux différents niveaux d'utilisateurs.

  - o **Lien vers le site Web** : 9to5Mac

- **The Sweet Setup** : Ce site offre des conseils pratiques sur la façon de configurer votre MacBook pour diverses utilisations, de la productivité à la créativité. Il regorge de conseils utiles et de recommandations logicielles pour vous aider à tirer le meilleur parti de macOS.

  - o **Lien vers le site Web** : The Sweet Setup

Ces blogs présentent souvent des articles qui expliquent en détail comment personnaliser macOS, découvrir des fonctionnalités cachées et optimiser votre MacBook pour de meilleures performances. Ils offrent également des conseils d'experts sur les applications et les outils qui rendront votre flux de travail plus efficace.

5. Cours et tutoriels en ligne

Pour les utilisateurs qui souhaitent faire passer leurs compétences macOS au niveau supérieur, **les plateformes d'apprentissage en ligne** comme **Udemy**, **LinkedIn Learning** et **Coursera** proposent des cours approfondis sur macOS et le MacBook Air M4.

- **Udemy** : Udemy propose plusieurs cours qui couvrent tout, des bases de macOS aux flux de travail plus avancés pour les utilisateurs de Mac. Ces cours sont généralement dispensés par des instructeurs expérimentés et comprennent des conférences vidéo, des quiz et des exercices pratiques.

  o **Lien vers le cours** : Udemy - Cours macOS

- **LinkedIn Learning** : Anciennement connu sous le nom de Lynda.com, LinkedIn Learning propose une gamme de tutoriels vidéo spécialement conçus pour aider les utilisateurs à tirer le meilleur parti de macOS et de leurs appareils Apple. Les cours sont souvent destinés au développement professionnel et peuvent vous aider à intégrer macOS dans votre environnement de travail.

  o **Lien du cours** : LinkedIn Learning

Ces plateformes peuvent être particulièrement utiles si vous préférez un apprentissage structuré et que vous aimez approfondir des aspects spécifiques de macOS.

6. Assistance Apple Store et AppleCare

Si vous rencontrez des problèmes que vous ne pouvez pas résoudre avec les ressources en ligne, n'hésitez pas à vous rendre dans votre **Apple Store** local ou **dans les centres de services agréés Apple**. Ils offrent une assistance en personne pour les problèmes liés au matériel et aux logiciels, et vous pouvez même prendre rendez-vous avec **Geniuses** pour une aide pratique.

- **Prendre rendez-vous** : Apple Genius Bar

- **AppleCare** : si vous avez souscrit à l'AppleCare, vous bénéficiez d'une assistance prioritaire, d'une extension de garantie et de réparations. L'assistance AppleCare est accessible par téléphone, par chat ou par e-mail.

L'assistance en personne d'Apple est l'un des meilleurs aspects de la possession d'appareils Apple, offrant l'aide directe de professionnels hautement qualifiés qui connaissent le système sur le bout des doigts.

MACBOOK AIR M4 USER GUIDE